Andrei Gratchev

La chute du Kremlin

L'Empire du non-sens

Traduit du russe par
Galia Ackerman et Pierre Lorrain

HACHETTE

Maquette et conception graphique : Atalante.
En couverture : Wassily Kandinsky, *Moscou I (Place rouge)*, 1916, (détail),
Kat. Nr. 87. © Galerie Tret'jakov, Moscou. © ADAGP, Paris, 1994.

« Ne leur demande pas d'où ils viennent,
Demande-leur où ils vont... »

Les Évangiles

Le Kremlin, Moscou, Russie

Le Kremlin et Moscou. Ces deux noms que l'histoire a rendu synonymes caractérisent un seul et même espace géographique et spirituel : la Russie. Et ils sont sortis du ventre de cette mère commune, l'un après l'autre, comme des jumeaux.

Moscou est mentionné pour la première fois en 1147, comme une propriété de Iouri Dolgorouki *, prince de Rostov-Sousdal. Neuf ans plus tard, en 1156, le prince « fonda la ville » : il fit construire une nouvelle enceinte en bois, à l'intérieur de laquelle s'organisa le « kremlin [1] », une redoute fortifiée érigée sur la colline Borovitski et protégée par un méandre de la Moscova. C'est à cet endroit que le Kremlin s'agrandit et s'éleva, s'embellissant avec le temps des coupoles dorées de ses cathédrales et des éclats rubis des étoiles de ses tours.

« La terre, on le sait bien, commence au Kremlin », chantaient encore naguère les ex-jeunes pionniers de l'ex-Union soviétique. Et, pendant plus de sept décennies de notre siècle, ces simples mots, le Kremlin, Moscou, ont désigné l'un des pôles politiques de notre planète et l'un des « toits du monde », simultanément Mecque rouge, Vatican de l'est et « Ville-Soleil » pour des millions d'individus, en Russie et hors de ses frontières, qui croyaient pieusement à l'avènement prochain du paradis communiste en ce bas monde de péché.

Depuis des siècles, les maîtres du Kremlin ont vu en Moscou la capitale du monde. Au XVe siècle, un moine orthodoxe obligeant assurait, dans un message au grand-prince Ivan III *, que tous les royaumes de la chrétienté étaient ras-

* Les astérisques renvoient au glossaire, à la fin du livre.

semblés sous sa main régnante et que Moscou était « la troisième et dernière Rome sur cette terre [2] ». La prétention des tsars moscovites à assumer l'héritage de Rome et de Byzance était renforcée par la légende que le symbole du pouvoir royal, la Chapka de Monomaque, cette curieuse couronne sertie de pierres précieuses et bordée de zibeline, provenait en droite ligne de l'empereur byzantin Constantin IX Monomaque qui l'aurait offerte à Vladimir *, prince de Kiev. On prétendait aussi, sans doute pour faire remonter à Rome la légitimité du nouveau centre de la chrétienté, que ce présent royal était accompagné d'un ciboire en or ayant appartenu à l'empereur Auguste.

Moscou devint la capitale religieuse de la Russie en 1328, bien avant d'en être la capitale politique, lorsque Théognoste, métropolite « de Kiev et de toute la Russie », cédant à la pression du prince Ivan Ier Kalita *, accepta d'y transférer son siège. Cet événement contribua à la reconnaissance de la primauté de la ville par les autres terres russes. Les fondations de la première cathédrale de pierre, celle de l'Assomption (*Ouspenski sobor*), furent établies à la même époque, sous le règne d'Ivan Kalita (« Jean l'Escarcelle »), qui reçut de son suzerain, le khan de la Horde d'Or *, le titre de grand-prince.

À la fin du XIVe siècle, Moscou, libéré de son humiliant vasselage, s'habituait à peine au statut de capitale, siège de la cour d'un grand-prince. La ville, c'est-à-dire le Kremlin, s'était remarquablement agrandie. D'abord entourée, sous Ivan Kalita, d'une enceinte de chêne, elle se dota de remparts en pierre blanche sous Dmitri IV Donskoï *, le premier prince russe à oser défier les Mongols, et à les battre à la bataille de Koulikovo, en 1380. Ces murs valurent à la cité le surnom de « Moscou aux pierres blanches » qui lui resta pendant plusieurs siècles après leur disparition. Ivan III les remplaça par une muraille continue de six mètres de hauteur, en brique rouge, crénelée et dotée de tours d'angle.

Ivan III peut d'ailleurs être considéré, de plein droit, comme le véritable fondateur du Kremlin actuel. Qu'il ait été inspiré par la comparaison avec Rome suggérée dans la lettre du moine flatteur, ou, comme c'est plus probable, qu'il se soit trouvé sous l'influence de sa seconde femme, l'ambitieuse Sophie Paléologue *, nièce du dernier empereur de Byzance, le grand-prince décida de transformer Moscou, avec ses palais de bois, en une nouvelle Tsargrad [3], digne de son rang.

L'arrivée de la princesse grecque fut suivie de celle de célèbres architectes romains. Marco Ruffo, Antonio Gilardi, Pietro Antonio Solari et Alonso di Carcano se virent confier la tâche d'élever un nouveau château sur la colline du Kremlin. Pour la commodité des contacts avec le tsar orthodoxe et les maîtres russes placés sous leurs ordres, les Italiens furent baptisés, trois d'entre eux en frères Friazine, le dernier en Aleviz, et se mirent aussitôt au travail.

Ils furent bientôt rejoints par leur compatriote, Aristotele Fioravanti *, à qui le tsar confia la construction, en briques, des murs de la cathédrale de l'Assomption. Les maîtres russes venus de Pskov, chargés précédemment du travail, avaient connu un échec cuisant : le bâtiment, élevé jusqu'aux voûtes, s'était écroulé, sans doute à cause de la chaux insuffisamment liante utilisée par les architectes russes.

Ivan III, qui se faisait appeler Jean, fut le premier monarque à ajouter le titre de « souverain de toute la Russie » à celui de grand-prince de Vladimir, de Moscou, de Tver, de Perm, des Ougriens, des Bulgares et d'autres. Cette dernière locution, qui signifiait d'autres terres et d'autres peuples, ébauchait le futur programme, encore vague, d'expansionnisme impérial qui serait poursuivi, avec zèle, par plusieurs générations de descendants de Riourik *, par les Romanov * et, même, pour finir par un certain Iossif Vissarionovitch. Au fil des siècles, le titre royal s'enrichit des mentions des nouvelles acquisitions de la couronne. Ainsi, au XVIIe siècle, après l'annexion de la Russie mineure ou « Petite Russie », comme on appelait alors l'Ukraine, le tsar moscovite devint le « souverain de toute la Grande, la Petite et la Blanche Russie, autocrate de Lituanie, de Volhynie et de Polodie ». Le processus de constitution de l'Empire, et simultanément d'accumulation de la matière explosive qui prépara son effondrement, après le putsch de Moscou de 1991, fut achevé par Staline, en 1940. Le dictateur annexa à l'URSS, en application des protocoles secrets du pacte conclu avec Hitler, les pays Baltes, l'Ukraine et la Biélorussie occidentales, et la Bessarabie. En 1945, la Russie attacha à son territoire ses dernières conquêtes : la Ruthénie, Touva, Königsberg, rebaptisé Kaliningrad, et sa région, et les Kouriles du Sud prises au Japon.

À l'époque de Jean, tout cela n'était encore que des perspectives bien lointaines. Pourtant, en plus de ses nombreux titres, il s'arrogea ceux de *tsar* (contraction de *caesar* dans la translittération russe) et d'*autocrate*. À l'époque, ce mot n'avait pas la connotation sinistre qu'il devait acquérir sous son petit-fils, Ivan IV le Terrible *. Il signifiait simplement que le souverain qui le portait s'était libéré de tout lien de vasselage et n'avait aucune autorité au-dessus de lui, ce qui était le cas de Jean III depuis qu'il avait cessé de payer tribut au khan de la Horde.

Le tsar Jean laissa à ses descendants une Russie souveraine et un Kremlin transformé. Sous son règne, on entreprit de bâtir à l'intérieur de l'enceinte, à côté de l'Assomption, d'autres bâtiments en pierre : le Palais à Facettes et un nouveau palais royal. Il leur légua également un nouveau sceau marqué de l'aigle bicéphale, l'ancien symbole byzantin. Des aigles d'airain, posés, par la suite, au sommet des principales tours du Kremlin, y restèrent jusqu'en 1935, lorsqu'ils furent remplacés par des étoiles rubis, à cinq branches, de plus de trois mètres de diamètre.

Ce fut également sous le règne de Jean que la place Rouge, qui s'étendait sous les murailles du Kremlin, devint une partie de son ensemble architectural. En fait, le nom de *krasnaïa plochtchad'* signifiait simplement « belle place », beau et rouge étant homonymes en vieux russe, et il n'avait nullement la nuance idéologique qu'il prit à l'époque soviétique lorsque ce centre de la vie moscovite s'empourprait de milliers d'oriflammes écarlates lors des manifestations du 1er Mai et des fêtes de la révolution.

Au Moyen Âge, à l'instar du cœur de toute ville européenne féodale, la Belle place était couverte de galeries marchandes. Une estrade s'y dressait d'où les hérauts proclamaient les édits royaux et annonçaient les noms des tsars intronisés. Dans les années 1630, un lieu d'exécutions publiques y fut construit. Et, au moins à deux reprises, la place se transforma en échafaud national, devenant rouge du sang versé : en 1671, lors du supplice du rebelle Stepan Razine *, héros éminemment populaire; et en 1698, lors de l'exécution des *streltsy* [4] après la répression de leur insurrection contre le jeune tsar Pierre Ier *.

Au XVIe siècle, Ivan IV le Terrible, petit-fils de Jean III, fit construire sur la Belle place une église majestueuse en l'honneur de la conquête de Kazan, capitale du khanat indépendant du même nom. Il semblait ainsi faire révérence à son grand-père dont il poursuivait la cause : la libération de la Russie du joug tartare. L'église, élevée par les maîtres russes Barma et Postnik (selon certaines suppositions, ces deux noms se rapportent à la même personne), reçut le nom de Pokrovski, mais elle est plus connue, depuis plusieurs siècles, comme la cathédrale de Basile-le-Bienheureux, du nom d'un innocent vénéré à Moscou.

Sur cette place se jouèrent d'autres actes dramatiques de l'histoire russe. Là bouillonna la marée humaine du peuple, indigné par l'arbitraire des boyards [5], qui força le tsar Alexis le Très-doux *, père de Pierre Ier, et sa suite à se réfugier derrière l'enceinte du Kremlin. Là s'écrasa, jeté du haut des remparts, le corps du premier faux Dmitri *, le tsar imposteur, un mirliton dans la bouche et un masque de bouffon sur le visage. Et ce fut sur cette place qu'entrèrent fièrement les guerriers des milices de Minine * et Pojarski * après avoir libéré le Kremlin des envahisseurs polonais, en 1612. Un monument érigé en leur honneur s'élève devant Basile-le-Bienheureux.

Au cours de son histoire, le Kremlin connut trois invasions étrangères. La première eut lieu au XIVe siècle, lorsque Tokhtamysh, le khan de la Horde d'Or, décida de punir Dmitri Donskoï pour l'humiliation subie à la bataille de Koulikovo, et s'empara du Kremlin par la ruse, pillant et incendiant Moscou (1382). En 1610, la ville et le Kremlin furent occupés par les Polonais des troupes du second faux Dmitri *. La garnison polonaise conserva le Kremlin jusqu'en 1612.

Assiégée par l'armée populaire de Minine et Pojarski, venue de Nijni Novgorod pour sauver Moscou, elle finit par se rendre. Pour finir, le 2 septembre 1812, les troupes de Napoléon pénétrèrent dans le sanctuaire russe après la bataille de Borodino. Mais l'empereur ne passa qu'un mois au Kremlin avant d'ordonner la retraite. En partant, les Français firent sauter six tours de la citadelle et détruisirent une partie de l'enceinte.

Depuis cette époque, le Kremlin n'a plus été soumis à un danger immédiat en provenance de l'étranger, à l'exception, naturellement des raids de l'aviation allemande pendant la dernière guerre. À la surprise générale, il fut également survolé par un avion allemand en mai 1987, mais c'était un petit appareil de sport, et non de combat. Son pilote, un jeune homme de dix-neuf ans, Mathias Rust, avait décidé d'atterrir sur la place principale du Kremlin, à côté du clocher d'Ivan le Grand. Ne pouvant y parvenir, il se posa à l'extérieur de l'enceinte, sur la descente Vassilievski, qui mène de la place Rouge aux berges de la Moscova, provoquant une énorme émotion parmi les Moscovites et la démission du ministre de la Défense, le maréchal Sergueï Sokolov.

Plus récemment, la menace de raids aériens a pesé sur le Kremlin à deux reprises. Si l'on en croit le témoignage de Valentin Stepankov, alors Procureur général de Russie, pendant la tentative de putsch, en août 1991, le maréchal d'aviation Evgueni Chapochnikov *, rallié aux défenseurs de la Maison Blanche [6], promit à Boris Eltsine de faire bombarder le Kremlin, siège des putschistes, si ces derniers faisaient donner l'assaut. Chapochnikov commandait, en effet, les forces aériennes soviétiques.

En octobre 1993, l'assaut de la Maison Blanche finit par être donné, mais sur ordre de Boris Eltsine lui-même. Barricadé dans le bâtiment, le vice-président Alexandre Routskoï, ancien pilote militaire, demanda vainement à l'aviation d'effectuer une frappe aérienne sur le Kremlin, où siégeait le président russe, « destitué » par un Soviet suprême réduit à quelques dizaines de députés réunis, à la lumière des bougies, dans un bâtiment privé d'eau et d'électricité.

Bien d'autres malheurs qui s'abattirent sur le Kremlin au cours de l'histoire furent purement internes. Érigés en bois, le Kremlin et Moscou brûlèrent régulièrement pendant les premiers siècles de leur existence, victimes d'incendies accidentels ou prémédités. Des anciens bâtiments, des pans de l'enceinte ou des ponts d'accès étaient régulièrement détruits selon la volonté de tel ou tel souverain. Ainsi, au début des années soixante-dix du XVIIIe siècle, on démonta quatre tours et une partie de l'enceinte, le long de la Moscova, pour pouvoir ériger un nouveau palais grandiose. L'état des finances royales ne permit pas leur reconstruction immédiate, et, pendant quelques années, le Kremlin resta ainsi, incomplet.

L'argent, en revanche, ne manqua pas sous Nikita Khrouchtchev, deux siècles plus tard. Il n'hésita pas à sacrifier une partie considérable des anciennes constructions pour bâtir à leur place le palais des Congrès, inauguré en 1961, où se déroulaient les grandes messes du parti et autres réunions rituelles de l'époque soviétique.

En octobre 1917, malgré les combats acharnés entre soldats révolutionnaires et élèves officiers fidèles au gouvernement provisoire, le Kremlin souffrit peu du soulèvement bolchevique. La célèbre horloge de la tour du Sauveur fut néanmoins touchée. Depuis sa construction, au XVIIe siècle, son mécanisme et son aspect extérieur avaient déjà changé : le carillon que Pierre le Grand avait ramené de Hollande fut endommagé par les troupes de Napoléon qui quittaient Moscou. Réparée par des horlogers russes, elle s'arrêta de nouveau en 1917, victime d'un obus d'artillerie tiré à bout portant par les soldats insurgés. Elle fut de nouveau mise en marche en 1918, après le transfert du siège du gouvernement bolchevique de Petrograd à Moscou. Pour l'occasion, on apprit au vieux carillon à jouer *L'Internationale*.

Avec l'installation de Vladimir Lénine au Kremlin, Moscou retrouva le statut de capitale dont il était privé depuis plus de deux siècles. En 1712, Pierre Ier le Grand avait transféré le pôle de la grandeur impériale à Saint-Pétersbourg, la ville qu'il avait bâtie sur le golfe de Botnie, et abaissé Moscou à l'état d'« impératrice douairière » chargée de conserver la mémoire de la gloire passée et les catafalques des princes et des tsars préservés dans la cathédrale de Saint-Michel-Archange, au cœur du Kremlin. D'ailleurs, l'ancienne forteresse royale se dégradait et, à certains endroits, son enceinte, jadis puissante, commençait à tomber en ruine.

En prenant possession de son nouveau siège, le gouvernement communiste hissa le drapeau rouge sur le dôme de l'ancien Sénat. Ce bâtiment abrita le Sovnarkom, le Conseil des commissaires du peuple, qui devint, en 1946, le Conseil des ministres de l'URSS. Le pouvoir soviétique transforma le Kremlin en bastion de cette nouvelle civilisation, qui venait de s'ancrer sur le sixième des terres émergées de la planète, et qui, selon les thèses du matérialisme historique, était appelée à s'étendre sur le monde entier. Au lieu de la IIIe Rome, Moscou devint le siège de la IIIe Internationale, fondée en 1919. Les cinq premiers congrès du Komintern se déroulèrent dans le cadre prestigieux du Kremlin [7].

Des délégués paysans de toute l'immense Russie prenaient le chemin de cette source de la nouvelle foi. Parfois, Lénine leur accordait quelques minutes, au Kremlin. Des pèlerins étrangers, désireux de se prosterner devant l'autel du communisme mondial, accourraient aussi. Le père de la révolution reçut le célèbre écrivain britannique Herbert George Wells dans l'appartement qui lui servait de bureau. L'homme de lettres fut tellement frappé par les visions politiques de Lénine qu'il le surnomma le « rêveur du Kremlin ».

Staline, l'héritier du trône de Lénine, imitait beaucoup son prédécesseur et invitait, pour des conversations cordiales, des visiteurs étrangers. Son bureau et ses appartements se trouvaient également au Kremlin, bien qu'il préférât vivre à la campagne, dans l'une de ses datchas, la « proche », ou l'« éloignée ». Henri Barbusse, Romain Rolland et Lion Feuchtwanger comptèrent parmi ceux qui visitèrent le Kremlin en sa compagnie. Tous trois laissèrent des témoignages admiratifs, ou à tout le moins respectueux, des remarquables qualités d'homme d'État et de la modestie frappante de cet individu de petite taille, « aux moustaches et à la pipe », dont le visage était marqué par la petite vérole.

Sous Staline, les mesures de sécurité accrues et les énormes pouvoirs de la garde commencèrent à faire ressembler le Kremlin à un bastion, non pas politique, mais militaire. En fait, il se transforma en une sorte de Cité interdite, délibérément couverte d'un voile de secret et de mystère, et dont les accès étaient fermés aux simples mortels soviétiques. En 1925, un an après la mort de Lénine, le Glavlit, la direction principale de la censure, publia une volumineuse « Liste des informations faisant partie des secrets d'État militaires et économiques ». Elle interdisait toute « publication de renseignements contemporains ou historiques sur le Kremlin, son enceinte, ses sorties et entrées, etc. ».

Il est difficile de dire si Staline avait déjà peur des attentats contre sa vie [8], ou s'il voulait rayer de l'histoire et de la mémoire populaire le souvenir même des confrontations dramatiques qui s'étaient jouées au Kremlin entre les souverains, légitimes ou non, et les foules moscovites. À moins qu'il ne comprît déjà, en entamant la construction de son empire de la peur, qu'entouré de secret, il serait mieux cimenté. Le Grand Inquisiteur de Fiodor Dostoïevski ne prêchait-il pas de s'appuyer, pour gouverner, sur « le miracle, le mystère et l'autorité »?

Avec la construction du Mausolée de Lénine, la place Rouge, une nouvelle fois transformée en scène politique principale de l'Empire, se dota d'un jubé unique d'où les grands prêtres du communisme mondial prononçaient, *urbi et orbi*, leurs prêches rituels et lançaient l'anathème contre les ennemis de la doctrine. En 1924, pendant les funérailles de Lénine, ses compagnons d'armes et ses disciples firent le serment de poursuivre et d'achever victorieusement l'œuvre qu'il avait entreprise. Cette promesse était tacitement renouvelée, d'année en année, par leur présence, puis celle de leurs successeurs, sur la tribune construite au-dessus du corps embaumé, d'où ils assistaient aux défilés militaires destinés à terroriser l'ennemi de classe, et à ceux des foules enthousiastes censés symboliser l'union indestructible du peuple et de ses dirigeants. Il faut reconnaître que, même dans un sens purement formel, la légitimité de la dynastie des chefs communistes de l'URSS le cédait devant celle de la maison des Romanov, dont le fondateur, Michel, âgé de seize ans, avait non seulement été élu par l'Assemblée des États, le *zemski sobor*, mais « agréé », sur la Belle place, par la population de Moscou.

Deux fois par an, pour les fêtes du 1er Mai et du Grand Octobre (le 7 novembre), des milliers de sympathisants du communisme, d'invités occidentaux et de représentants des peuples militants du Tiers Monde qui vivaient aux frais de Moscou, affluaient dans la capitale soviétique. Cette famille internationale de compagnons d'armes et, simultanément, de clients de la superpuissance soviétique, était installée sur les tribunes situées de part et d'autre du Mausolée, devant la muraille du Kremlin.

Seuls les invités étrangers de marque se voyaient octroyer l'honneur insigne de côtoyer, au sommet du sanctuaire national, ces chefs intemporels de la révolution mondiale qui, d'année en année, se ressemblaient tant dans leurs chapeaux et manteaux gris, identiques. En quelques décennies, des personnalités aussi différentes qu'André Gide, Mao Zedong, Fidel Castro, ou Mengistu eurent le privilège de marquer ainsi la course du temps et le changement des priorités de la politique soviétique.

Mais la place Rouge n'était pas seulement la scène des spectacles politiques officiels. Comme dans le passé, des actes de la véritable histoire populaire s'y jouaient. Même revêtu de l'uniforme soviétique, le peuple poursuivait la cause héritée des générations précédentes : la construction, le renforcement et la défense de sa patrie. En novembre 1941, les défenseurs de Moscou, organisés en unités de l'armée et en milices populaires, quittèrent la place Rouge pour se rendre directement au front qui ne se trouvait qu'à une vingtaine de kilomètres de la capitale. Très peu en revinrent. Le départ de ces braves au combat contre les envahisseurs fut doublement salué : par le discours d'adieu de Staline, du haut du Mausolée, et par le silence de pierre de Minine et Pojarski, devant Basile-le-Bienheureux.

Trois ans et demi plus tard, parmi les vainqueurs de la guerre qui défilèrent sur la place Rouge, se trouvait un certain colonel Brejnev * dont personne ne soupçonnait (et sans doute pas lui-même) qu'il hériterait du sceptre du pouvoir et que son tour viendrait de saluer les parades militaires. Il ne pouvait pas imaginer non plus qu'à cet endroit même, par un froid matin de novembre, après presque vingt ans de règne, il se séparerait définitivement du pays et de la foule rassemblée de manière routinière devant le Mausolée [9] à l'occasion de l'anniversaire de la Grande révolution.

Parfois, des milliers de personnes se réunissaient spontanément sur la place Rouge, pour fêter, par exemple, le vol orbital du premier cosmonaute, Iouri Gagarine, en avril 1961, ou pour honorer la mémoire des trois jeunes gens morts dans les journées dramatiques d'août 1991, alors que se décidait le sort de la démocratie naissante en Russie.

Après l'effondrement de l'État soviétique, la place Rouge a perdu sa cocarde d'antichambre officielle du Kremlin que lui conféraient ses défilés bisannuels. Elle n'en a pas moins essayé différentes toilettes, au cours de ces dernières années, y compris des créations de Pierre Cardin. Le grand couturier parisien a, en effet, organisé un défilé de mode devant les Moscovites, près de l'enceinte de Kremlin, sur la descente Vassilievski. Ce fut aussi sur la Belle place qu'en octobre 1993 l'Orchestre national symphonique de Washington, sous la direction de Mstislav Rostropovitch *, interpréta l'ouverture *1812* de Tchaïkovski. Après plusieurs lustres d'exil forcé, le célèbre violoncelliste obtenait ainsi la reconnaissance de sa cruelle patrie. À peine quelques jours plus tard, la place perdit un autre élément de son décor officiel : la garde solennelle du poste n° 1 de l'ex-empire soviétique, le Mausolée du fondateur de cet État idéologique, était définitivement supprimée [10].

Mais la place avait commencé à être transformée en cimetière bien avant la construction du tombeau principal du pays, en 1924. Quelques années auparavant, Maïakovski * parlait déjà de « nécropole rouge ». En novembre 1917, on enterra près de deux cent cinquante combattants de la révolution dans une fosse commune adjacente à l'enceinte du Kremlin. Ce fut également au pied du rempart que John Reed *, Inessa

Armand * et Vatslav Vorovski * reçurent leur dernière demeure. Plus de cent plaques sont ainsi fixées sur le mur de briques rouges. À côté de révolutionnaires russes et de chefs militaires soviétiques, on y trouve les combattants de l'Internationale communiste Clara Zetkin * et Sen Katayama *. Entre le Mausolée et la muraille ont été érigées les stèles individuelles des plus proches compagnons de Lénine et des chefs successifs du parti et de l'État soviétiques. Là gisent Sverdlov *, Frounze *, Dzerjinski *, Kalinine *, Jdanov *, Staline, Vorochilov *, Boudionny *, Souslov *, Brejnev, Andropov * et Tchernenko *.

En 1953, le corps embaumé de Staline fut placé à l'intérieur du Mausolée, à côté de la momie de Lénine. Huit ans plus tard, sur proposition de Nikita Khrouchtchev, le XXIIe congrès du PCUS, qui compléta la condamnation des crimes du « culte de la personnalité » initiée par le XXe congrès, vota l'« expulsion » de Staline. Son corps fut enterré nuitamment et sur le fronton du Mausolée ne subsista qu'un seul nom : Lénine.

Le seul souverain soviétique à ne pas être honoré d'une place au panthéon kremlinien fut justement Khrouchtchev. La nomenklatura ne put lui pardonner ni le XXe congrès, qui « dénigra » le passé « héroïque » du socialisme, ni ses atteintes à l'omnipotence de l'appareil du parti, ni ses improvisations, qu'elle jugeait dangereuses, en matière de politique étrangère et intérieure. Les prêtres du pouvoir nomenklaturiste privèrent de monument près du Mausolée, et même de plaque sur la muraille, le premier chef du Kremlin à avoir ouvert les portes de la Cité interdite et autorisé l'entrée des Moscovites et des touristes dans la partie historique de la citadelle du parti.

À sa mort, l'ancien chef suprême transformé en « pensionné à titre personnel » fut enterré, en 1971, dans le cimetière du monastère de Novodevitchi, sous la surveillance du KGB qui limita soigneusement l'accès du public à la cérémonie funèbre. Il repose là, dans une compagnie beaucoup plus intéressante d'écrivains, acteurs, peintres et scientifiques russes. Le monument érigé sur sa tombe fut créé par Ernst

Neïzvestny *, célèbre sculpteur, persécuté par les autorités et finalement forcé de quitter l'URSS.

Par une curieuse ironie de l'histoire, ce *gensek* [11] extraverti, puni par les bonzes rancuniers du parti, continuera de reposer en paix, alors que ceux-ci risquent fort d'être chassés de leur dernière demeure : les nouvelles autorités russes vont certainement se comporter à l'égard des illustres dépouilles communistes enterrées près des murs du Kremlin, comme le héros du remarquable film *Le Repentir*, de Tenguiz Abouladze, qui déterra le cercueil de son père pour jeter ses restes dans une décharge.

Bien avant que les funérailles rituelles des chefs, sur la place Rouge, ne se fussent transformées en une manifestation saisonnière [12], l'odeur de putréfaction qui émanait des fondations de la muraille du Kremlin évoquait déjà la décomposition grandissante du régime. Et aucun centre de recherches biostructurelles, comme celui qui découvrit la recette secrète de la « conservation éternelle » de la momie de Lénine, n'aurait pu réussir l'anabiose de ce régime dont les dirigeants se vantaient, en plus, de parler au nom de la « jeunesse du monde », et de personnifier son avenir.

On dit que les poissons pourrissent par la tête. Et il est vrai que la décomposition de ce monstre de Frankenstein historique à moitié vivant n'était ressentie, nulle part, plus nettement qu'à son sommet : au Comité central du parti communiste de l'Union soviétique, en abrégé, le CC du PCUS.

Le crépuscule du socialisme « mûr »

Sans indiquer la direction du vent

Un petit kilomètre sépare la place Rouge de la Vieille place (*Staraïa plochtchad'*) où siégeait le Comité central. Les limousines longues et noires des chefs, Tchaïkas et Volgas, la parcouraient en moins de deux minutes. Lorsque l'une de ces « autoritémobiles [1] », suivie par une voiture de la sécurité, sortait à toute allure par la porte du Sauveur, dispersant les touristes attroupés devant Basile-le-Bienheureux, une sonnette retentissait près des entrées des bâtiments du CC. Les gardes, alertés, arrêtaient le flot de la circulation pour ouvrir le passage au grand de ce monde et à ses gardes du corps. Brejnev n'utilisait pas moins de quatre automobiles dans ses déplacements. Lors des dernières années de sa vie, l'une d'elles transportait un véritable centre de réanimation.

Une liaison souterraine invisible courrait également entre la place Rouge et la Vieille place : un tube pneumatique qui transportait en quelques secondes des documents d'un endroit à l'autre. Pour la réalisation de ce chef-d'œuvre invisible de la pensée bureaucratique, le chef du département général du CC du PCUS, à l'époque Konstantin Tchernenko, reçut un prix d'État de l'URSS. Bien entendu, cette distinction ne fut pas annoncée publiquement : le tube était considéré comme un objectif stratégique.

Dès les premières années de direction brejnévienne, une démarcation entre les deux pouvoirs reliés par le tube pneumatique, celui de l'État au Kremlin, et celui du parti sur la Vieille place, fut clairement établie. Cette division surgit en 1964, lorsque les hauts fonctionnaires, irrités par les improvisations de Khrouchtchev qui mettaient en danger leurs positions, destituèrent leur patron lors du plénum d'octobre du

CC et se partagèrent entre eux le pouvoir absolu qu'ils venaient de lui arracher.

Brejnev, qui était à l'époque secrétaire du Comité central, après avoir joué pendant quatre ans le rôle décoratif de chef de l'État (président du présidium du Soviet suprême), tira la carte du parti et la conserva. Il adopta aussitôt la tactique d'Ivan le Terrible : il s'éloigna du Kremlin pour s'installer dans un « faubourg » peuplé d'« opritchniks [2] » du CC, dont il fit vite le centre du pouvoir politique. Au fond, ce n'était pas très difficile, car l'État engendré par la révolution d'Octobre, à la différence de celui né de la Révolution française, n'était pas un État-nation, mais un État-parti.

Les organes et les structures du PC, à tous les niveaux, de celui des républiques fédérées au plus humble hameau, constituaient le véritable système de direction du pays que contrôlait une instance unique sise dans le complexe d'immeubles de la Vieille place, à Moscou. Dès lors, le numéro un du parti ne pouvait que se transformer, par définition, et indépendamment de son mandat formel, en souverain autocratique de l'État idéologique dont le pouvoir n'était limité que par son propre tempérament, son bon sens et, naturellement, la durée de sa vie.

Pour ne pas perdre sa couronne lors d'un plénum, il lui suffisait de posséder l'art des intrigues de palais, de ne pas porter atteinte aux intérêts des clans politiques et militaires puissants, et de donner la préférence à la stabilité par rapport aux nouveautés. Brejnev, formé à l'école d'une longue carrière au parti, possédait ces qualités en abondance. De plus, la fin déplorable de son prédécesseur, Khrouchtchev, ne pouvait que l'inciter à un surcroît de prudence.

Simultanément à l'ascension de la Vieille place, le Kremlin se vit réduit, après 1964, au rôle décoratif de façade de l'État soviétique. Le Soviet suprême s'y réunissait deux fois par an et ses sessions de deux ou trois jours se déroulaient sous l'œil vigilant d'une gigantesque statue de Lénine. La principale fonction des députés semblait être de faire des ovations debout au chef du parti et à ses compagnons d'armes.

C'était également au Kremlin, dans l'ancien bâtiment du Sénat impérial, que siégeait le gouvernement soviétique, depuis l'époque de Lénine. De 1964 à 1980, c'est-à-dire pendant presque tout le règne de Brejnev, il fut dirigé par Alexeï Kossyguine *, l'un des ministres les plus jeunes du cabinet de Staline.

Privé de tout pouvoir, à part celui de distribuer sur l'énorme territoire du pays des ressources matérielles et financières de plus en plus chiches, le gouvernement recevait habituellement du Politburo les projets de ses propres décrets. De la même manière, les futures décisions du Soviet suprême étaient préparées sous forme d'annexes aux résolutions des instances dirigeantes du parti. Il ne s'agissait pas seulement des lois de l'URSS, mais aussi des décrets relatifs à l'attribution de titres honorifiques ou de décorations à des citoyens distingués, à des collectifs de travailleurs et, parfois, à des républiques entières. Parmi les plaisanteries sarcastiques qui couraient à Moscou, à l'époque où l'on n'emprisonnait plus les auteurs ou les colporteurs d'histoires drôles politiques, l'une des plus appréciées était l'annonce de l'attribution du titre de Héros du travail socialiste au peuple soviétique tout entier.

Mais le parti faisait irruption dans la citadelle du pouvoir autrement que par les ordres qui fusaient du tube pneumatique : le Politburo se réunissait tous les jeudis derrière les murailles du Kremlin, selon la tradition héritée de Staline. Ceux de ses membres qui ne faisaient pas partie de l'appareil du CC, comme le ministre des Affaires étrangères, Andreï Gromyko *, le chef du KGB, Iouri Andropov, ou le ministre de la Défense, Dmitri Oustinov *, préféraient rencontrer leurs collègues sur le terrain neutre du Kremlin, plutôt qu'en terre « étrangère », au CC.

Les archives du Politburo, la partie la plus importante et secrète des archives d'État soviétiques, se trouvaient également au Kremlin. Selon les règles du secret [3] établies pendant la période de clandestinité du parti bolchevique, il était interdit de sortir des documents en dehors des cas d'extrême nécessité.

À l'époque où le règne brejnévien s'éteignait déjà, on installa dans un bâtiment du Kremlin un complexe comprenant une salle de conférence pour des plénums du CC que seuls les initiés connaissaient. Mais, en dépit des rassemblements périodiques des organes supérieurs du pouvoir, le Kremlin restait, dans ces années-là, un décor majestueux et le symbole extérieur de la puissance étatique, plutôt que le cœur vivant du pays. Ses murailles épaisses faisaient comme un écrin qui, politiquement, s'ouvrait sur du vide. Et d'ailleurs, l'esprit d'abandon qui y régnait devait certainement frapper n'importe quelle personne qui franchissait, après avoir montré patte blanche, l'entrée discrète, gardée par deux militaires à la carrure de grenadiers, près de la tour du Sauveur. Les places et les passages entre les palais, déserts comme sur les tableaux de Chirico, retentissaient parfois du bruit du pas cadencé d'un garde, ou de la relève qui se dirigeait, toutes les demi-heures, vers son poste au Mausolée.

À l'intérieur des bâtiments historiques, cela sentait les bottes de soldats et le graillon d'une cantine militaire. Ce n'était guère étonnant : depuis l'époque de Staline, toute la citadelle n'était plus qu'une gigantesque caserne, un État policier interne que dirigeait le commandant du Kremlin. Le fantôme de Staline semblait à tel point dominer cette « Tour de Londres » soviétique que même les nouveaux dirigeants du pays s'y sentaient mal à l'aise et n'osaient pas s'y fixer définitivement.

L'appareil tout-puissant du CC restait donc le véritable centre politique et administratif de l'État. La vie sociale, économique et même privée de millions de citoyens se trouvait sous le contrôle et la surveillance de ce Léviathan bureaucratique.

Les bâtiments du CC occupaient quelques pâtés de maisons entre la rue Iliinka [4], qui s'ouvre en face de la tour du Sauveur, et les églises qui entourent l'hôtel Rossia. Ils étaient reliés entre eux par un réseau de passages fermés et de couloirs souterrains. L'appareil se répandit graduellement, au-delà des limites du raisonnable, dans les rues adjacentes à la Vieille place, s'emparant de bâtiments anciens et en érigeant de nouveaux, jusqu'à se figer, enfin, dans l'extravagance de l'architecture administrative, avec ses pignons et ses flèches rappelant les tours du Kremlin, et ses halls en marbre censés symboliser la pérennité du pouvoir nomenklaturiste et la stabilité de l'ordre qu'il incarnait.

Le corps de ce mastodonte dinosaurien était surmonté d'une petite tête, située au quatrième étage du bâtiment le plus gris du CC sur lequel flottait le drapeau rouge du parti bolchevique : l' « entrée n° 2 ». Là, derrière un double cordon de gardes du KGB se trouvaient les cabinets du secrétaire général [5] et des membres les plus influents du Politburo. La position des bureaux des hiérarques revêtait une importance primordiale pour un appareil inspiré par la tradition byzantine. Ainsi, pour être le véritable numéro deux de ce parti « d'un type nouveau », comme disait Lénine, il ne suffisait pas d'accumuler les postes de secrétaire du CC et de membre du Politburo. Encore fallait-il avoir obligatoirement son bureau au quatrième étage, et non à un autre, de la fameuse entrée n° 2. C'est à ce signe que la valetaille du parti distinguait les nuances dans le statut de ses chefs. Pour elle ne s'est jamais posée la question douloureuse qui tourmentait la moitié des soviétologues pendant la période gorbatchévienne : lequel des deux secrétaires en charge de l'idéologie était le plus élevé dans la hiérarchie du parti : Egor Ligatchev * ou Alexandre Iakovlev *? La réponse était évidente : c'était Ligatchev qui avait hérité du bureau de Souslov, à l'étage fatidique!

Sans un tampon spécial sur la carte professionnelle, l'accès de ce niveau était interdit, même aux employés du CC. Ceux d'entre eux qui devaient participer aux réunions hebdomadaires du Secrétariat, qui avaient lieu le mardi, étaient inscrits sur des listes spéciales. Les occupants des lieux, eux, n'avaient même pas à passer devant les gardes : un ascenseur particulier les amenait directement à une entrée isolée, d'où ils pouvaient se glisser dans leurs voitures blindées sans craindre les terroristes ou, ce qui est plus vraisemblable, les solliciteurs qui affluaient, dans la plus pure tradition russe, vers les entrées du pouvoir à la recherche de justice et protection.

Jour et nuit, chaque dignitaire était accompagné, protégé et, en fait, contrôlé dans ses moindres déplacements, par un

« attaché » de la « Neuf », la neuvième direction du KGB, chargée de la protection des dirigeants du parti et de l'État. Ce procédé, qui trouvait son origine dans le système mis au point par Staline pour surveiller son propre entourage, donnait apparemment toute satisfaction à chaque nouveau chef, puisqu'il resta inchangé, malgré toutes les péripéties politiques, jusqu'au démantèlement du KGB, en octobre 1991. Cette liquidation n'empêcha nullement la reconstitution et même le renforcement de l'organisme en question, sous d'autres noms, dans les nouvelles structures de l'État russe. Selon le témoignage d'un participant aux réunions du nouveau gouvernement, qui emménagea dans les locaux de la Vieille place [6] après l'expulsion du Comité central, le système d'autorisations spéciales pour l'accès au quatrième étage fut préservé. Et lors des réunions, dans l'ancienne salle du Secrétariat du CC, les premières rangées de fauteuils étaient occupées par les gardes du corps des principaux personnages du gouvernement, comme Egor Gaïdar * ou Guennadi Bourboulis *. Les nouveaux dirigeants russes, projetés vers les sommets du pouvoir étatique par la soudaine accélération de l'histoire, résistèrent mal à la tentation de s'installer dans le lustre de l'ancien régime.

Le culte du secret et du mystère qui entourait les prêtres suprêmes du pouvoir du parti n'était pas, naturellement, une invention du « montagnard du Kremlin », comme le poète Ossip Mandelstam surnomma Staline dans un poème tragiquement irrévérencieux. Il date des temps païens et s'est perpétué, à travers toutes les époques, dans les régimes absolutistes, dictatoriaux ou totalitaires. Le plus remarquable, c'est qu'il ait acquis le sommet de la perfection sous un pouvoir qui prétendait incarner la « démocratie populaire ».

On connaît les terribles manifestations de ce culte du secret, mais il y en eût aussi de bien curieuses. Ainsi, en 1954, après la mort de Staline, le Glavlit, qui contrôlait la presse avec vigilance pour éviter les fuites de secrets d'État, finit par céder aux demandes insistantes des kolkhoziens qui se plaignaient à Khrouchtchev, et émit la recommandation de « publier des prévisions météorologiques pour une période ne dépassant pas cinq à sept jours, en les limitant aux informations concernant les gelées, les pluies et les vents forts, sans indiquer, toutefois, leur direction ».

Bien entendu, la logique bureaucratique n'était pas seule à motiver cette formule épatante. La tâche d'indiquer la direction des vents qui soufflaient au-dessus de l'Empire soviétique devenait une occupation de plus en plus ingrate et même périlleuse. L'un des secrets les mieux protégés du pouvoir dans les dernières années du régime était sa dégénérescence progressive.

L'automne du *gensek*

Avec les années, Leonid Brejnev, le *gensek* vieillissant, se sentait de plus en plus las. Les obligations quotidiennes, imposées par son statut de dirigeant suprême, commençaient à lui peser plus que de raison. Il était parvenu à consolider définitivement sa situation de monopole au sommet du pouvoir. Ses deux partenaires de la *troïka* qui avait renversé Khrouchtchev, en 1964, n'étaient plus des rivaux. Il s'était débarrassé du premier, Nikolaï Podgorny *, en 1977, à la faveur de la réforme constitutionnelle. Bien que le texte de la nouvelle loi fondamentale ne précisât rien de tel, Brejnev décréta simplement que le secrétaire général devait être également le chef de l'État. Podgorny, qui occupait ce poste en qualité de président du présidium du Soviet suprême, fut simplement libéré de ses fonctions. Il faut dire que Brejnev éprouvait des joies de collectionneur en accumulant titres et décorations. Avec l'âge, ce penchant prenait des dimensions maniaques.

Quant au second, Alexeï Kossyguine, Premier ministre sec et pragmatique, il se vit peu à peu contraint à jouer les utilités. Le processus prit du temps, en raison de son autorité professionnelle et morale dans le pays, mais, en 1980, affaibli et malade, il finit par démissionner. Il fut remplacé par l'une des créatures du secrétaire général, le vice-premier ministre Nikolaï Tikhonov *. Cet homme insignifiant était tout dévoué à Brejnev depuis la fin des années quarante, à l'époque où le futur dirigeant suprême n'était encore que secrétaire régional, à Dniepropetrovsk.

Resté seul sur le trône du parti et de l'État, rongé par les maladies, le président-gensek perdait progressivement tout intérêt pour ce qui se passait dans le pays et, naturellement, le contact avec le monde réel. Son entourage y était pour beaucoup : ses collègues du Politburo, ses assistants, les dirigeants des républiques de l'Union et les apparatchiks omnipotents du Comité central, tous se sentaient parfaitement à l'aise dans l'ombre de ce chef déclinant.

En réalité, chez Brejnev, la vieillesse ne faisait qu'amplifier un trait particulièrement répandu chez les fonctionnaires du parti. Même dans ses jeunes années, lorsque Leonid Ilitch, gaillard à la belle prestance (il n'avait pas seulement des sourcils très fournis, mais une belle nature de cheveux et des fossettes qui faisaient des ravages), n'était encore qu'un leader régional dynamique, promis à un brillant avenir [1], ses rapports avec la vie réelle étaient très sélectifs.

Le parti, transformé par Staline en une sorte d'« ordre des Chevaliers Porte-Glaive », constituait, en effet, un monde autosuffisant et fermé sur lui-même, comme une citadelle fortifiée et protégée de l'extérieur. Cette forteresse, ceinte de hautes murailles, s'élevait au-dessus d'un pays qui bouillonnait d'une vie différente. Pour les habitants des hauteurs, cette vie apparaissait comme un phénomène secondaire au service de la leur propre. Même les néophytes du parti, cooptés parmi des ouvriers et des paysans « progressistes » et au sein de l'intelligentsia « du travail », s'empressaient, à peine entrés dans le cercle des initiés, de se débarrasser de leurs racines, comme on se dépouille de méchants oripeaux désuets.

À partir de ce moment, leur bagage intellectuel et culturel, déjà très léger à l'origine, ne s'alourdissait plus que d'informations bureaucratiques soigneusement filtrées et de cours dogmatiques dans les écoles et « académies » du parti. Seules les conversations avec les chauffeurs des voitures de fonction et, pour les plus hautes personnalités, avec les gardes du corps, leur permettaient de maintenir un semblant de contact avec le quotidien. C'est pour leurs oreilles que le cynique Sergueï Lapine, le vieux président du Gosteleradio [2], diffusait sur les ondes des chants de la « classe ouvrière » et des marches martiales, à l'heure où les fonctionnaires du parti roulaient vers leurs bureaux dans leurs Volgas noires. Ces airs entraînants étaient censés symboliser l'enthousiasme des millions de travailleurs se rendant à leurs postes. Or, en fait, ces masses ne correspondaient nullement, ni par l'aspect physique, ni par le mode de vie et de pensée, aux clichés stéréotypés de la propagande, et encore moins aux affiches volontaires érigées le long du parcours des voitures des chefs.

Dans ces conditions, il n'est guère surprenant que les échelons supérieurs de la hiérarchie fussent occupés par des gens qui n'avaient qu'une idée très approximative des réalités de leur pays, sans parler de celles du reste du monde. Un membre de l'entourage de Nikolaï Podgorny racontait une anecdote tout à fait significative. Lors d'une visite officielle en Autriche, son patron, qui était alors le chef de l'État soviétique, eut l'occasion de visiter un marché viennois. Après avoir admiré l'abondance de denrées de toutes sortes, il se tourna vers les membres de sa délégation avec un clin d'œil malicieux : « Regardez comme on a bien préparé ma visite ! » Podgorny, qui peu de temps auparavant n'était encore qu'un haut fonctionnaire du parti en Ukraine, ne parvenait pas à concevoir qu'une telle profusion de marchandises pût exister à l'état naturel, sans intervention administrative. Dans les villes soviétiques, on ne parvenait à un tel résultat, avant l'arrivée d'hôtes illustres, qu'au moyen d'efforts d'approvisionnement extraordinaires, sur ordre des autorités locales du parti.

Dans cette incompréhension résidaient à la fois le malheur des dirigeants et la tragédie de leur pays. Car ils ressemblaient à des nomades du désert sidérés à la vue des chutes du Niagara et qui attendent que toute cette eau s'arrête de couler. Ils avaient du mal à imaginer qu'en dehors de leur terre aride un autre monde pût exister fonctionnant selon des lois différentes.

Bien entendu, s'engoncer dans un scaphandre d'idées dogmatiques sur le monde extérieur était, pour de nombreux chefs du parti voyageant à l'étranger, le seul moyen de préserver leur équilibre mental. En fin de compte, il n'y avait pas, parmi eux, beaucoup de cyniques véritables prêts à admettre, même *in petto*, que la cause à laquelle ils avaient consacré leurs vies était fondée sur un Grand Mensonge. En revanche, leur ignorance crasse concernant les problèmes de leur propre pays est plus difficile à excuser. Un jour, à Erevan, Vladimir Dolguikh, l'un des secrétaires du Comité central, se lamentait, lors d'une conférence, que « deux peuples musulmans frères » fussent incapables de trouver un langage commun dans le conflit qui les opposait au Haut-Karabakh. Or les deux peuples « musulmans » en question étaient les azéris chiites et les... chrétiens arméniens. Comment, après cela, les auditeurs d'Arménie pouvaient-ils écouter sérieusement les sermons de cet homme?

Brejnev lui-même, malgré son long périple vers le sommet du pouvoir d'État et sa fréquentation des grands de ce monde, restait au fond un apparatchik du parti, très peu cultivé. Mais le véritable problème du système de la nomenklatura soviétique n'était pas seulement que des gens primaires et peu éduqués y occupaient les premiers postes. Après tout, même le processus démocratique dans les pays occidentaux permet parfois à des hommes très quelconques de parvenir à des échelons élevés du pouvoir. Malheureusement, en URSS, la structure verticale de subordination faisait des dirigeants du pays, et donc de leur niveau d'idées et de connaissances, le point de départ de la construction du reste de l'édifice politique.

La spécificité des régimes autocratiques, de type soviétique ou non, est leur complète orientation sur le leader, perçu comme une incarnation et un symbole du pouvoir plutôt que comme une personnalité concrète. Leur appareil administratif n'est limité ni par la loi, ni par l'opinion publique, ni même par la nécessité de se tourner de temps en temps vers les électeurs pour prolonger son mandat. Il peut donc accomplir sans contrainte sa fonction : exécuter les souhaits et les ordres du chef.

Naturellement, servir un meneur fort, tsar véritable, satrape ou dictateur, est l'ambition première des opritchniks de l'appareil. Il encourage et couvre leur arbitraire, et, pour reprendre les termes d'Adolf Hitler, prend sur lui « leurs péchés ». Pourtant, ce rêve se transforme régulièrement en cauchemar. Car un tel leader est dangereux non seulement pour le pays qu'il dirige, mais aussi pour ses propres subordonnés. Les proches de Hitler et encore plus ceux de Staline devinrent trop souvent leurs victimes : soit ils se laissaient emporter par un zèle répressif qui dépassait celui du chef, lui-même ; soit ils devenaient dangereux en tant que concurrents potentiels (comme Sergueï Kirov *) ; à moins qu'il ne fussent tout simplement programmés pour le sacrifice par la logique même du système totalitaire qui, comme Cronos, dévorait ses propres enfants en les envoyant à la guillotine ou en les faisant fusiller. Les jardiniers tondent périodiquement les pelouses pour qu'aucun brin d'herbe ne dépasse de la surface idéale.

Voilà pourquoi l'appareil préfère des dirigeants plutôt symboliques, conventionnels, qui lui doivent entièrement grandeur, omnipotence et autorité et sont donc dépendants de lui. Moins un tel chef intervient dans des affaires réelles, et plus les fonctionnaires se sentent à leur aise et sans entraves dans la gestion qu'ils mènent en son nom. Et un tel système se nourrit lui-même, car les hommes de l'ombre ne sauraient maintenir leurs prérogatives sans parer le régime des attributs d'un pouvoir autoritaire. Or, pour cela, ils sont obligés de créer *l'image* d'un leader fort. C'est en s'entourant de secret et de mystère, en isolant leur chef du monde extérieur, en le rendant inaccessible, qu'ils forgent plus facilement l'image d'un gouverneur omniscient et tout-puissant, comme un *Big Brother* orwellien, remplissant de la fumée de leurs louanges n'importe quelle enveloppe vide.

Un dirigeant faible qui permet à ses subordonnés de le représenter fort, et lui laisse, en contrepartie, les brides du pouvoir est une bénédiction pour toute bureaucratie : c'est en fait elle qui saute à pieds joints sur le trône. Dès lors, est-il vraiment important que le chef ne soit pas capable d'impulser une politique et ne donne plus d'ordres auxquels ses subordonnés doivent se plier? Pour se préserver, pour justifier sa propre existence de levier indispensable à la direction, l'appareil est prêt à créer une réalité imaginaire, à construire non seulement un monde artificiel, comme les images virtuelles générées par ordinateur, mais aussi le chef censé diriger ce monde ou, du moins, donner l'illusion de le diriger.

En fin de compte, la valetaille n'a pas besoin d'un vrai roi : n'importe quel bouffon convient davantage pour jouer ce rôle.

Dès lors, un leader véritable, et non pas un acteur qui répète les paroles derrière le souffleur, représente un obstacle pour la pièce que l'appareil veut jouer et doit donc être liquidé à la première occasion. Voilà justement pourquoi l'imprévisible Nikita Khrouchtchev fut éliminé de la scène politique par Brejnev et la couche de la nomenklatura du parti qui le soutenait. Voilà également pourquoi, le 18 août 1991, les grands dignitaires de l'élite militaire et étatique soviétiques se rendirent, furieux, à la datcha de Mikhaïl Gorbatchev, à Foros, en Crimée, pour poser un ultimatum à « leur » président et *gensek*. Ils avaient compris trop tard que ce dernier avait franchi les canons écrits et non écrits du système, pour se libérer de leur contrôle et conduire vers la liberté, comme le chantait Vladimir Vyssotski *, le pays qu'ils protégeaient de façon aussi sûre.

Le revers évident de cette position de l'appareil était l'indifférence complète des membres de la nomenklatura aux problèmes de leur propre société : ils ne remplissaient leurs obligations formelles que dans la limite leur permettant d'assurer une promotion de carrière ou d'éviter un blâme pour incurie. De plus, l'habitude professionnelle de capter uniquement les signaux venus d'en haut les rendait peu aptes à réagir aux situations inattendues, imprévues, mais réelles. De la même manière, ils n'avaient pas la moindre raison de faire circuler l'information sur l'état véritable de la situation du pays, ou de présenter à la direction les problèmes correspondant aux besoins de la société et non à leurs intérêts personnels.

La surprenante absence d'efficacité de l'appareil d'un parti omnipotent s'expliquait par le fait qu'il alliait les défauts de la bureaucratie de la plupart des autres pays (la compétence en moins) avec l'étroitesse doctrinaire des serviteurs d'un culte idéologique obsolète. Il démontrait sa totale impuissance lorsque survenaient des cataclysmes naturels ou politiques, comme la destruction d'un Boeing civil sud-coréen, en septembre 1983, ou l'accident nucléaire de Tchernobyl, en avril 1986. Dans chaque situation exceptionnelle, en absence d'ordres, les services administratifs se trouvaient désemparés et se contentaient de faire traîner les choses en s'efforçant de deviner la position des instances dirigeantes.

Cependant, de telles situations critiques n'étaient pas trop fréquentes à l'époque du *socialisme mûr*, comme les idéologues de la cour avaient eu l'idée de la baptiser pour bien indiquer, ne fût-ce que par des paroles, que la société soviétique continuait à évoluer conformément au dogme. En règle générale, l'appareil se protégeait contre l'afflux de travail en isolant son patron, le *gensek*, et en s'efforçant de lui trouver, grâce aux efforts combinés de tous les maillons de la nomenklatura, n'importe quelles occupations, à l'exception des affaires réelles.

Il est difficile de prétendre que tout cela se faisait contre la volonté du secrétaire général. Au contraire, Leonid Ilitch se soumettait volontiers à cette douce pression et trouvait une satisfaction toujours croissante dans le décorum de son pouvoir illimité. Avec un plaisir visible, après avoir transformé le titre de premier secrétaire en celui de secrétaire général, il accepta d'ajouter à ses fonctions, celle formelle de chef de l'État. En fait, la proposition de réunir en une seule personne les postes de chef du parti et de président du présidium venait de son entourage. Il s'agissait officiellement de faciliter les relations protocolaires avec les chefs d'État étrangers. Selon les dires de l'appareil, ces derniers ne savaient jamais comment il fallait recevoir le numéro un soviétique. Fallait-il ou non réserver la réception destinée aux chefs d'État à un homme qui, même s'il dirigeait le parti, n'occupait aucune fonction importante dans la hiérarchie étatique?

Pour correspondre à son titre de président du Présidium du Soviet suprême, un bureau lui fut aménagé au Kremlin. Lui qui, en 1964, avait quitté l'ancien palais des tsars (où il exerçait déjà les fonctions, toutes honorifiques, de président) pour rejoindre les formations de combat du parti, il retournait donc dans ces salles chargées d'histoire comme un retraité s'installe dans une villégiature. D'ailleurs, il ressemblait de plus en plus à ses propres statues de bronze que l'on élevait au milieu des places des villes et sur les sites des batailles de la « Grande guerre patriotique ».

C'est également vers la même époque, à la fin des années soixante-dix, qu'il parvint à gravir, grâce à ses collègues du Politburo et aux chefs de l'armée qui lui étaient tout dévoués, les plus hauts échelons militaires jusqu'au rang de maréchal. Celui de généralissime, qui l'aurait mis à égalité avec Staline, Franco, Tchang Kaï-shek et Trujillo, lui échappa. Mais, pour ce qui est des décorations, il dépassa même Gueorgui Joukov *, le héros de la Seconde Guerre mondiale. Si l'on en croit ses assistants, Brejnev éprouvait presque le même plaisir à remettre des médailles qu'à les recevoir. Un jour, après avoir suivi une série télévisée consacrée à un espion courageux qui avait travaillé en territoire allemand pendant la guerre, le président-gensek exprima le souhait de décerner l'étoile de Héros de l'Union soviétique à l'acteur qui avait interprété le rôle. Il ne parvenait plus à le distinguer clairement du personnage réel.

Dans l'entourage du chef, c'était à qui aurait le « droit » d'orner l'illustre poitrine d'une nouvelle décoration originale. Les fidèles dirigeants des unions artistiques lui décernaient, eux, les récompenses les plus prestigieuses réservées aux créateurs, y compris le prix Lénine de littérature. Brejnev entra ainsi dans la pléiade des plus grands talents de la plume, comme Mikhaïl Cholokhov *, Leonid Leonov * ou Valentin Raspoutine *, pour des *Mémoires* rédigées par un groupe de « nègres » réuni autour de Leonid Zamiatine *, le directeur de l'Agence Tass [3]. Le « Cher Leonid Ilitch » se vit également remettre la carte n° 1 de membre de l'Union des écrivains. L'Union des journalistes, prenant en considération le fait que la carte n° 1 avait été remise, pour l'éternité, à un autre Ilitch, Vladimir Lénine, lui accorda, plus modestement, la carte n° 2.

Pour ne pas être en reste vis-à-vis de leurs astucieux collègues de la culture, les responsables des relations internationales du parti se mirent à sonder les gouvernements étrangers et le jury d'Oslo pour voir s'il était possible de faire attribuer à Brejnev le prix Nobel de la paix (on n'osa tout de même pas approcher le jury de Stockholm pour le Nobel de littérature). Lorsqu'ils se rendirent compte que c'était sans espoir, ils se contentèrent de faire du chef suprême un lauréat du prix Lénine de la paix.

Les congrès du PCUS, qui marquaient traditionnellement les étapes principales de la vie politique du pays, devinrent peu à peu, presque comme sous Staline, des concours d'orateurs glorifiant le chef du parti. Les responsables des républiques du Caucase et d'Asie Centrale étaient particulièrement actifs dans ces compétitions et, dans leur intervention rituelle de quinze minutes, jouaient à citer le plus possible le nom de Brejnev, accompagné des épithètes les plus raffinés. Lors des visites du *gensek* dans leurs républiques, ces mêmes dirigeants s'efforçaient de battre des records par le faste de leurs réceptions, la splendeur des cadeaux, et l'importance des foules qui manifestaient leur enthousiasme dans les rues.

Dans les couloirs du Comité central, on affirmait que Gueïdar Aliev *, le premier secrétaire d'Azerbaïdjan, s'était fait remarquer en offrant à Brejnev, au « nom du peuple azéri », un sabre décoré de pierres précieuses réquisitionné dans le musée national de Bakou. À Tbilissi, Edouard Chevardnadze * toucha jusqu'aux larmes la sensibilité du chef en le logeant dans une copie exacte de sa maison natale, construite spécialement pour sa visite. Il attira également l'attention sur lui, lors d'une cérémonie, en déclarant que, pour la Géorgie, le soleil se levait non pas à l'Est, mais au Nord, en Russie, et en promettant de raser les montagnes du Caucase si elles faisaient obstacle au plein épanouissement de l'amitié entre les peuples géorgien et russe.

Ces flagorneries devinrent tellement habituelles que, en 1986, lors de son intervention devant le XXVIIe congrès du PCUS (le premier congrès gorbatchévien), Chevardnadze adressa de telles louanges au nouveau *gensek* que Gorbatchev se vit obligé de lui demander de s'interrompre. Le lendemain, la presse publia le texte expurgé de son discours.

Naturellement, ces sommets de flatterie ne s'expliquaient pas seulement par la volonté de faire plaisir au chef. En manifestant ainsi leur dévouement personnel au *gensek*, les dirigeants républicains comptaient sur une récompense tout à fait matérielle de leurs efforts : l'octroi de compléments budgétaires exceptionnels, ou l'approbation prioritaire, par le gouvernement central, de leurs programmes économiques et sociaux. Avec un peu de chance, ils pouvaient même obtenir une promotion à Moscou ou une nomination aux postes convoités de secrétaire du Comité central ou de membre du Politburo.

Mais l'espoir principal des « barons » républicains du parti, lorsqu'ils rentraient chez eux après avoir sacrifié aux rituels d'adoration du *gensek* moscovite, était de bénéficier d'une totale immunité vis-à-vis de la loi et d'échapper à d'éventuelles enquêtes du Comité de contrôle du parti, qui gâchaient souvent la vie de ces mandarins sans vergogne. Bref, ils voulaient tout simplement obtenir le droit de gouverner souverainement leurs territoires en toute impunité, et même d'en tirer des revenus importants, comme il était d'usage en Russie depuis l'époque féodale, lorsque le tsar confirmait aux princes locaux ou aux gouverneurs le droit de mettre en coupe réglée les populations dont ils avaient la charge.

Charif Rachidov *, qui se comportait à la fois comme le khan de l'Ouzbékistan et le « parrain » de la mafia locale, illustra de manière impressionnante l'idée que les potentats locaux se faisaient de leur souveraineté : à l'aide de ses assistants et du gendre de Brejnev, Iouri Tchourbanov, il s'appropria des milliards de roubles que l'État payait à sa république pour du coton qu'elle n'avait pas produit.

La cohabitation entre un leader cacochyme et la nomenklatura omnipotente finit par prendre la forme d'un *perpetuum mobile* bureaucratique qui aurait pu durer l'éternité, s'il n'en était résulté l'épuisement économique du pays, une baisse incessante du niveau de vie de la population et une dégradation du tissu social. La gigantesque machine de gestion et de direction qui était avant tout au service d'elle-même se satisfaisait pleinement d'un chef dont les apparitions au bureau se faisaient de plus en plus rares : Brejnev arrivait à la Vieille place entre onze heures et midi, pour repartir peu de temps après le déjeuner, et encore ne daignait-il pas venir tous les jours. D'ordinaire, le jeudi après-midi, à l'issue de la réunion traditionnelle du Politburo, il partait pour sa lointaine datcha de Zavidovo, où il chassait ou simplement se reposait.

Dans les dernières années de son règne, les réunions de l'instance suprême du parti ne duraient guère qu'une vingtaine de minutes, le temps de donner au directeur du département général, l'omnipotent Konstantin Tchernenko, les pouvoirs de faire parvenir aux ministères les résolutions préparées par la bureaucratie et signées par le *gensek* (ou plus souvent marquées d'un tampon imitant sa signature). Naturellement, ces décisions étaient présentées comme le résultat des délibérations de l'instance collective suprême du parti et avaient force de loi.

Quant aux nombreux assistants du secrétaire général, qui prenaient de plus en plus la responsabilité des questions courantes, leur tâche principale pendant cette période était de rendre leur patron présentable aux yeux du parti et du pays, en préparant pour lui des interventions de moins en moins longues. Les textes étaient imprimés en caractères spéciaux, de grande taille, mais cela n'empêchait nullement l'orateur, qui ne comprenait presque plus le sens des mots qu'il prononçait, de s'embrouiller dans les paragraphes. Il lui arrivait de lire deux fois le même passage, et même parfois une page entière.

Le médecin principal de Brejnev, Evgueni Tchazov, chef de la quatrième direction du ministère de la Santé publique de l'URSS, complétait le travail des assistants : le calendrier des réunions du parti et de l'État, des manifestations protocolaires et des visites de chefs d'État étrangers dépendait de plus en plus de son art et des médicaments qu'il prescrivait. Les hôtes étrangers facilitaient ce jeu comme ils le pouvaient. Ainsi, Valéry Giscard d'Estaing ou Helmut Schmidt communiquaient-ils à la presse, périodiquement, leurs « profondes impressions » après des conversations « étoffées » avec le numéro un soviétique qui ne prenait pratiquement plus la peine de brancher son appareil auditif pendant les négociations diplomatiques.

Afin d'éviter au chef de l'État le moindre effort physique, le protocole officiel des accueils et des départs des invités étrangers fut changé et Brejnev dispensé de tâches qu'il exécutait précédemment avec un plaisir visible : se rendre à l'aéroport, accueillir son hôte, écouter avec lui les hymnes nationaux et passer en revue la garde d'honneur. On commanda, à une usine militaire, un escalier mécanique mobile qui aurait épargné au *gensek* la nécessité de monter l'échelle de l'avion. Mais le modèle expérimental ne fonctionnait pas dans les rudes conditions climatiques de l'hiver moscovite et le projet fut abandonné. De même, on pensait très sérieusement à installer, dans l'immeuble du Comité central, un ascenseur assez large pour recevoir un fauteuil roulant.

Dans cette ambiance crépusculaire, l'entourage de Brejnev ne se donnait même plus la peine d'attirer l'attention du chef moribond sur les affaires urgentes du pays qui auraient exigé un simple signe de tête de sa part. Lorsqu'il fallait éveiller son intérêt pour une rencontre quelconque, on devait lui promettre un nouveau titre honorifique ou une décoration étrangère.

Pourtant, si l'appareil avait pu embaumer Brejnev de son vivant et arrêter toutes les horloges de l'État pour interrompre la course du temps, il l'aurait fait avec enthousiasme pour rester à jamais dans la semi-décomposition de l'époque brejnévienne.

Au grand dam de beaucoup, ce n'était pas possible. Ce grand pays qu'était l'URSS n'avait aucunement l'intention de faire des adieux au monde, à l'instar de son dirigeant suprême. Il avait des besoins à satisfaire et des problèmes à résoudre. Et même si la nomenklatura pouvait fort bien continuer à les négliger, la préservation de l'appareil lui-même exigeait qu'il se penchât enfin sur le réel et qu'il cessât de simplement parodier les activités d'un État normal.

Le socialisme irréel

Chaque matin, Mikhaïl Andreïevitch Souslov se présentait à l'entrée n° 2 de la Vieille place avec une ponctualité confondante : cinq à sept minutes avant 9 heures. Sachant cela, les « batteurs de semelle » en civil de la garde extérieure du CC n'attendaient pas le signal de la voiture et arrêtaient le flot des piétons pendant que la maigre silhouette du membre du Politburo, en pardessus et chapeau gris, traversait le trottoir et disparaissait derrière la porte noire à la poignée en cuivre poli.

Souslov, contrairement aux autres chefs suprêmes du parti, refusait obstinément de pénétrer en voiture dans la cour intérieure du CC jusqu'à l'entrée discrète de l'ascenseur du Secrétariat. Il lui semblait que ces quelques pas sur le trottoir commun démontraient à autrui (mais en fait seulement à lui-même) son « démocratisme » inébranlable et son refus de se détacher des citoyens soviétiques ordinaires.

Numéro deux du parti, membre du Politburo depuis 1955, secrétaire du CC depuis plus longtemps encore, Souslov souhaitait personnifier, jusque dans son aspect extérieur, la fidélité aux traditions bolcheviques, aux dogmes scolastiques et à l'ordre des choses tels qu'ils avaient été définis une fois pour toutes. Même le pardessus de gabardine, modèle 1955, et les galoches de caoutchouc qu'il était le dernier moscovite à porter par temps de pluie, semblaient des symboles des vérités intemporelles et impérissables dont, responsable de l'idéologie, il se sentait le gardien.

En réalité, ce Torquemada du PCUS, n'était plus, depuis longtemps, qu'un vestige d'une époque révolue. Il n'en demeurait pas moins l'un des personnages les plus puissants du parti-État.

À la fin des années soixante-dix, la « troïka » mise en place après la déposition de Khrouchtchev n'existait plus : Brejnev était impotent, Podgorny disgracié et Kossyguine malade. Elle fut remplacée, par un nouveau triumvirat de l'ombre, mais qui ne disposait pas moins de tout le pouvoir : Mikhaïl Souslov, Dmitri Oustinov et Andreï Gromyko. Oustinov, devenu ministre de la Défense en 1976, après avoir dirigé, pendant de longues années, le complexe militaro-industriel, concentrait, entre ses mains, la puissance de l'une des deux armées les plus fortes de la planète, et un gigantesque potentiel industriel qui embrassait à lui tout seul plus de la moitié de l'économie du pays et une part colossale de sa population active. Cela faisait de lui le véritable « homme fort » de la fin du règne brejnévien. L'empire invisible qui lui était soumis constituait la charpente de l'édifice du « socialisme développé ». Selon l'expression que Gueorgui Plekhanov * consacra à la Prusse, au début du siècle, l'URSS de la fin des années soixante-dix n'était pas un pays avec une armée, mais le contraire : « une armée avec un pays ».

Ce monstre militaro-industriel, qui entrait à peine dans les habits civils de la patrie du socialisme, prétendait, en plus, au rôle de rempart de la paix dans le monde. Il écrasait de tout son poids non seulement l'économie nationale, qui perdait rapidement ses forces vitales, mais la politique de l'URSS. L'armée et l'industrie militaire, par leurs dimensions et la formidable force d'inertie qu'elles avaient acquise, étaient en mesure de faire passer leurs intérêts propres avant ceux du pays : elles dictaient la répartition du budget de l'État et la mise en œuvre des programmes sociaux, et définissaient aussi, sinon l'image, du moins l'orientation et le cadre de la politique étrangère soviétique.

Andreï Gromyko, le vieux briscard de la diplomatie qui comprenait parfaitement cela, conclut, sans hésitation, une union stratégique avec Oustinov et les généraux et les industriels qui se profilaient derrière lui. Comme toute union solide, celle-là ne pouvait pas être désintéressée. Gromyko rationalisait et donnait un fondement politique à l'accumulation absurde d'armements. En échange, il pouvait rester dans le cercle intime des principaux dirigeants de la planète et codiriger, avec son homologue américain, le concert des nations.

À cette époque, les quelques rares bourgeons de la détente qui avaient survécu aux gelées de l'occupation de la Tchécoslovaquie, finirent par périr grâce aux efforts conjoints des deux ministres. L'une de ces pousses avait même donné une fleur dont le fruit s'annonçait prometteur : la conférence d'Helsinki. Elle mourut, elle aussi. Les négociations soviéto-américaines sur le désarmement, tout comme celles de Vienne sur les armes conventionnelles en Europe, restèrent au point mort. En revanche, une nouvelle conception de la stratégie soviétique en Europe vit le jour pour justifier les plans de production et les appétits budgétaires de l'industrie militaire : le chantage des euromissiles.

Grisés par la « retraite stratégique » américaine, après ses échecs au Viêt-nam, au Nicaragua et en Iran, Oustinov et Gromyko se mirent dans la tête de faire pencher de leur côté la corrélation des forces dans le Tiers Monde. Leur geste le plus fou fut l'introduction des troupes soviétiques en Afghanistan, en décembre 1979.

Dans les sphères du pouvoir suprême, un homme possédait une influence comparable à celle du couple Oustinov-Gromyko : le gouverneur omnipotent de la Loubianka, Iouri Vladimirovitch Andropov, président du KGB. Le Comité, héritier des sinistres organes de repression staliniens, exerçait une telle influence sur le cours de la vie en URSS qu'il était impossible de mesurer son poids. Tout au plus pouvait-on l'estimer comparable à l'influence, réunie, des ministères de la Défense et des Affaires étrangères.

Même après six ans et demi de perestroïka gorbatchévienne, lorsque le KGB fut formellement dissous, après le putsch d'août 1991, son personnel statutaire, d'après les chiffres fournis par Vadim Bakatine *, son dernier président, s'élevait à plus d'un demi-million de personnes. Quant à la dimension et à l'influence réelles de cet empire souterrain, elles étaient inimaginables. Grâce à sa pénétration dans l'ensemble du corps social, à la toile d'araignée invisible mais efficace de ses contacts extérieurs, et son armée de supplétifs et d'informateurs, le KGB pouvait même rivaliser avec les structures du PCUS. Mais, dans le même temps, sous la direction rigide d'Andropov, il se gardait bien de manifester une quelconque ambition politique propre, jouant à la perfection le rôle de « bras armé » du parti, et mettant en relief sa soumission au CC, c'est-à-dire à Souslov.

En la triste personne de ce scoliaste du dogme marxiste-léniniste, à la voix haut perchée de castrat, ce n'était certainement pas un homme fort que vénéraient les organes de sécurité. D'ailleurs, Souslov n'avait aucune prétention à jouer un tel rôle, qu'il savait ne pas pouvoir assumer. Mais c'était justement l'impersonnalité et l'anonymat de l'homme aux galoches de pluie qui le faisaient respecter par les structures de cœrcition : il symbolisait le Système. Ce Système qui permettait à Oustinov, Gromyko, Andropov, Brejnev et à tous leurs semblables aux différents niveaux de l'édifice du pouvoir, de gouverner sans contrôle.

Souslov était le grand prêtre, le conservateur du code génétique du Système, de son élixir secret qui, à l'instar du cocktail chimique utilisé pour préserver la momie du Grand Chef, empêchait de pourrir le fruit trop mûr du « socialisme réel ». L'idéologie était ce conservateur. Et le poste de secrétaire à l'idéologie était considéré, par l'appareil, comme le poste le plus prestigieux et honorable après celui de *gensek*. Indépendamment de son âge, son détenteur était considéré comme l'héritier officiel du numéro un. Et voilà pourquoi, avant de s'asseoir dans le fauteuil du secrétaire général, Andropov, Tchernenko et Gorbatchev, les trois successeurs de Brejnev, ont occupé pendant quelque temps, chacun son tour, cette fonction stratégique.

Mais l'idéologue en chef du parti ne pouvait plus donner aux chapelains sous ses ordres qu'un objectif irréalisable : maintenir, avec l'aide des partis « frères » et d'« amis » de moins en moins désintéressés, la foi de la population soviétique (et des communistes du monde entier) en l'identification de l'URSS avec l'antichambre du paradis promis par la doctrine. Or, l'histoire montre qu'il est impossible de justifier l'existence d'un monde illusoire sans recourir à l'hypnose religieuse ou révolutionnaire, à la terreur de masse, ou aux deux ensemble. Mais les chefs vieillissants de l'État n'avaient plus assez d'imagination ni de puissance pour recourir à l'un comme à l'autre.

Ils ne se raccrochaient plus qu'à un seul espoir : l'isolement du pays du monde extérieur devait permettre, croyaient-ils, d'éviter la comparaison meurtrière entre le socialisme septuagénaire et son rival capitaliste, plus âgé, mais ô combien plus frais et énergique. Mais transformer la Russie en une émule de la Chine ou du Japon des siècles passés pour préserver la virginité de la civilisation communiste, n'était pas une méthode très réaliste à l'ère de la communication globale.

Dès lors, il ne restait plus qu'à faire semblant. Chacun des participants au jeu du socialisme imaginaire était censé respecter strictement ses règles. La direction du pays devait jouer le rôle des héritiers directs des premiers bolcheviks clandestins, communistes convaincus et incorruptibles. Le reste de la population, elle, devait singer deux fois par an, en mai et en novembre, l'enthousiasme et la joie de vivre sous le socialisme. Pendant le reste de l'année, on lui demandait simplement de ne pas démentir l'exaltation affichée lors des fêtes : ne pas se soustraire au travail, même symbolique, ne pas émigrer en masse, et, naturellement, ne pas manifester de dissidence ouverte. Les prêtres de Souslov et les flics d'Andropov, aidés par l'armée de ses mouchards, veillaient au respect des règles du jeu.

À la mort de Souslov, en janvier 1982, Andropov hérita de son fauteuil idéologique et quitta, en mai, ses bureaux de la Loubianka pour s'installer dans celui du quatrième étage de l'entrée n° 2 de la Vieille place. Du coup, les fonctions de contrôle de l'idéologie et de la cœrcition se trouvèrent réunies.

Sous Souslov, le département idéologique du CC couvrait toute la sphère de la vie intellectuelle et spirituelle du pays : les médias, la science, l'éducation, la culture, la politique extérieure et même le sport. Chaque secteur était sous la surveillance d'une section spéciale du CC qui disposait de relais à chaque échelon de l'appareil. Aucun journal, central ou local, aucune émission de télévision ou de radio ne pouvait se soustraire à l'œil omnivoyant de la section de propagande du CC ou de son antenne au sein d'un comité local du parti. Nulle conférence scientifique importante, nulle rencontre d'organisations publiques, nul congrès international ne pouvaient se tenir en URSS sans l'accord du Secrétariat du CC à Moscou, ou, à tout le moins, du CC d'une république de l'Union. Il en allait de même pour les nominations des cadres de la nomenklatura [1], les attributions de prix ou de décorations, l'organisation de concours artistiques ou de compétitions sportives, et, naturellement, les voyages des représentants soviétiques à l'étranger.

Le citoyen qui devait sortir du pays pour une raison professionnelle (les voyages touristiques étaient plutôt rares) devait obtenir l'accord du CC. Et cette procédure devait se répéter à chaque voyage, car la foi du régime en la loyauté de ses sujets, y compris les membres de la nomenklatura, ne dépassait pas les limites d'un seul déplacement.

Un département spécial s'occupait de toutes les procédures bureaucratiques concernant les voyages extérieurs. On aurait pu le comparer aux services d'immigration qui existent dans de nombreux pays, s'il s'était occupé d'empêcher l'entrée des étrangers indésirables. Mais dans la logique inversée du socialisme réel, il était chargé de l'activité contraire : empêcher la sortie de ses concitoyens de manière à les garder dans le pays pour toujours. Ceux qui, par dérogation, obtenaient un passeport extérieur (c'étaient, en majorité, des membres du parti) se voyaient obligés, avant de quitter le territoire national, de confier leur carte du PCUS au bureau du comité dont ils dépendaient, tout en jurant devant un fonctionnaire qu'ils ne tromperaient le parti ni avec une idéologie étrangère, ni avec la femme d'autrui.

Les privilégiés qui étaient jugés dignes de la « confiance de la patrie » devaient lire et signer, avant leur premier voyage, un document de plusieurs pages intitulé *Règles du comportement des citoyens soviétiques à l'étranger*. Parmi de nombreuses injonctions, comme celle de « ne pas perdre sa dignité », on demandait au citoyen soviétique de maintenir un lien régulier avec les employés de l'ambassade ou du consulat, ou avec les officiers du KGB qui faisaient toujours partie des délégations et des groupes. En d'autres termes, le privilège de sortir du territoire n'était donné qu'en échange de l'obligation de devenir un informateur bénévole.

Ce règlement datait de l'époque stalinienne, avant la Seconde Guerre mondiale, lorsque chaque camarade qui sortait de la mère-patrie du socialisme était considéré comme un « éclaireur » en terre ennemie. Il avait depuis longtemps perdu son sens initial, tout comme s'étaient estompées les anciennes possibilités du pouvoir de contrôler le comportement et le mode de pensée de ses sujets. Pourtant, même si ce n'était plus qu'un rituel privé de sens, il était encore pris au sérieux. Et la punition de ceux qui ne respectaient pas les consignes pouvait être bien réelle. Combien d'individus qui sortaient de la grisaille uniforme de leurs concitoyens ont-ils souffert pour leur originalité et leur non-conformisme, parce qu'ils étaient des êtres humains, et non de simples rouages de la machine totalitaire! Et combien d'entre eux, au premier souffle du dégel de la perestroïka, ont-ils mis à profit la moindre possibilité de sortir de l'URSS pour la quitter à jamais, emportant avec le souvenir de leur pays, le savoir, la capacité et le talent qui auraient pu l'enrichir, l'ennoblir et le civiliser!

Comme toute manifestation de l'arbitraire, la possibilité de faire de quelqu'un un *refuznik*, c'est-à-dire de l'humilier et le rabaisser, procurait un malin plaisir aux fonctionnaires du parti en satisfaisant leur amour-propre. Exercer sur autrui le moindre pouvoir est toujours le plus simple moyen de démontrer son importance. C'est aussi, pour un système despotique, le meilleur moyen de réaffirmer sa propre existence, de rappeler sa toute-puissance, et de détruire dans l'œuf toute velléité d'indépendance de l'individu.

En fait, le contrôle des voyages à l'étranger, même s'il ne touchait qu'une catégorie relativement réduite de citoyens, n'était que l'un des nombreux éléments qui permettaient à l'État soviétique de maintenir son emprise sur ses sujets. Mais seul le dopage idéologique de millions de personnes par l'absorption à hautes doses d'un mélange complexe de mythes, de préjugés et d'espoirs non réalisés pouvait permettre de conserver la stabilité du système et son fonctionnement efficace. Voilà pourquoi la dernière ligne de défense du régime en décomposition passait par un Miniver, un ministère orwellien de la Vérité.

Autodafé à l'entrée n° 2

Si l'on compare la citadelle du parti (c'est-à-dire le siège du CC) à une forteresse médiévale, ce que d'ailleurs, elle était, alors la salle de réunions du Secrétariat pourrait être considérée de plein droit comme la place centrale où étaient proclamés les édits les plus importants du pouvoir suprême, où l'on annonçait les nominations et les promotions, mais aussi les dégradations, et où l'on organisait supplices et exécutions politiques. Là, le grand prêtre idéologique, Mikhaïl Souslov, ou son acolyte, le jeune et zélé secrétaire à la propagande Mikhaïl Zimianine *, procédaient périodiquement au rituel de l'autodafé idéologique.

Comme toute religion, l'idéologie communiste, surtout dans sa variante bureaucratique, sanctifiée par le dogme, ne pouvait se passer d'anathématiser l'hérésie ni d'exorciser les démons. La défense des dogmes sur lesquels reposait la construction étatique contre toute déviation, manifestation de libre pensée ou désobéissance revêtait la forme d'un rituel sacré, pompeux et significatif. Les procès de l'Inquisition n'atteignaient certainement pas le même degré de pittoresque. Les juges ecclésiastiques soviétiques, en costumes noirs et chemises blanches, insigne rouge de député au revers, arrivaient dans un cortège ininterrompu de dizaines de Volga noires qui les déposaient aux portes du CC.

Bien entendu, le temps des « pogroms » jdanoviens [1] qui crucifièrent Akhmatova *, Zochtchenko * et Chostakovitch * était passé, tout comme celui des engueulades kroutchéviennes [2] de Pasternak *, Neïzvestny et Voznessenski *. Soucieux de démontrer la « respectabilité » qui était censée distinguer l'époque brejnévienne des périodes du « culte de la personnalité » et du « subjectivisme [3] », le parti n'organisait plus de procès bruyants. Il corrigeait seulement les déviations du cours proclamé, parfois en sermonnant paternellement les coupables, parfois en les punissant sévèrement pour faire peur aux autres. Quant aux maladies idéologiques aiguës qui créaient des problèmes graves, comme celles d'Alexandre Soljenitsyne ou d'Andreï Sakharov, les gardiens du dogme préféraient les confier à la compétence du KGB, qui en connaissait un rayon en matière de psychiatrie politique.

La norme, pourtant, était de ne pas faire de vagues. Une méthode spéciale, « douce », de répression idéologique fut même mise au point. Le régime se gardait d'exécuter ou d'arrêter (à quelques exceptions près) les auteurs tendancieux ou indésirables, mais il liquidait, exilait, interdisait ou emprisonnait allègrement leurs œuvres. Dans son immense mansuétude, le CC pouvait décider de publier tel ou tel auteur non conformiste, « en raison de sa situation matérielle difficile », mais à un tirage restreint, ou « seulement pour les bibliothèques scientifiques ». Offrir ainsi un honoraire à un écrivain que l'on ne publiait nulle part, et qui vivait bien souvent dans la misère, permettait de montrer au monde extérieur combien le régime était libéral, sans qu'aucun de ses ouvrages ne pût atteindre le grand public. Il en allait de même pour des films « discutables », comme *Andreï Roublev* de Tarkovski *. Le cinéaste put l'achever et le monter, mais on ne lui donna que l'autorisation de le faire projeter... à l'étranger. Cette politique dissimulait, en réalité, l'impuissance sénile du régime dont les peurs inspirées par la situation dans le pays et dans le monde étaient parfaitement fondées, mais qui n'avait plus le courage de miser uniquement sur la contrainte et la terreur. Des entraves dogmatiques plus civilisées remplaçaient les fers odieux et rouillés.

Les rassemblements périodiques des propagandistes dans la salle du Secrétariat permettait de régler finement le mécanisme du conditionneur d'air idéologique du pays, c'est-à-dire de fixer régulièrement les limites de l'autorisé et de l'interdit en fonction du climat intérieur et international. Le département de la propagande recherchait minutieusement les

« dérapages » de la presse, des nouveaux livres et des émissions audiovisuelles, pour les offrir sur un plateau au secrétaire chargé de sévir. N'importe qui pouvait être inscrit sur la liste des péchés contre la Vérité officielle du moment. Un essai « pessimiste » sur la vie villageoise, une tentative de publication d'œuvres oubliées de philosophes mystiques russes, une émission un peu frivole à la télévision ou un article contenant une allusion à l'origine non russe de la mère de Lénine [4], tout était bon pour justifier la flagellation de leurs auteurs. Ainsi, Egor Iakovlev *, le rédacteur en chef du mensuel *Journalist*, fut destitué, dégradé et envoyé à Prague comme simple correspondant, pour avoir osé publier la photo artistique d'une femme nue. Un rédacteur de la *Grande Encyclopédie soviétique* fut accusé de « sabotage idéologique » pour avoir tenté de publier une brève note biographique de Trotski à côté de l'article consacré à la critique du trotskisme.

Mais les noms des « ennemis du peuple » réprimés par Staline n'étaient pas les seuls qu'il était interdit de mentionner en vain. C'était aussi le cas de plusieurs hommes éminents de l'époque postérieure, y compris Nikita Khrouchtchev. Les merveilles de la technique permirent même d'effacer son image d'un documentaire consacré à l'accueil triomphal réservé, sur la place Rouge, à Iouri Gagarine par la population de Moscou et... Khrouchtchev lui-même. Disparue l'embrassade entre les deux hommes. Disparue aussi la présence de l'ancien premier secrétaire sur la tribune du Mausolée, à côté du cosmonaute qui saluait la foule.

Bien souvent, il suffisait qu'un personnage historique « non autorisé » apparût par hasard dans un reportage ou un documentaire télévisé pour provoquer l'ire des gardiens du temple, Souslov et Zimianine.

Pour se protéger contre d'éventuelles sanctions, le directeur du Gosteleradio, Sergueï Lapine, avait recours à une ruse de courtisan zélé : lorsqu'il pensait que son tour de pilori était proche, il téléphonait au département de la propagande, à la veille des réunions idéologiques, et racontait sur un ton innocent, juste en passant, que le « cher Leonid Ilitch », à peine rentré de chasse, l'avait remercié pour telle ou telle émission (par exemple un match de hockey avec la participation de son équipe favorite) et lui avait même fait parvenir une partie de ses trophées : une cuisse de renne. Comme l'appareil n'avait pas les moyens de vérifier l'information, il rayait prudemment la télévision de la liste des hérétiques.

L'accusation la plus lourde que l'on pouvait porter contre les « travailleurs du front idéologique » était le « dénigrement de la réalité soviétique ». Qu'un article, un livre, un film ou un spectacle tombât sous le coup de cette charge, et le rédacteur, l'auteur, le réalisateur ou le metteur en scène pouvait s'attendre à de graves ennuis. Pendant des mois, et même des années, des films comme *Contrôles routiers* de Guerman, *La Commissaire* d'Askoldov, *Le Repentir* d'Abouladze furent interdits de diffusion. La censure empêchait aussi les spectacles du théâtre de la Taganka de Lioubimov *, comme *Le Vivant*, *À la mémoire de Vyssotski*, et même *Boris Godounov*, de Pouchkine, car l'oreille entraînée du censeur du parti remarquait, dans les répliques ou les intonations des acteurs, des allusions à la réalité peu alléchante du socialisme développé. Et pour parvenir à monter la pièce de Chatrov, *Ainsi vaincrons-nous*, entièrement composée de citations de Lénine, le metteur en scène principal du théâtre d'Art, Oleg Efremov, dut plaider à plusieurs reprises sa cause devant l'implacable Souslov, prêt à soupçonner d'esprit contre-révolutionnaire le Grand Chef en personne.

L'actuel ambassadeur de Russie à Prague, Alexandre Lebedev, fut obligé d'envoyer de longues notes d'explication au département de la propagande après avoir osé qualifier d'« expérience » l'épopée de la construction du socialisme en URSS. On lui interdit de sortir du pays. Un journaliste de renom, Alexandre Poumpianski, qui dirige aujourd'hui la revue *Novoïe Vremia*, fut rappelé d'urgence des États-Unis, où il travaillait comme correspondant d'un journal pour la jeunesse. On l'accusait de « dénigrement » indirect de la réalité soviétique par le biais d'un « blanchiment » de la réalité américaine. Il avait osé prétendre que « les millionnaires aux États-Unis n'étaient plus un phénomène rare ».

Il était facile de comprendre la juste colère de Zimianine : son département n'était pas seulement chargé de la glorification du « paradis » socialiste, mais aussi de résistance à la propagande subversive de l'adversaire, même si celle-ci se réduisait à une simple information objective sur le monde environnant. Mais, pour se protéger de la vérité, il fallait exterminer tout ce qui participait de ses critères objectifs. « La vérité n'est pas toujours révolutionnaire », disait un communiste italien dans le film de Francesco Rosi, *Cadavres exquis*. « La réalité peut être nuisible aux intérêts des travailleurs » : tel était le credo des habitants de l'Olympe du quatrième étage du CC, qui découvrirent, indépendamment d'Einstein, la manière de « courber » l'univers en fonction de leurs intérêts et qui rêvaient d'entourer le pays d'un « rideau de fer » impénétrable aux informations en provenance de l'extérieur.

C'était littéralement à la loupe que les « inquisiteurs » du département de la propagande étudiaient toute déviation de la « politique nationale léniniste ». Le thème des nationalités ne pouvait manquer d'être particulièrement sensible dans un pays composé de plus de cent ethnies et doté d'un parti internationaliste : les moindres nuances se pesaient en milligrammes. Ainsi, on soumit à une enquête approfondie deux ouvrages « scientifiques » consacrés à Noé, le patriarche biblique, et publiés presque simultanément à Bakou et Erevan. L'un affirmait que Noé, dont l'arche s'était échouée sur le mont Ararat, à la fin du Déluge, était Azéri. L'autre, qu'il était Arménien. Cette histoire provoqua une flambée de passions dans la guerre, encore verbale à cette époque, entre les deux républiques. Une brigade spéciale du CC de Moscou fut dépêchée sur place pour calmer la situation.

Alexandre Iakovlev fut l'une des victimes les plus connues des mines semées sur le terrain de la politique des nationalités. À l'époque des faits, en 1972, il dirigeait par intérim le département de la propagande. Révolté par les avances que certains gros bonnets du parti faisaient à un nationalisme grand-russe fortement teinté de chauvinisme et d'antisémitisme, cet ange de l'appareil publia sur le sujet, dans la *Literatournaïa Gazeta*, un article ému où il soutenait la revue *Novy Mir* d'Alexandre Tvardovski * dans sa polémique avec Vsevolod Kotchetov *, le rédacteur en chef ultra-réactionnaire de la revue *Oktiabr*. Bien que Souslov eût donné son accord préalable pour la publication de ce texte « internationaliste », les réactions des nationalistes grand-russes furent telles que les responsables du CC préférèrent se démarquer d'un auteur trop « engagé » et le sacrifièrent [5]. En vingt-quatre heures, Iakovlev fut destitué de son poste stratégique et envoyé au Canada, comme ambassadeur, dans un exil qui dura dix ans.

À coup de lavages de cerveaux répétés, les dirigeants de la machine du parti obtenaient de ses rouages (la presse, la télévision, le cinéma, le théâtre) le fonctionnement optimal pour la fabrication d'un produit unique : la propagande. Ne pouvant plus s'appuyer sur la violence ouverte, ils mettaient leurs espérances dans l'ingénierie sociale et tentaient, rêve secret de tout régime totalitaire, de placer les étais du régime branlant à l'intérieur même de l'esprit de chaque individu. Mais comme le socialisme réel ne pouvait plus compter sur l'enthousiasme sincère des masses, il ne leur restait plus qu'à emprunter les méthodes des services secrets et à utiliser la corruption, l'intimidation et la coercition pour obliger les individus, « recrutés » malgré eux, à défendre une cause dont ils ne croyaient ni au succès ni à la justice. On provoquait la collaboration des masses en liant les individus à leurs chefs par les entraves de compromissions amorales et de rituels ambigus et humiliants. On les incitait à trahir tous les principes et à renoncer à leur propre indépendance. Hannah Arendt a décrit le phénomène dans *The Origins of Totalitarism* [6], en racontant l'expérience nazie d'engloutissement de la personnalité humaine : « Seul un homme endormi pouvait être considéré, en Allemagne, comme une personne privée. »

Pour jouer une telle partition, il n'y a nul besoin de virtuoses ou de solistes. Il faut une chorale aux yeux rivés sur son directeur et une salle qui applaudit. Voilà pourquoi on n'aimait guère, au quatrième étage, les gens brillants, aux capacités remarquables. Voilà également pourquoi l'éminence grise de l'époque brejnévienne, Mikhaïl Souslov, était l'image même de l'impersonnalité. Les individus marquants représentaient un grave danger pour le Système : ils pouvaient faire de l'ombre à sa grandeur.

Mais plus le temps passait, et mieux les gardiens du dogme comprenaient qu'en dépit de l'auto-hypnose idéologique, la formation de l'individu socialiste « pur » marquait le pas. Dès lors, la machine totalitaire se concentra sur des objectifs plus modestes : soutenir l'illusion que la direction continuait à gouverner effectivement le pays, et garantir de la part de la population un minimum de loyauté (le « respect des convenances »), grâce à l'inertie de la peur, héritée de l'époque stalinienne, et à l'indifférence de gens qui ne croyaient plus en la possibilité de changer leur vie. Tel était le nouveau contrat social, secret et non formulé, qui donnait une apparence de stabilité aux dernières années du régime brejnévien.

Mais les chefs suprêmes qui se montraient deux fois par an à la tribune du Mausolée croyaient-ils à la sincérité des milliers de gens qui défilaient sur la place Rouge, et à leur enthousiasme affiché sur des panneaux de contre-plaqué ? Ou bien, mécréants eux-mêmes, perpétuaient-ils simplement le rituel religieux habituel pour ne pas choquer les croyants sincères ? Il est aussi difficile de trancher que de déterminer à partir de quel moment un malade incurable cesse de comprendre la vérité sur son état pour se mettre à vivre dans un monde d'illusion, faisant plus confiance aux guérisseurs et aux charlatans cupides qu'aux spécialistes sincères et à ses propres sensations.

En quoi les conservateurs du temple d'une religion déjà morte pouvaient-ils croire réellement ? En la matérialisation d'un idéal qui avait depuis longtemps cessé d'être un objectif terrestre pour les héritiers des révolutionnaires romantiques mais qui ne s'était pas transformé en repère religieux ou moral ? En l'idéologie, dont ils parvenaient à peine à formuler les rudiments qu'ils avaient laborieusement appris dans leur jeunesse ?

Sans doute avaient-ils depuis longtemps cessé de réfléchir à des sujets aussi complexes, gardant seulement la foi en l'immuabilité de leur pouvoir et du système qui l'assurait. Ils exigeaient des citoyens de partager avec eux la foi en la pérennité du régime existant, et non en ses valeurs abstraites et en ses idéaux.

Dans une société où le cynisme domine l'État, les sujets idéaux ne sont pas des romantiques ou des idéalistes, mais des conformistes, des béni-oui-oui qui ne parviennent plus à distinguer la frontière entre la vérité et le mensonge, entre la fiction et la réalité. Quant aux croyants véritables, surtout ceux qui gardaient la foi dans les idéaux communistes originels, ils étaient perçus comme des hérétiques dangereux et subversifs, contre lesquels le parti nomenklaturiste devait protéger l'État. À la même époque où, dans la Tchécoslovaquie « normalisée » par les chars soviétiques, Alexandre Dubcek et Josef Smrkovski, hommes dévoués à l'idée communiste, se retrouvaient exclus du parti, en URSS, l'inquisition du CC « nettoyait » les rangs du PCUS de la présence de Roy Medvedev *, Len Karpinski et d'autres « derniers des Mohicans » qui croyaient encore en la viabilité du marxisme facetté par Lénine.

Mais les dirigeants ne ressentaient aucun malaise moral à engager le pays dans une impasse prévisible. Et ils n'étaient même pas assez cyniques pour assurer, de manière pragmatique, la survie de leur régime. Confortablement installés dans le monde artificiel et illusoire créé par l'appareil du parti et les organes de coercition, ils fermaient d'autant plus volontiers les yeux sur la vie réelle, que leurs paupières avaient souvent tendance à se baisser d'elles-mêmes. Pour rester debout, le régime nomenklaturiste et ses chefs vieillissants avaient besoin d'étais et, au propre comme au figuré, de béquilles. Bien entendu, le plus sûr de ces supports portait le nom de Comité de Sécurité de l'État ou KGB.

En accord avec l'ordre existant

La rue Iliinka (alors rue Kouïbychev) qui s'ouvre sur la place Rouge, en face de la porte du Sauveur, et mène directement jusqu'à la Vieille place, était l'itinéraire obligé de nombreux membres du Politburo sortant d'une réunion au Kremlin. Là, les chemins des hiérarques se séparaient : les secrétaires du CC tournaient à droite, vers leur bâtiment gris, alors que le président du KGB prenait à gauche, en direction de la place Dzerjinski et du grand immeuble jaune d'œuf, plus gai, de la Loubianka. Le milicien en faction (ou plus exactement, l'officier du KGB habillé en milicien) arrêtait la circulation sur cette place ronde, qui aurait pu ressembler à la place Charles de Gaulle, à Paris, si un arc de triomphe s'était élevé en son milieu et non l'« obélisque de la Loubianka », la statue, droite comme un « i », de Felix Dzerjinski, « chevalier de la révolution » et fondateur de la Tcheka. La voiture du président du KGB, « premier tchékiste » du pays, s'immobilisait près de l'entrée principale, pendant que la lourde porte, habituellement close, s'ouvrait pour le laisser passer.

Les autres employés du Comité utilisaient une entrée différente, de l'autre côté du bâtiment. À la fin de la journée de travail, les tchékistes se fondaient dans la foule anonyme des Moscovites et des provinciaux attirés dans le quartier par la présence d'objectifs stratégiques de première magnitude : un grand magasin d'alimentation et les plus vastes galeries marchandes d'articles pour enfants de la ville (et sans doute de toute l'Union soviétique) dont le nom *Dietskiï Mir*, « le monde des enfants », était parfois utilisé pour désigner le Comité.

Ses dimensions mises à part, l'immeuble occupé par la sinistre organisation avait un aspect tout à fait ordinaire, à condition de faire abstraction des grilles décoratives, en fer forgé, qui protégeaient les fenêtres des étages inférieurs. Elles étaient doublées, à l'intérieur, d'un treillage métallique, presque invisible de la rue. La petite histoire raconte que ces grillages furent installés à la suite d'une mésaventure de l'un des employés du Comité. Il travaillait dans son bureau lorsqu'un courant d'air emporta un document par une fenêtre ouverte. N'écoutant que sa conscience professionnelle, il bondit sur l'appui de la fenêtre, dégaina son revolver et le pointa sur les passants pour leur interdire de s'approcher de la feuille qui gisait sur le trottoir. Il demeura ainsi jusqu'à ce que l'un de ses collègues, descendu tout exprès, l'eût récupérée. On prétend que le tchékiste fut complimenté pour sa débrouillardise. On aurait tout aussi bien pu le réprimander. Mais cette anecdote est particulièrement significative : pendant de longues années, la Loubianka a tenu en joue le pays tout entier. Elle était devenue, avec le Kremlin et la Vieille place, l'un des trois points d'appui de l'État socialiste, et, avec le temps, ce fut sur elle que porta, de plus en plus, l'essentiel de son poids.

Un jour, la lourde porte de l'entrée principale, derrière le dos de Dzerjinski, s'ouvrit aussi devant moi. J'eus cet honneur inopiné à l'époque où je travaillais comme conseiller au département de l'information internationale du CC. Le but de ma visite était de « coordonner », avec la direction du KGB, la préparation d'une note politique destinée au secrétaire général. Un homme à l'air insignifiant m'attendait dans un hall sombre et vide, aux murs de marbre, au pied de l'imposant escalier réservé au président et à ses adjoints. Il me proposa de le suivre et arrêta calmement mon geste lorsque je fis mine de présenter mon laissez-passer professionnel à la sentinelle :

« Ce n'est pas la peine, me dit-il. Nous vous connaissons. »

Sans doute aurait-il pu dire la même chose à des millions de citoyens soviétiques dont les dossiers étaient conservés, à toutes fins utiles, par le Comité.

Derrière moi, la porte massive se referma sans bruit, et, malgré mon statut officiel et le document destiné au *gensek* que je tenais sous le bras, l'angoisse me saisit : « Pourrai-je sortir d'ici? » Je suis persuadé que chacun de mes concitoyens, indépendamment de sa profession ou de son expérience, aurait eu la même pensée en de telles circonstances, tant la peur devant ce ministère de l'Amour orwellien, transmise probablement de père en fils, pénétrait profondément la chair et le sang de chacun.

Mon Virgile m'amena, à travers les couloirs vides des cabinets directoriaux, vers l'antichambre, puis le bureau de Viktor Tchebrikov * qui était alors le premier adjoint d'Andropov. La large baie, sans grille ni treillage (je ne sais pourquoi mon imagination enflammée me fit penser à Jan Masaryk qui « passa » par la fenêtre du ministère des Affaires étrangères de Tchécoslovaquie, en 1948), s'ouvrait sur la place et, par-delà l'épaule de Dzerjinski, donnait sur la perspective de la rue Nikolskaïa (elle s'appelait encore rue du 25 Octobre) qui menait au Kremlin. À gauche, sur le mur de l'immeuble voisin se déployait un slogan : « Le parti est l'immortalité de notre cause! Vladimir Maïakovski. »

Le choix de l'inscription n'était pas gratuit : le poète avait vécu là pendant quelques années et un musée avait été ouvert dans l'appartement qu'il avait occupé. Il est possible aussi que l'on se fût souvenu de son précepte : « Construire sa vie en s'inspirant du camarade Dzerjinski », pour rapprocher son aphorisme de son idéal en pierre. Les nouveaux bâtiments du KGB, cette bastille contemporaine érigée sur la place dans le style mélancolique du modernisme bureaucratique, ont fini par former une garde serrée autour de la maison du chantre de la révolution : en plus de sa tristement célèbre « prison intérieure », la Loubianka possédait désormais un musée littéraire intérieur.

La note que j'apportais à Tchebrikov concernait les contacts des scientifiques soviétiques avec l'étranger. Il s'agissait de proposer au secrétaire général d'encourager leur développement et d'élargir le cercle des autorités scientifiques admises à voyager à l'étranger, y compris des savants qui n'y avaient pas droit « à cause de leur connaissance de secrets d'État ». Le document expliquait qu'une telle interdiction était archaïque et portait atteinte aussi bien à la science qu'à l'« image » politique du pays. Mais le département général du CC refusa catégoriquement de faire avaliser cette note par le *gensek* sans l'accord préalable du KGB.

Tchebrikov lut le document, me demanda quelques précisions, réfléchit, hésita, puis décrocha le combiné de sa *kremliovka* [1]et se mit en communication avec Zimianine, le secrétaire à la propagande, qui supervisait notre département.

« Mikhaïl Vassilievitch, lui dit-il, cette note est certainement opportune et nous sommes prêts à la soutenir. Ajoutons simplement une phrase. Là où il est question d'élargir le nombre de voyages à l'étranger, écrivons : “ en décidant pour chaque cas individuel en accord avec l'ordre existant ”. »

Le combiné accepta le texte ainsi « coordonné » : même un secrétaire du CC ne se serait pas permis de contester une proposition du KGB. De toutes manières, le résultat satisfaisait tout le monde : l'appareil proposait à la direction une idée fraîche et même radicale, la direction obtenait la possibilité de faire du libéralisme sur papier, et le cerbère principal du pays garantissait à la fois l'ordre existant et sa propre place dans la préservation de cet ordre immuable.

À cette époque, rien d'essentiel ne pouvait se faire dans la vie politique, culturelle ou scientifique du pays sans l'aval du Comité. Ce sinistre établissement qui terrorisait la population était un rouage essentiel de la machine de l'État. Né sous Lénine comme une Commission extraordinaire (la Tcheka) qui utilisait « la terreur révolutionnaire » dans la lutte contre le sabotage et la contre-révolution, il se transforma, sous Staline, en une nouvelle *opritchnina* que l'on appela successivement GPOu (ou guépéou), GOuGB du NKVD et MGB [2].

À l'époque khrouchtchévienne, le pouvoir politique s'efforça de limiter l'arbitraire de la police politique, devenue le KGB, et de la placer sous le contrôle, sinon de la loi, du moins de la direction du pays, c'est-à-dire du Politburo. Pourtant, dans les années suivantes, au fur et à mesure que le régime s'érodait, la survie du parti et le maintien d'une relative stabilité sociale se mirent à dépendre de manière croissante du KGB, à qui l'on confiait non plus seulement des fonctions répressives, mais aussi idéologiques.

Brejnev et ses voisins du quatrième étage recevaient, avec un soulagement visible, les nombreuses analyses en provenance de la Loubianka. L'organisation d'Andropov les informait de diverses « manifestations antisociales » et ses rapports étaient invariablement terminés par des mots encourageants : « Le Comité prend toute les mesures nécessaires pour liquider (empêcher, localiser, étouffer dans l'œuf, etc.) de tels phénomènes. » Mais cela signifiait seulement que le KGB était de plus en plus résolu à prendre en main la direction du pays. Les « mesures nécessaires » dépassaient depuis longtemps le cadre de la simple persécution des dissidents et de la surveillance des citoyens potentiellement suspects. Il est vrai que, selon la logique totalitaire, cette tâche était immense en elle-même. Pour un régime qui aspire à contrôler non seulement le comportement, mais aussi l'esprit des citoyens, « chaque être humain est suspect par définition, à cause de sa capacité de penser [3] ».

À l'époque du totalitarisme « mou » (non pas à cause de ses ambitions moindres, mais de ses possibilités limitées), l'appareil répressif, confronté à de nouveaux problèmes, eut besoin de moderniser ses méthodes traditionnelles de travail. Créé pour lutter contre les adversaires du pouvoir soviétique, le Comité comprenait que, sous le « socialisme mûr », la menace principale à sa sécurité, c'est-à-dire à l'ordre établi, ne venait plus d'« ennemis » du peuple inventés par Staline, ni d'espions bien réels (à commencer par ceux de la CIA) ni même de terroristes ou de pirates de l'air. Non, le principal danger pour le régime totalitaire ne venait pas de l'extérieur. Il se trouvait bel et bien à l'intérieur. Et ce n'étaient même pas ceux qui tentaient de lutter activement contre lui, mais ceux qui « ne participaient pas », ceux qui refusaient de collaborer en tentant, par tous les moyens, de se soustraire au contrôle total et de se protéger ainsi des irradiations permanentes du pouvoir étatique.

Cela explique pourquoi l'attention du KGB était de plus en plus attirée par des personnages qui ne se mêlaient guère de politique. Bien entendu, le Comité ne manquait pas une occasion d'organiser des opérations bruyantes pour « neutraliser » des « agents ennemis » et des opposants actifs au régime, comme Vladimir Boukovski *, ou des « groupes d'extrémistes illégaux », tels les « terroristes arméniens » qui, selon les autorités, provoquèrent une explosion dans le métro de Moscou. Mais les figures de l'« opposition spirituelle », savants, écrivains, hommes de cinéma ou de théâtre, lui semblaient autrement plus dangereuses. Leur aspiration à un mode de vie autonome, leur refus de participer au spectacle planétaire, même en tant que simples spectateurs, étaient considérés comme des actes suspects et provocants. Et comme toute défense passive contre l'État était interprétée comme une résistance, leur comportement finissait par devenir une action politique et, eux-mêmes, des opposants.

Dans tout système bâti sur le mensonge et l'hypocrisie, les créateurs sont d'emblée suspects en raison de leurs qualités intrinsèques : volonté de comprendre la réalité, goût de l'exprimer, amour pour la recherche de la vérité. En refusant de chanter (ou de se taire) en chœur, ils violaient les règles du jeu du socialisme développé. Leur opposition au régime revêtait bien souvent un caractère purement moral, suivant les conseils de Vaclav Havel (« Redresse simplement ton épine dorsale »), ou d'Alexandre Soljenitsyne (« Refuser le mensonge »), mais cela suffisait pour lancer un défi à la toute puissance du parti. Paradoxalement, ce mouvement de non-alignement moral fissurait le monolithe totalitaire plus efficacement que les révoltes politiques qui n'avaient, à l'époque, aucune chance de trouver un véritable soutien populaire.

Ce fut largement grâce à ce mouvement qu'une contre-culture inédite se mit à germer dans la société : au centre de la vie spirituelle, elle plaçait la personnalité, avec son individualité, sa souveraineté et ses droits, élevant ainsi l'individu au même rang que l'État. Après des décennies de servilité, une véritable culture humaniste renaissait dans le pays. Or, elle n'était pas seulement représentée par une dizaine de dissidents héroïques à la probité morale irréprochable, mais aussi par une génération entière de réformateurs potentiels qui attendaient comme le Messie l'arrivée d'un Gorbatchev.

Le KGB ressentit plutôt qu'il ne vit la menace potentielle que recelaient les pousses d'opposition morale qui perçaient à travers le béton idéologique du Système, et il s'employa aussitôt à les éradiquer.

Andropov grondait avec irritation dans son entourage immédiat : « Pourquoi est-ce au KGB, et non au ministère de la Culture ou au département du CC, de travailler avec les gens de lettres et les artistes ? » Et il répondait lui-même à sa question, comme Staline le faisait avant lui : « Parce que cela ne marche pas avec les autres. » Il était sincèrement convaincu que le KGB, lui, réussirait.

En effet, en raison de ses qualités personnelles, le « travail » avec l'intelligentsia convenait mieux à Andropov qu'aux idéologues « professionnels », comme Souslov, Zimianine, ou aux chefs du département de la Culture, Piotr Demitchev * et Vassili Chaouro. Ces derniers étaient des gens incolores, qui n'avaient aucune autorité dans les milieux intellectuels et passaient leur vie professionnelle à siéger dans leurs bureaux et dans les tribunes des réunions officielles. Au fond, ils n'étaient que des surveillants idéologiques, des commissaires attachés au monde de l'art. Ce n'est pas le moindre des paradoxes de l'époque nomenklaturiste que des épigones ignorants de Tchapaïev, le révolutionnaire cosaque, se soient imposés comme guides des Fourmanov soviétiques [4].

En revanche, par les dimensions de sa personnalité, la sobriété et la franchise de ses jugements et sa réputation de rigueur ascétique, Andropov, tout investi qu'il était du rôle de maître du sinistre KGB, inspirait à l'intelligentsia, par-delà la peur, un certain respect. Son titre détesté lui était même d'un grand secours : le président de la Sécurité d'État n'avait pas besoin de s'abaisser à la démagogie primitive dont les dirigeants idéologiques, en vertu de leurs obligations de service, étaient incapables de se passer.

Il pouvait se permettre un comportement plus direct et honnête, bien que beaucoup plus sévère, que ses compères de la Vieille place. Bien entendu, des qualités très courantes, hélas, parmi les intellectuels russes n'étaient pas étrangères à sa bonne réputation : la fascination traditionnelle inspirée par les personnalités fortes et tyranniques, et l'empressement servile et obséquieux à se soumettre à leur volonté. Dans le passé, cela se manifestait par l'adoration du tsar, puis par la prosternation devant Staline. Aujourd'hui, dans l'agitation flagorneuse autour d'Eltsine. Même la partie la plus rebelle et anarchiste de l'intelligentsia s'est révélée, à la regarder de près, très peu démocratique. Elle ne souhaitait, en fin de compte, que le remplacement des autorités. Et lorsqu'elle a obtenu, enfin, un nouvel uniforme, elle l'a mis avec enthousiasme.

Les priorités du KGB andropovien changèrent en fonction des nouveaux objectifs. Filipp Bobkov, qui présidait aux destinées de la cinquième direction, chargée de la surveillance idéologique, se propulsa à la première place des adjoints d'Andropov. Il nouait volontiers des contacts avec des personnages atypiques et même frondeurs de l'élite intellectuelle moscovite, jouant auprès d'eux le rôle de conseiller bénévole et, parfois, de « confesseur » de ces nombreux créateurs désireux de complaire aux autorités, ou simplement de vendre leur âme en échange d'un poste prestigieux ou lucratif, ou de la possibilité de faire, sans entraves, des voyages à l'étranger. En fait, ce fut précisément le tandem Andropov-Bobkov * qui mit au point et proposa à l'intelligentsia, dans les dernières années du règne de Brejnev, une forme assez cynique de coexistence un régime qui gardait sa prétention à diriger la moindre activité de la vie du pays, mais n'avait ni la force ni la volonté de s'imposer par une dictature ouverte. Il faut dire qu'en fait de dictateurs, la direction du PCUS ne comptait que des caricatures à la Charlot. Alors que les véritables tyrans exigent l'amour du peuple entier, Brejnev se contentait d'une flagornerie évidente, d'embrassades et de décorations.

Sous un tel régime, le conformisme et le cynisme ne pouvaient que prendre la place de la coercition et de la peur. Tel fut le fondement du pacte que le régime conclut avec ses sujets : le renoncement à la terreur contre l'apparence de l'obéissance. « Tous font semblant, écrivait Vaclav Havel, les uns de ne persécuter personne, les autres de ne craindre personne. Et tous ensemble font semblant de ne pas faire semblant [5]. »

Les manifestations de l'adhésion des citoyens, qui permettaient en même temps de contrôler leur loyauté, prenaient les formes les plus diverses : réunions et assemblées du parti, pénibles et vides de sens, au cours desquelles les travailleurs devaient exprimer leur « approbation » ou leur « indignation » de commande; « journées d'unité idéologique [6] »; « émulation socialiste » généralisée; élections dont les résultats étaient connus d'avance mais qui « soudaient encore davantage le bloc indestructible des communistes et des sans-parti ».

Naturellement, le KGB faisait patte de velours, mais ses griffes étaient toujours là. Ses bourreaux continuaient à massacrer l'opposition politique, à placer dans les hôpitaux psychiatriques ceux qu'on ne parvenait pas à faire taire autrement, à bafouer Sakharov, à retenir en otage des milliers de familles juives, allemandes, arméniennes et russes qui voulaient émigrer du pays.

La répression la plus cruelle touchait aussi les milieux « nationalistes » : les activistes des mouvements d'autonomie, non seulement politiques, mais aussi culturels et religieux, dans les républiques fédérées de l'URSS. Sans doute le Comité pressentait-il que le sentiment national des peuples assujettis par la Russie et écrasés par la terreur stalinienne était capable d'ébranler la forteresse, solide en apparence, de l'empire soviétique, pour peu qu'il parvînt à s'échapper des oubliettes du KGB. Et en effet, les événement ultérieurs ont montré que seul le nationalisme, en tant que système idéologique global, constituait un facteur de mobilisation suffisamment puissant pour lancer un défi à ce totalitarisme communiste qui était à la fois son antithèse et son reflet inversé.

Voilà pourquoi la majorité des prisonniers, dans les cellules du KGB, des hôpitaux psychiatriques politiques ou des camps de Perm, de Mordovie ou d'ailleurs, étaient des « nationaux » : des Tatars de Crimée, des « nationalistes bourgeois » ukrainiens et lituaniens, des « extrémistes » arméniens et, bien sûr, des « sionistes ». Couverts par les slogans de l'« internationalisme prolétarien », les organes du KGB, nostalgiques de l'arbitraire stalinien, exerçaient sur eux leur ardeur punitive. Ils permettaient ainsi de donner libre cours au chauvinisme et à l'antisémitisme de milliers de miliciens, de surveillants et d'officiers d'instruction, mais aussi des gardiens supérieurs de la « légalité et de l'ordre socialistes » qui se servaient des articles du code pénal pour masquer leurs instincts d'argousins grand-russes.

Andropov, mal à l'aise devant les persécutions dont l'activiste sioniste Anatoli Chtcharanski *, arrêté pour espionnage, faisait l'objet de la part de son propre organisme, proposa à Souslov de ne pas prononcer un verdict trop sévère. À quoi le chef de l'idéologie répondit d'un ton édifiant qu'il n'avait pas l'intention d'exercer la moindre pression sur un tribunal « indépendant ».

Les dirigeants du KGB se rendaient clairement compte qu'ils étaient la dernière ligne de défense de ce régime dont la faiblesse se manifestait chaque jour. Cette prise de conscience aiguë fut d'ailleurs le ressort qui rendit possible la mise en branle de leur énorme machine de filature, de surveillance et de répression. Mais l'alliance stratégique entre les organes de sécurité et le parti n'avait de sens et de valeur que tant que leurs objectifs coïncidaient. En d'autres termes, pour conserver la soumission formelle du KGB, le PC devait exécuter sa part du contrat et servir les intérêts de la nomenklatura toute puissante, cette « nouvelle classe », selon Djilas, qui était le véritable maître et employeur aussi bien des apparatchiks que des officiers de la sécurité d'État.

Évidemment, lorsque la Vieille place, sous la direction de Gorbatchev, se mit à jouer de mauvais tours perestroïkistes à son partenaire de la Loubianka, et que le *gensek* « trahit » la cause commune, le KGB quitta les coulisses pour le devant de la scène. Ses professionnels, qui connaissaient les défauts de la cuirasse du régime mieux que les dirigeants du parti, minèrent le fragile édifice de la perestroïka, utilisant, en guise d'explosif, ce même nationalisme et ces mêmes « extrémistes » qu'ils avaient persécutés (ou peut-être nourris), les années précédentes. Ils provoquèrent les massacres de Sumgaït, de Tbilissi, de Bakou, de Vilnius et de Riga, soit pour lier Gorbatchev par le sang versé, soit pour lui rappeler qui était le véritable maître. En avril 1991, Vladimir Krioutchkov *, le président du KGB (il avait remplacé Tchebrikov à ce poste en octobre 1988), confia à Richard Nixon, en visite à Moscou, qu'en raison de ses « trop fréquentes » disputes avec Gorbatchev, l'un des deux serait bien obligé de partir. Quand il s'avéra que ces avertissements ne provoquaient pas la réaction souhaitée, le KGB de Krioutchkov rompit le harnais symbolique qui le liait au parti et se décida, en août 1991, à renverser le *gensek* et président du pays dans une tentative tardive et désespérée pour restaurer l'ordre qui n'existait plus.

Et, aux élections législatives de décembre 1993, comment ne pas discerner, derrière le succès inattendu de Vladimir Jironovski, cet aventurier burlesque, poussé de la réserve active du KGB sur la scène politique, la résolution d'acier de l'empire secret de la sécurité (ou quel que soit son nouveau nom) à utiliser tous les moyens, même le fascisme, pour reconquérir son pouvoir sur un sixième des terres émergées de la planète.

Une politique extérieure à deux visages

Le Kremlin brejnévien ne possédait pas seulement une ligne intérieure de défense, mais aussi un limes qui passait bien loin de la muraille de pierre bâtie par les princes fondateurs. Les dirigeants soviétiques héritèrent de Staline, en plus d'un empire gigantesque enrichi des acquisitions approuvées par Hitler en 1939, d'une sphère d'influence étendue en Europe de l'Est dont les frontières avaient été « tacitement » reconnues à la conférence de Yalta.

Selon l'avis des habitants du Kremlin, les nouvelles frontières représentaient un butin de guerre légitime, payé par la vie de vingt millions de Soviétiques. Pour eux, l'appartenance à l'URSS des territoires conquis ne faisait pas le moindre doute. Tout semblait indiquer que l'Occident partageait cette opinion. En tout cas, il respectait scrupuleusement les frontières fixées par la « grande troïka » en 1945. Cette attitude était confirmée par ses réactions très modérées aux événements dramatiques qui se produisirent dans la zone soviétique de Berlin, en 1953, en Hongrie et en Pologne en 1956, sans oublier l'« accident de parcours » tchécoslovaque, en 1968.

Esquissées par Churchill sur une feuille de papier à Moscou, en octobre 1944, et corrigées par le crayon bleu de Staline à Yalta, les frontières de l'après-guerre entre l'Est et l'Ouest exigeaient néanmoins d'être ratifiées. Cela fut fait au sommet d'Helsinki, en 1975. Mais les Occidentaux ne se contentèrent pas de confirmer les limites de l'empire soviétique : ils offrirent aux chefs du Kremlin une « troisième corbeille [1] » remplie des fruits empoisonnés des droits de l'homme. Tout comme les Troyens de Virgile, aucun dirigeant soviétique ne prit garde à un quelconque *timeo Danaos* :

ils étaient alors tous convaincus d'avoir gagné la guerre froide et pensaient déjà à un nouveau partage du monde. Lorsqu'ils comprirent que les fruits en question provoquaient des indigestions fatales aux régimes communistes de l'est de l'Europe, il était trop tard.

Comme tout système autoritaire, le système post-stalinien s'efforçait de compenser ses faiblesses internes par des succès externes. L'espoir de recevoir une bénédiction divine est la tentation éternelle de tous les dictateurs. Mais comme les chefs athées de Moscou ne pouvaient pas compter sur Dieu, il ne leur restait qu'à obtenir un mandat de l'Histoire.

L'objectif principal des sciences sociales soviétiques était de démontrer le caractère « irréversible » du processus historique, son identité presque totale avec la politique de l'URSS, et la marche inévitable du monde vers le triomphe définitif du socialisme. Il est vrai que, depuis Khrouchtchev, on confiait à l'Histoire le soin de réaliser elle-même son but final, contrairement aux premières années du régime soviétique (où le mot d'ordre était à l'exportation de la révolution), et à la période des sombres menaces staliniennes de « réduire en cendres » l'impérialisme mondial dans le feu d'une nouvelle guerre. Et même le célèbre « nous vous enterrerons », jeté sans délicatesse par le premier secrétaire à la figure de ses hôtes américains, exprimait plutôt la foi de Nikita Sergueïevitch dans le triomphe inéluctable de l'idéal communiste, que le désir d'empoigner la pelle lui-même.

Pourtant, même une prophétie « scientifiquement fondée » a besoin d'être soutenue, de temps en temps, par des faits et des preuves. La charge de les obtenir était justement le travail du département international du CC du PCUS.

Comme les armoiries de Byzance, le dispositif chargé de conduite la politique extérieure soviétique était bicéphale. Les deux têtes de l'aigle communiste, le ministère des Affaires étrangères (MID) et le département international, regardaient dans des directions différentes, sinon opposées, ne s'adressaient pas aux mêmes auditoires, et ne s'exprimaient pas dans la même langue. Le MID représentait la façade étatique de la politique de l'URSS, dont elle donnait l'image conservatrice, guindée et hautaine d'une superpuissance consciente de sa force, mais ne déclinant pas sa responsabilité dans le maintien de l'ordre mondial. Le département international, lui, trompetait à tout va l'origine révolutionnaire de l'« État des ouvriers et paysans » et les progrès historiques qui avaient accompagné sa naissance. Il présentait l'URSS comme le facteur dynamique de la transformation « révolutionnaire » du monde, c'est-à-dire de sa déstabilisation.

Naturellement, les deux têtes étaient attachées à un même corps et devaient articuler, chacune à sa manière, la même politique qui répondait simplement à des principes différents, ou, plus exactement, à l'absence de principes. Le MID entrait en contact avec des gouvernements et des cercles officiels, en parlant au nom d'un État respectable, fondateur de l'ONU, membre permanent du Conseil de sécurité et du club des puissances nucléaires. Les partenaires du département international étaient, dans divers pays, les forces parlementaires ou extra-parlementaires d'opposition, les mouvements de libération nationale, les représentants légaux et illégaux d'organisations révolutionnaires, extrémistes et même subversives.

Le département international permettait à ses « clients » ou « amis » d'avoir accès au « niveau politique » de la direction soviétique, c'est-à-dire aux instances capables de leur accorder le soutien politique, financier et, dans certains cas, militaire qu'ils demandaient, et cela en évitant les canaux étatiques et sans donner prise à d'éventuels incidents diplomatiques. Officiellement, l'action « révolutionnaire » du PCUS n'engageait pas l'État soviétique : après tout, prétendait-on, un parti politique peut bien avoir des contacts avec qui bon lui semble. En réalité, il était clair que, *de facto*, le département international, de même que les autres structures du parti, était une institution étatique. Il assurait d'ailleurs plus la défense des intérêts nationaux de l'URSS, définis par les dirigeants du parti-État, que celle des idéaux communistes.

Pour incarner les deux visages du Janus de la politique étrangère soviétique, il était difficile de trouver deux hommes plus dissemblables qu'Andreï Gromyko, ministre inamovible des Affaires étrangères depuis 1957, et Boris Ponomarev *, chef permanent du département international depuis 1955.

Le premier était un véritable dignitaire soviétique. L'un des plus jeunes ambassadeurs de la « promotion Staline », il accompagna le Chef aux conférences de Téhéran, Yalta et Potsdam, contribua à la rédaction de la Charte des Nations unies et devint, au fil des années, l'un des « grands » de la politique mondiale de l'après-guerre dont il devint progressivement la relique. L'autre était un apparatchik bourru, ancien assistant de Georgi Dimitrov *. Il prit la tête du département international quelques années après que celui-ci eut cessé de s'appeler le Komintern [2]. Ponomarev était célèbre non pour ses articles et discours, bien qu'il fût académicien, mais pour sa moustache à la Chaplin et le chapeau de feutre ou de paille selon la saison dont il ne se séparait jamais. Cet accessoire vestimentaire permettait de l'identifier sans risque d'erreur sur la tribune du Mausolée ou lors des cérémonies d'accueil ou de départ du *gensek* à l'aéroport.

En plus de la direction du département international, Ponomarev était chargé d'une tâche de haute responsabilité : la rédaction (ou plutôt la réécriture périodique en fonction de la conjoncture politique) de la Bible soviétique, l'histoire du PCUS. Comme son prédécesseur dans ce travail canonique, l'auteur du *Précis d'histoire du PC (bolchevik) de l'Union soviétique* de 1938, n'était autre que Iossif Staline en personne, la direction ne pouvait faire moins que d'attribuer à Ponomarev un titre d'académicien et une place à vie dans les plus hautes instances du parti. Secrétaire du CC dès 1961, on lui offrit en plus, en 1972, un strapontin de membre suppléant du Politburo.

Les rapports entre lui et Gromyko n'étaient pas simples. Comme des partenaires dans une valse, ils changeaient, à tour de rôle, de place dans la hiérarchie soviétique. Lorsque Ponomarev fut nommé secrétaire, alors que Gromyko demeurait un « simple » ministre, la priorité allait au département international. L'entrée n° 3 du CC, où se trouvaient ses locaux, était considérée comme une « instance politique », et le gratte-ciel de la place de Smolensk [3] comme une annexe technique chargée de mettre en œuvre les décisions de la Vieille place.

En réalité, le département international jouait le rôle de « curateur » du MID et exerçait une surveillance attentive sur ses activités, allant jusqu'à contrôler les documents préparés par les services diplomatiques pour les commenter dans ses rapports à la direction suprême. Cette situation perdura tant que Brejnev s'appuya sur le parti pour renforcer son pouvoir. Mais lorsque celui-ci devint incontestable, il crut bon de s'en remettre désormais aux structures étatiques, notamment celles de coercition : en 1973, il éleva à la dignité de membres titulaires du Politburo le président du KGB, Iouri Andropov [4], le ministre de la Défense, Andreï Gretchko, et celui des Affaires étrangères, Andreï Gromyko. Il libérait ainsi le MID de la tutelle du département international.

Désormais, Gromyko devançait Ponomarev d'un grade entier, ce qui se refléta aussitôt dans les rapports entre leurs institutions. La place de Smolensk se mit à regarder de haut l'entrée n° 3 de la Vieille place, cet hôtel bourgeois qui appartenait jadis à une compagnie d'assurances.

Bien entendu, la promotion politique de Gromyko et son entrée dans la noblesse du parti ne s'expliquaient pas seulement par le poste qu'il occupait. Sa carrière ascendante dans la nomenklatura communiste était due autant à ses qualités professionnelles de diplomate, qu'à un véritable talent de courtisan qui lui permettait de conserver ses positions sous le règne des *genseks* successifs, et même de les renforcer à chaque changement de direction.

La devise qu'Andreï Andreïevitch aurait pu tracer sur son bouclier (pour peu qu'un tel ustensile eût été fourni aux membres du Politburo au même titre que la voiture blindée, les gardes du corps et la datcha) tenait en un seul mot : loyauté. Le serment d'allégeance qu'il faisait à chaque nouveau maître du Kremlin ne se démentait jamais. Cette qualité frappa Khrouchtchev à un tel point qu'un jour, un peu éméché, il se vanta de la dévotion de son ministre devant un cercle assez large de convives : « Si je lui dis de se déculotter et de s'asseoir sur la glace, il le fera. N'est-ce pas, Gromyko? » L'intéressé n'osa pas contester ce compliment douteux.

Brejnev aussi préférait l'appeler par son nom [5]. Je garde le souvenir d'une visite officielle du *gensek* à l'étranger. Au cours d'une réception, il se trouva isolé au milieu d'un groupe de personnalités étrangères. Se sentant délaissé par les siens, il appela son ministre à haute voix, comme le font les malentendants : « Gromyko, que veulent-ils de moi? Parle-leur, toi qui connais l'anglais. »

Et Gromyko, qui avait hérité de Molotov * le surnom de Monsieur « Niet », supportait et servait. Il me semble que sa morgue diplomatique, sa ténacité et son orgueil, qui frappaient désagréablement ses collègues étrangers et donnaient à la diplomatie soviétique, si rigide, des traits impériaux particulièrement odieux, n'étaient, au fond, qu'une manière de compenser les humiliations personnelles qu'il supportait, tout au long de son ascension de l'Olympe du Kremlin, de la part d'hiérarques qui lui étaient inférieurs sous presque tous rapports. Et plus tard, au faîte du pouvoir, il est possible aussi, en tant que dernier participant vivant à la construction du monde de l'après-guerre, qu'il se soit senti responsable de sa stabilité, résistant donc à toute tentative inconsidérée pour dégeler les fondations de la « guerre froide », sur lesquelles cet édifice était érigé.

En tout cas, ce n'est qu'ainsi que l'on peut expliquer son intransigeance, même à propos de concessions symboliques sur la question allemande ou du changement du statut contre-nature de Berlin-Ouest, sa réaction glaciale au souhait des Japonais d'aborder le problème des îles Kouriles (« L'Union soviétique n'a pas de terres en trop »), et sa profonde méfiance à l'égard des tentatives sincères, mais naïves, du président Jimmy Carter pour sortir les négociations soviéto-américaines sur le désarmement nucléaire de l'impasse des calculs scolastiques. Dans une longue harangue télévisée, il « sermonna » le secrétaire d'État du président Carter, qui avait osé proposer, lors d'une visite à Moscou, des réductions symétriques du potentiel nucléaire des deux puissances. Ces propositions étaient pourtant beaucoup plus avantageuses pour l'URSS que celles que Gorbatchev fut, plus tard, contraint d'accepter.

En devenant membre du Politburo sous le règne d'un Brejnev vieillissant, Gromyko parvint au plus haut poste qu'un homme non issu du sérail du parti pût atteindre. Celui de *gensek*, réservé aux hiérarques du CC, lui était inaccessible. Quant au titre de président du Présidium du Soviet suprême que Gorbatchev lui accorda en 1985, il était purement honorifique. Il s'agissait, en fait, d'un stratagème délicat pour lui faire quitter le poste clé de ministre des Affaires étrangères que Gorbatchev réservait à son proche compagnon d'armes, Edouard Chevardnadze, avec qui il s'apprêtait à ouvrir un nouveau front de la perestroïka : celui de la diplomatie.

Dans les derniers temps du régime brejnévien, surtout après la mort de Souslov, avec un Andropov atteint d'un mal incurable et un Tchernenko qui ne valait guère mieux, Gromyko resta la seule figure politique du Kremlin capable de faire preuve d'autorité. Personne n'avait l'idée de contester une décision quelconque du ministère qu'il dirigeait. Les documents signés de son paraphe étaient automatiquement approuvés par l'appareil et se transformaient en résolutions du Politburo et en décrets du Soviet suprême. Et le ministre ne réglait sa montre qu'à celle des militaires.

Le clan des Affaires étrangères, qui vivait toujours en vase clos, concentrait entièrement ses efforts à deviner les pensées de Gromyko et à se conformer à ses habitudes et états d'âme. Dans leurs télégrammes à la place de Smolensk, au lieu d'informations véritables, les ambassadeurs se contentaient de rapporter les « réactions enthousiastes » des pays étrangers à la politique soviétique, mêlées à des louanges flagorneuses à l'adresse de Brejnev. Ils donnaient ainsi à leur ministre des arguments pour amadouer un *gensek* si sensible à la flatterie.

Mis à part les télégrammes d'autocongratulation (comment les appeler autrement?), les ambassades se spécialisaient dans l'envoi au ministre et sa famille de « souvenirs » (ou plutôt d'offrandes). En fait, c'était généralement l'épouse de Gromyko, surnommée « maman Lida » par les gens du MID, qui passait elle-même commande de ce qui l'intéressait à l'étranger. L'importance de « maman Lida » au sein du ministère dépassait d'ailleurs les simples questions d'intendance : même les nominations aux postes prestigieux ne se faisaient qu'avec son accord.

En fait, le MID de Gromyko avait fini par s'arroger le monopole de la politique extérieure. S'inspirant du modèle du parti unique, les Affaires étrangères se réservaient le droit d'agir à leur guise et de parler au nom de l'URSS sur l'arène internationale, tout en restant hors du contrôle non de l'opinion publique, de la presse et du parlement, qui n'avaient pas la moindre importance, mais de la direction du parti qui portait la responsabilité nominale de la politique d'État du pays.

La conséquence de ce monopole était le prix exorbitant que la société devait payer pour une politique étrangère formulée sans prendre en compte ses intérêts et ses possibilités véritables, fondée sur les lubies, les ambitions et les illusions du ministre et de ses plus proches collaborateurs. De plus en plus éloignée des réalités du monde extérieur, cette ligne conduisit le pays à une crise interne et à une catastrophe internationale : l'aventure afghane.

Mais contre toute attente, dans l'épopée peu glorieuse de l'intervention en Afghanistan, les deux faces de la politique extérieure, le MID et le département international, œuvrèrent ensemble. Et leurs dirigeants furent, à parts égales, responsables du désastre.

Frères-amis

Par rapport à l'époque du Komintern, les fonctions et la clientèle du département international changèrent de façon radicale pendant toute la période de l'après-guerre. Le temps où Moscou élaborait des programmes, donnait des ordres et changeait à sa guise les cadres, était révolu. Le Komintern fut victime de la guerre mondiale, comme la IIe Internationale l'avait été avant lui. Et sa pâle copie, le Kominform fut à son tour victime de la guerre froide. Après la « trahison » de Tito et le « divorce » avec Mao, Moscou ne pouvait plus compter sérieusement sur l'obéissance aveugle des « petits » frères.

L'éradication par les chars de la variante orientale de l'« eurocommunisme » ne fit que stimuler le développement de sa variante occidentale. Après 1968, le mouvement communiste international cessa d'exister. Bien entendu, les partis de l'Est et de l'Ouest continuaient à se rassembler de temps en temps lors de conférences qui ressemblaient plutôt à des rencontres de parents éloignés à l'occasion de l'enterrement d'un aïeul, qu'à de véritables réunions de famille.

L'intervention en Tchécoslovaquie sonna le glas des espoirs des partis communistes est-européens de trouver chez eux d'autres soutiens que l'appareil répressif et les troupes soviétiques stationnées sur leur territoire. Et les « camarades » occidentaux prirent eux aussi des chemins différents.

Ceux qui espéraient pouvoir rester debout et s'intégrer dans la vie politique de leurs pays respectifs rompirent courageusement, bien qu'inconsidérément, le cordon ombilical de la solidarité politique absolue avec Moscou, se privant par là même de l'appui financier du grand frère. Seul parmi eux le

PC italien, renonçant à sa carte d'identité communiste, parvint à conserver une influence.

D'autres, qui vivaient dans la clandestinité ou dans une semi-légalité peu propice à la rupture avec leur seul soutien international de poids, ou encore qui n'avaient pas l'habitude de vivre sur leurs ressources propres (certains n'avaient jamais eu d'existence indépendante), s'inclinèrent devant la nécessité et optèrent définitivement pour les « allocations » de Moscou. En échange, ils manifestaient une loyauté de façade à toute épreuve envers le PCUS. Cet aspect particulier de leurs rapports avec le parti soviétique était strictement confidentiel et les militants ignoraient souvent ce qui était probablement bien connu des autorités de leurs pays respectifs. Les sommes qui arrivaient clandestinement et se trouvaient ainsi hors du contrôle des instances régulières de ces partis, finissaient souvent dans les poches des dirigeants ou étaient investies dans les affaires par le biais de structures commerciales ou de sociétés qui soutenaient des relations privilégiées avec les pays socialistes.

Une troisième catégorie d'« amis » tentait de concilier les deux attitudes en prenant démonstrativement ses distances avec Moscou, tout en s'efforçant de conserver les privilèges matériels réservés aux alliés loyaux. Les hiérarques du parti soviétique, persuadés qu'une laisse longue se rompt moins souvent, acceptaient ce jeu et avalaient des couleuvres en public en croyant contrôler en sous-main.

Le département international s'occupait de cette famille politique de tout poil, en s'efforçant de préserver, dans cette sphère aussi, le rôle de « direction et d'orientation » du PCUS [1]. Bien entendu, l'espoir de contrôler et de diriger réellement l'activité des partis étrangers s'était évanoui depuis longtemps. Il s'agissait surtout d'entretenir les illusions dont se berçaient les patriarches du Politburo, et de convaincre les Soviétiques que les forces mondiales du « progrès social » venaient progressivement à bout de la réaction, rapprochant ainsi le triomphe du socialisme.

Pour maintenir le mythe de l'existence d'un mouvement communiste international dirigé par Moscou, l'État soviétique était obligé de payer des millions, non de roubles, mais de dollars. Officiellement, l'aide aux partis et mouvements étrangers provenait du budget du PCUS, mais ce n'était qu'une fiction de plus : les trésoriers du parti « achetaient » à la Banque d'État des millions en devises fortes qu'ils payaient avec les cotisations en roubles de leurs membres selon un cours purement symbolique.

Chaque année, le département international rédigeait une demande d'aide aux partis-frères et aux mouvements de libération nationale et l'envoyait au Politburo dans une « chemise spéciale ». Les dactylos, qui tapaient le document, ne connaissaient pas les montants des sommes octroyées : les responsables du département les écrivaient à la main. Quant aux opérations de transfert de fonds, en espèces, elles étaient généralement effectuées par des hommes de la première direction principale du KGB qui travaillaient « sous le toit » des ambassades soviétiques.

Cet usage remontait à l'époque du Komintern, lorsque les émissaires de Moscou parcouraient le monde avec de l'argent ou des bijoux dissimulés dans le double fond de valises pour hâter la révolution mondiale en finançant les sections étrangères de l'Internationale [2]. Au fil du temps, et à mesure que le mythe communiste s'effondrait, des telles activités se transformèrent en farce. Mais les règles du jeu, une fois établies, furent préservées.

Ainsi, le département international continuait à tenir un fichier à jour avec des informations détaillées sur les cadres dirigeants des partis étrangers jusqu'au niveau des sections locales, bien qu'il n'eût plus aucune influence sur leur nomination. De même, un appartement spécial « secret », où même les employés du département n'avait pas accès, continuait d'exister dans les locaux de l'entrée n° 3. Il s'agissait d'une relique des époques précédentes plutôt qu'autre chose, mais on y trouvait un laboratoire photo et des équipements pour la fabrication de faux visas, tampons de passage aux frontières, passeports et papiers d'identité de différents pays. Tout cela était généralement destiné à forger de fausses identités aux militants clandestins étrangers qui risquaient une arrestation dans leur pays après une visite en URSS.

Pendant de nombreuses années, l'un des assistants de Ponomarev dirigea ce côté ténébreux de l'activité du département. Il tenait également, sur un cahier spécial, la comptabilité de l'aide aux « amis ». Un jeune secrétaire pragmatique de l'obkom [3] de Leningrad, nommé à ce poste en 1991, se rendit vite compte, pendant les événements d'août, à Moscou, que ce document pouvait faire sa fortune. Il le retira du coffre et l'« emprunta » avant que l'immeuble ne fut mis sous scellés, puis se mit à vendre « au détail » les informations et les chiffres qu'il contenait. Naturellement, cela provoqua des scandales à la chaîne dans les familles communistes occidentales : dans de nombreux cas, non seulement la masse anonyme des membres, mais aussi l'entourage proche de tel ou tel dirigeant n'était pas au courant de la « double comptabilité » des recettes que leur parti entretenait avec Moscou.

En 1988, à son arrivée à la tête du département en remplacement d'Anatoli Dobrynine * (l'ancien ambassadeur à Washington qui avait lui-même succédé à Ponomarev en 1986), Valentin Faline * exigea d'arrêter toute ces bouffonneries de « cape et d'épée ». Les gardiens des traditions lui firent remarquer qu'il s'agissait d'habitudes bien ancrées depuis des décennies. « D'ailleurs, affirmaient-ils, les Américains font la même chose. » À quoi Faline répondait, non sans raison, que les activités de ce genre, douteuses du point de vue de la loi, étaient partout le privilège des services secrets, et non des partis politiques. Il insistait également sur l'arrêt des subventions secrètes aux « amis » étrangers, mais Gorbatchev, partisan de solutions progressives, se contenta de réduire le volume de l'aide en évitant de prendre une décision définitive quant à son arrêt.

Mais, à l'époque de Ponomarev, les activités du département international ne se limitaient pas encore au simple « soutien » des communistes étrangers. Privé, par la nomination de Gromyko au Politburo, de la possibilité d'influer sur les affaires étrangères, le département chercha à s'affirmer comme un centre de réflexion destiné à la mise au point d'une politique étrangère alternative dans une orientation stratégique. Malgré les apparences placides de la façade pompeuse de l'entrée n° 3, des passions politiques bouillonnaient derrière les hautes portes (« cercueils verticaux » disait Tvardovski) de ses bureaux, et des opinions contraires, parfois carrément incompatibles, s'y heurtaient.

L'un des principaux sujets de discorde était le processus révolutionnaire mondial. Depuis Lénine, le contenu de cette notion avait changé tout aussi radicalement que le cercle des partenaires privilégiés du département international. Aux partis communistes occidentaux qui, dans les années vingt, devaient accoucher de la révolution dans les pays capitalistes avancés, notamment en Allemagne, s'ajoutèrent au fil du temps, et surtout dans la période de la décolonisation, des mouvements de libération nationale de nombreux pays du Tiers Monde. Dès l'accession à l'indépendance, les élites se dépêchaient de créer des partis bureaucratiques à l'image du PCUS et se proclamaient des « constructeurs du socialisme » convaincus, de manière à préserver le pouvoir nouvellement acquis.

« Nous sommes de véritables élèves de Lénine », disait Noor Mohammad Taraki, le chef de la « révolution socialiste » en Afghanistan, à Kossyguine, lors d'une conversation téléphonique. Et, dans la foulée, il lui rappelait les dernières demandes des « léninistes » afghans : 12 hélicoptères MI-24, avec des pilotes, pour écraser la « contre-révolution », et 300 000 tonnes de blé, pour sauver la population de la famine.

Connaissant les faiblesses des « rêveurs du Kremlin », les dirigeants nouvellement « socialistes » d'Éthiopie, d'Angola, de Libye, du Dahomey, du Yémen et du Mozambique tenaient, à Moscou, le même discours. Ils savaient que le Kremlin refuserait plutôt du blé à sa propre population qu'à ses nouveaux alliés, et pouvaient autant jouer de la menace d'un rapprochement avec les États-Unis ou la Chine, que de la vanité des chefs soviétiques.

L'argent étant, de l'avis de Lénine lui-même, le nerf de la guerre, le département international aspirait à utiliser son rôle de bailleur de fonds principal pour transformer le Tiers Monde en un « troisième front » de la lutte pour le socialisme mondial. Lorsque des roitelets locaux, qui se proclamaient *genseks* de partis « socialistes », « du travail », « populaires » et même « prolétariens », faisaient appel à Moscou, leurs demandes étaient généralement suivies d'une pluie de devises. Comme souvent étaient en jeu des programmes économiques impressionnants et des commandes militaires, les clients tiers-mondistes eurent tôt fait de disposer, au sein du département international, de lobbyistes intéressés qui faisaient de la propagande en faveur de tel ou tel dirigeant, arrangeaient des séjours de cure en URSS pour lui et sa famille et garantissaient à ses enfants des bourses d'études dans des universités soviétiques. Et cela sur fond de mise au point de nouvelles conceptions théoriques qui permettaient d'envelopper dans la terminologie marxiste des idées conjoncturelles sur l'« orientation » socialiste ou le « choix » socialiste de tel ou tel nouveau détachement des forces révolutionnaires mondiales.

Sortir de Yalta, mais par quelle porte ?

Pour les responsables pragmatiques du département international, l'exploitation du « filon » du tiers-mondisme avait un double intérêt. D'abord, les régions concernées, vastes et troublées, représentaient le « ventre mou » du monde occidental. C'était donc une zone où l'on pouvait, sans risque majeur de confrontation avec Washington, affaiblir tout de même sérieusement ses positions. Deuxièmement, et la stratégie qui entrait en jeu n'avait plus rien de mondial, en gonflant le rôle du Tiers Monde, les apparatchiks de l'entrée n° 3 aspiraient à prendre leur revanche sur la place de Smolensk. Les gens des Affaires étrangères, influencés par leur ministre qui croyait que la politique mondiale était exclusivement définie par la corrélation des forces entre les deux superpuissances, avaient tendance à considérer les contacts avec les pays en voie de développement comme une corvée ennuyeuse et secondaire qui n'apportait ni lauriers politiques ni possibilités de promotion. Ce n'étaient donc pas les meilleurs qui s'en occupaient. En revanche, les spécialistes du département international s'étaient intéressés, pendant de longues années, aux mouvements de libération nationale et à leurs chefs, à l'époque de la lutte armée et clandestine. Maintenant que certains de leurs protégés avaient pris le pouvoir dans leurs pays, ils s'y sentaient aussi à l'aise que leurs collègues du KGB.

Boris Ponomarev ne pouvait laisser passer cette chance de valoriser le travail de son service en faisant miroiter, aux yeux des membres du Politburo, la perspective de créer une « troisième colonne » du prolétariat mondial. Il savait pouvoir compter sur le soutien des grands prêtres du régime, notamment de Brejnev, de Souslov et d'Oustinov. Le mirage d'un bouleversement du paysage politique mondial s'offrait déjà à leurs regards ébaubis : l'Union soviétique, avec l'appui de ses nouveaux partisans, élargissait les limites de sa sphère d'influence, fixées par Staline à Yalta. Et cela sans risquer de déclencher une troisième guerre mondiale.

Ces états d'âme euphoriques étaient entretenus par des nouvelles plaisantes en provenance du front européen : les Américains y reculaient également. Sous la pression du mouvement antinucléaire, le président Carter renonçait à la « bombe à neutrons [1] ». Et la dimension que prenaient les manifestations contre l'installation, en Europe occidentale, des fusées Pershing et des missiles de croisière américains laissaient prévoir un nouveau fiasco des États-Unis et de l'OTAN [2]. Naturellement, le département international s'attribuait le succès de ces différents mouvements.

Brejnev, qui gardait encore en mémoire la reculade de Moscou lors de la crise de Cuba, en octobre 1962, lorsque le président John Kennedy avait forcé Khrouchtchev à démonter les fusées soviétiques installées dans la grande île caraïbe, voyait donc s'ouvrir devant lui la perspective d'une revanche politique sur les Américains. Fidel Castro n'avait pas oublié son humiliation (d'autant plus cuisante que les deux puissances avaient fini par régler le problème par-dessus sa tête), et il encourageait Brejnev à assouvir une vengeance qui serait aussi la sienne. En cas de succès, le successeur de Khrouchtchev n'aurait pas seulement lavé l'affront, il aurait acquis une véritable dimension historique. Cette perspective avait de quoi faire tourner la tête de n'importe quel habitant de l'Olympe du parti : comme de véritables flambeurs, ils étaient prêts à miser leur propre pays dans l'illusoire espoir de faire sauter la banque.

Cette politique aventuriste, poussée par les thuriféraires de Brejnev, avait aussi des adversaires, regroupés dans l'aile « social-démocrate » du département international. Autour de deux assistants de Ponomarev, Anatoli Tcherniaïev * et Vadim Zagladine *, on y trouvait quelques conseillers et consultants de l'entrée n° 3, ainsi que les directeurs de certains instituts de recherches issus du même milieu : Gueorgui

Arbatov *, Evgueni Primakov *, Oleg Bogomolov et Vitali Jourkine. À la différence des dirigeants qu'ils servaient, ces intellectuels du parti avaient une véritable expérience des contacts internationaux et ne nourrissaient aucune illusion quant aux chances de succès dans une compétition entre un régime en « crise terminale » et les pays industriels démocratiques. Dans les années soixante, plusieurs de ces hommes avaient passé quelques années à Prague, à la rédaction de *Problèmes de la paix et du socialisme*, une revue théorique issue du Kominform qui constituait le dernier lien entre les différentes composantes du mouvement communiste international. Là, ils avaient été soumis à l'influence conjuguée du « printemps de Prague » et de l'« eurocommunisme », les deux tentatives romantiques pour réconcilier le communisme avec la démocratie et la modernité.

La revue pragoise, tout comme un certain nombre d'organisations contrôlées, elles aussi, par le département international [3], servait à l'époque d'interface entre le PCUS et la gauche non communiste européenne, en particulier les sociaux-démocrates.

Ces liens « extraconjugaux » avec ceux que Staline stigmatisait par l'injure de « sociaux-traîtres » s'expliquaient par la nécessaire diffusion de l'influence soviétique à l'étranger. Mais, en retour, à l'aide du « canal » social-démocrate, les experts internationaux de l'entrée n° 3 espéraient ouvrir, dans le système politique soviétique, une fenêtre par laquelle s'engouffrerait de l'air nouveau.

Mikhaïl Gorbatchev parlera de ces espoirs bien cachés des réformateurs des années soixante et soixante-dix, en 1993, aux obsèques de Willy Brandt :

« L'*Ostpolitik* des sociaux-démocrates ouest-européens contribuait à l'approfondissement, au sein de notre société, de réflexions sur les rapports entre la liberté et le développement, la démocratie et l'avenir du pays. Elle stimulait les forces ouvertes à la pensée critique qui comprenaient la nécessité de changements, et qui, après le XXe congrès, tentèrent à maintes reprises de les mettre en œuvre. »

Parmi les conseillers dirigés par Tcherniaïev et les gens qui défilèrent à la rédaction pragoise se trouvaient des individus aussi brillants et différents que Gueorgui Chakhnazarov *, Alexandre Bovine *, Evgueni Ambartsoumov, Egor Iakovlev, Nikolaï Chichline ou Vladimir Loukine *. Ce furent eux, et d'autres qui constituèrent le capital intellectuel initial de la perestroïka. Sous le commandement d'Alexandre Iakovlev (qui servit, pendant la guerre, dans l'infanterie de marine [4]), ces hommes constituèrent le premier détachement démocratique infiltré derrière les lignes nomenklaturistes. Entrés dans l'appareil pour des raisons diverses, mais surtout parce que c'était l'un des rares endroits où des jeunes gens brillants pouvaient avoir l'illusion de servir leur pays, ils furent souvent rejetés par lui. Je fus à leur contact pendant de nombreuses années et mon travail avec eux, d'abord comme conseiller, puis comme chef adjoint du département international, m'a persuadé qu'ils étaient, pour la plupart, las du conformisme bourbeux du parti qui les obligeait à servir, non les grands idéaux, mais une cause amorale et sans perspectives. Humiliés dans leur qualité d'intellectuels, ils supportaient de plus en plus difficilement les mensonges et les bassesses du Système.

Les plus honnêtes d'entre eux ne pouvaient se départir d'un cuisant sentiment de remords. Admirateurs de l'héroïsme tranquille d'un Andreï Sakharov, ils s'efforçaient, à la mesure de leurs moyens, d'aider leurs concitoyens pris dans l'engrenage du régime ou menacés par le KGB : ils s'employaient à faire rétablir dans leurs fonctions des personnes injustement licenciées, à faire publier des auteurs non orthodoxes et à faire reculer le système des interdictions de voyager à l'étranger.

Naturellement, tout cela était notoirement insuffisant, même pour conserver un minimum d'estime en eux-mêmes. Mais deux arguments leur permettaient de se justifier auprès de leur conscience. Le premier était qu'ils pouvaient dire et écrire dans leurs notes de service presque tout ce qu'ils pensaient et croyaient important. Bien sûr, ils étaient obligés de l'exprimer dans un style qui épargnait la pudeur idéologique de leurs supérieurs. Parfois, il leur fallait présenter des idées séditieuses comme des citations d'adversaires ou des conseils d'amis étrangers. Mais le caractère purement conventionnel de ce jeu était clair aussi bien pour ceux qui rédigeaient les notes que pour ceux qui les lisaient.

Curieusement, et ce n'était pas le moindre paradoxe de l'époque, s'il était impossible de braver les convenances et de s'exprimer honnêtement et ouvertement en public, c'était au contraire bien vu, et même encouragé, dans le « cercle des intimes ». La censure éliminait sans pitié, dans les textes destinés à la population, des idées qui circulaient sous une forme plus franche dans les documents internes du CC. En fait, il fallait travailler à l'intérieur de ses murs pour bénéficier d'un certain niveau de liberté individuelle, c'est-à-dire pour afficher des dissidences sans craindre les répressions, dont le CC était justement l'ordonnateur principal. De plus, l'appareil du parti était le seul organisme du pays sur lequel le KGB n'étendait pas sa pesante chape. Il était interdit aux organes de sécurité de recruter des collaborateurs du CC ou de les entraîner dans des opérations secrètes ou d'autres « jeux » clandestins, de les faire chanter ou de les placer sous surveillance (en tout cas, sans une autorisation officielle de la direction), comme ils ne se gênaient pas de le faire avec le reste des citoyens.

Le second argument était indissolublement lié au premier et lui donnait un sens rationnel et moral. Les notes envoyées « en haut » étaient pratiquement le seul moyen d'exercer une quelconque influence sur les autorités. C'est du moins ce que croyaient leurs auteurs, persuadés que leur action permettait ainsi de minimiser le mal et de limiter l'arbitraire, mais aussi d'« amollir » le dur monolithe du système par l'introduction de ces bactéries lithophages qu'étaient les idées nouvelles. Autrement dit, ils pensaient non seulement avoir la possibilité d'influencer la politique, mais même, dans la mesure où on la définissait comme « l'art du possible », de la « faire » eux-mêmes.

Tout cela n'aurait été qu'autojustification pusillanime (et une nouvelle confirmation de la qualité des pavés de l'enfer) s'il ne s'était produit l'*impossible*, c'est-à-dire l'avènement de la perestroïka. En apparaissant, avec Gorbatchev, comme un changement qualitatif presque inespéré, après tant d'années de vaines accumulations quantitatives, la perestroïka justifia *a posteriori* le réformisme rampant et l'opportunisme des apparatchiks dissidents. Ces derniers accueillirent, avec espoir et reconnaissance, comme des croyants assistant à la venue du Messie, la chance que leur offrait Gorbatchev. Ils la saisirent presque d'instinct et avidement, car nombre d'entre eux étaient conscients que c'était la dernière que leur accorderait une vie déjà bien remplie.

Pourtant, dans les années soixante ou soixante-dix, rien n'annonçait encore la future débâcle des glaciers du Kremlin. En 1978, Vaclav Havel écrivait : « On ne peut imaginer, dans un plus ou moins proche avenir, le moindre changement de fond dans le système soviétique. » Cette année-là, Gorbatchev, promu au rang de secrétaire du CC, quitta la région de Stavropol, qu'il dirigeait, pour s'installer à Moscou. Et les contestataires secrets, qui s'efforçaient patiemment de ronger le Système de l'intérieur, étaient persuadés qu'ils quitteraient ce bas monde en ayant simplement préparé le terrain de futurs réformateurs. Minés qu'ils étaient par les échecs constants qu'ils subissaient dans leur longue confrontation avec le régime, ils n'espéraient certainement pas que leurs efforts porteraient des fruits encore de leur vivant.

Ils avaient perdu en 1968, parce qu'ils s'étaient révélés incapables d'ouvrir, en URSS, un front intérieur de soutien au « printemps de Prague ». Ils avaient été écrasés par les militaires qui souhaitaient installer, malgré les risques, leurs missiles SS-20. Ils avaient été écartés lorsqu'ils avaient voulu encourager la construction d'une Europe unie. Et si, au prix d'efforts persistants, ils étaient tout de même parvenus (chose inouïe!) à convaincre la direction de signer l'Acte final d'Helsinki et d'en publier des millions d'exemplaires, ils n'étaient pas parvenus à mettre en place une véritable réponse à l'*Ostpolitik* de Willy Brandt, cette *Westpolitik* qu'ils appelaient de leurs vœux et dont ils avaient tant discuté avec leurs confrères sociaux-démocrates occidentaux. Pour finir, tout autant que le régime de Kaboul, ils furent les victimes du spasme d'agonie du régime brejnévien : la folle et stérile aventure d'Afghanistan.

Au matin du 27 décembre 1979, abasourdi par les nouvelles diffusées par la radio sur l'entrée d'un « contingent limité » de troupes soviétiques, à Kaboul, à la « demande » de la direction afghane, je me rendis, à l'entrée n° 2, chez Valentin Faline, ancien ambassadeur en RFA, ami personnel de Willy Brandt et coauteur du Traité de Moscou [5] de 1970. Après son retour de Bonn, il avait été nommé premier chef adjoint du département d'information internationale du CC où je travaillais comme conseiller après être passé par le département de Ponomarev.

Nous demeurâmes un instant silencieux, comme si les mots étaient superflus. Deux jours plus tôt, nous avions préparé ensemble un communiqué de presse pour réfuter les affirmations du Pentagone à propos d'une concentration suspecte d'avions de transport soviétiques sur la base aérienne de Bagram, près de Kaboul. Notre démenti se fondait sur les affirmation d'un membre de l'état-major général.

On sait maintenant que la décision de destituer Hafizullah Amin, l'homme fort de l'Afghanistan, fut prise le 12 décembre, lors d'une réunion à huis clos du Politburo à laquelle assistaient seulement ses membres moscovites [6] à l'exception de Kossyguine, le Premier ministre, qui était souffrant.

Amin s'était emparé du pouvoir trois mois plus tôt, en septembre, en faisant exécuter Taraki, le « disciple de Lénine », qui avait été étouffé avec un oreiller. Les hiérarques soviétiques souhaitaient le remplacer par Babrak Karmal, un dirigeant plus souple et plus loyal envers l'URSS, chef d'une fraction du Parti populaire démocratique concurrente de celle d'Amin, qui se trouvait en exil à Prague, sous la tutelle et la protection du département international du CC. Pour qu'il pût « conduire les forces saines » de la révolution afghane, les camarades de l'« entrée n° 3 » le ramenèrent en URSS et, de là, le firent passer dans son pays avec le « contingent limité ». Le rôle clé que Karmal jouait dans l'opération permit à son mentor, Ponomarev, de se hisser au même rang que les autres responsables de l'aventure afghane : Oustinov, Gromyko et Andropov.

Ce fut, en effet, en vertu d'une note signée de ces quatre noms que le Politburo décida de l'intervention. Faline me lut des extraits de la résolution de l'instance suprême. À part des réflexions sur les menaces qui pesaient sur les acquis de la révolution d'avril et sur la construction du socialisme à cause de la « trahison » de l'« agent de l'impérialisme Amin », il y avait une phrase sur le « devoir internationaliste » des soldats soviétiques envers le peuple-frère d'Afghanistan qui me choqua profondément.

« Encore un devoir internationaliste, comme en 1968? demandai-je à Faline. Mais la Tchécoslovaquie, au moins, c'était le territoire du Pacte de Varsovie, la sphère d'influence soviétique reconnue à Yalta. C'est pour cette raison que l'Occident s'était résigné. Cette nouvelle aventure ne sera acceptée ni par les Occidentaux ni par nos compatriotes. Où ce devoir internationaliste nous mènera-t-il encore?

– Dieu seul le sait » soupira Faline.

Karmal jurait que le groupe « Alpha », chargé de prendre d'assaut le palais présidentiel pour liquider Amin, et deux autres détachements soviétiques (au total près de mille hommes) ne resteraient à Kaboul que deux semaines, le temps de stabiliser la situation dans un pays prêt à accueillir avec enthousiasme ceux qui venaient les débarrasser d'un régime abhorré. Pourtant, le 2 janvier 1980, le Politburo fut obligé de porter le « contingent limité » à cinquante mille hommes. Quelque temps plus tard, ses effectifs furent encore doublés et son séjour en Afghanistan dura neuf longues années, jusqu'au moment où Gorbatchev parvint enfin à forcer l'armée à se retirer, en 1988. Le prix à payer pour cette ultime tentative d'exporter la révolution fut particulièrement élevé : quelque quinze mille morts et trente-cinq mille blessés du côté soviétique, et des centaines de milliers d'Afghans tués ou mutilés.

La désastreuse campagne des gérontes du Kremlin dépassa largement le cadre d'une simple expédition militaire malheureuse. Ses conséquences ont souvent été comparées avec le choc reçu par les États-Unis au Viêt-nam. Quant à moi, je placerais l'aventure afghane au même rang que la défaite humiliante de la Russie tsariste contre le Japon en 1904-1905. À l'époque, cette guerre perdue eut pour conséquence une radicalisation de la situation sociale et politique dans le pays qui, en douze ans, provoqua trois révolutions, la chute du régime tsariste et l'effondrement de l'État russe historique.

Un cataclysme semblable eut lieu après l'Afghanistan. La guerre « limitée » brejnévienne de Noël 1979 fut pire qu'un crime, une faute. Le régime anémique y perdit ses dernières forces. Avec une économie épuisée et un appareil bureaucratique rouillé, l'État soviétique se révéla incapable de mener une guerre prolongée. L'Armée rouge perdit, elle, dans les montagnes de l'Hindou-Kouch sa réputation de force invincible et redoutable payée au prix fort lors de la Seconde Guerre mondiale.

L'aventure se transforma aussi en fiasco humiliant pour la politique étrangère soviétique. Du jour au lendemain, elle fit de l'URSS un paria de la communauté internationale, l'isolant au sein des Nations unies, éloignant d'elle ses derniers alliés du Tiers Monde et cette partie de la gauche occidentale qui avait encore un petit faible pour l'URSS. En présentant au monde cette image répugnante de l'impérialisme soviétique, le Politburo ne se contenta pas d'absoudre les Américains de leur péché vietnamien, il contribua à faire entrer Ronald Reagan à la Maison Blanche et à justifier son programme de lutte contre l'« Empire du mal ».

Mais la guerre fut également rejetée par la société soviétique. Oh! il ne s'agissait pas seulement des milliers de cercueils en zinc, soudés, qui arrivaient nuitamment dans tous les coins du pays. La population, qui croyait profondément qu'elle vivait dans un pays épris de paix, ne pouvait comprendre ni accepter cette agression franche contre un petit pays. Jadis, le Kremlin était parvenu à faire admettre à ses citoyens le bien-fondé des opérations de répression en Hongrie et en Tchécoslovaquie en les présentant comme des actes de « légitime défense » contre les atteintes impérialistes à l'« espace vital » du socialisme (il n'y eut que sept participants à la manifestation sur la place Rouge contre l'entrée des chars soviétiques à Prague, en 1968). En revanche, le débarquement à Kaboul fut perçu non pas comme la défense de son propre territoire, mais comme la conquête de celui d'autrui.

Enfin, à l'exception des généraux affamés de gloire et de décorations et d'une poignée de fonctionnaires du parti qui se ruèrent à Kaboul, comme des vivandières dans les fourgons de l'armée (ils s'y casèrent auprès des chefs locaux en qualité de conseillers à l'introduction du mode de vie socialiste), la nouvelle classe politique soviétique n'était pas prête à soutenir la direction dans cette campagne coloniale. Mieux que les chefs myopes qui auraient depuis longtemps dû prendre leur retraite, cette classe voyait l'aventurisme de l'opération, comprenait la gravité des problèmes intérieurs qu'il fallait résoudre et se préparait, à la première occasion, à prendre ses distances avec la « guerre secrète » que la direction du parti moribond imposait au pays.

L'âme discrète de la nomenklatura

Les pierres tombales, quand il s'agit d'empires défunts, mentionnent rarement les dates exactes de leur naissance et de leur mort. Et les anniversaires des révolutions ou des coups d'État, les fêtes de la Constitution ou les commémorations des avènements et des destitutions de monarques et présidents ne donnent guère d'indice précis. Même un régime autoritaire, dont l'existence semble coïncider avec la vie de son chef, meurt parfois bien avant lui. L'inverse peut aussi se produire : malgré le changement des cocardes, des couleurs nationales et des portraits officiels, l'ancien régime reste, comme si de rien n'était, confortablement installé dans les mêmes fauteuils.

Il est encore plus difficile de restituer le tableau de la mort d'un système politique entier, car son agonie s'étire sur des lustres. Quel moment, par exemple, peut-on considérer être le début de la fin du pouvoir soviétique? La mort de Staline, en 1953? Le XXe congrès du parti, trois ans plus tard, et le « discours secret » de Khrouchtchev qui retentit dans le monde entier, mais resta inconnu à l'intérieur de l'URSS? Le remplacement, en 1964, du pouvoir personnel par la direction collective de la nomenklatura, Brejnev, ce régent incolore, à sa tête? Où la mort physique de ce dernier, en novembre 1982?

Chacun de ces événements peut être considéré comme l'une des étapes successives de la dégénérescence et de la mort d'un régime né d'une révolution populaire, agrandi par le lit du Procuste du totalitarisme et qui finit sa vie historique comme une structure gangrenée, « union de plomb entre l'autocratie et la bureaucratie », comme disait Ralph Darendorf. Une telle union, note-t-il, est stable tant que la sévérité de la direction bureaucratique centralisée s'accompagne d'un minimum de progrès économique, ou du moins, de l'absence de récession. De ce point de vue, il convient de remarquer que la chute des prix mondiaux du pétrole a contribué à mettre fin à l'époque de stabilité (ou de stagnation) du pouvoir brejnévien. Grâce aux exportations, le coût élevé du baril permettait à l'économie soviétique de flotter. Elle se mit à couler lamentablement dès que sa bouée de pétrodollars commença à se dégonfler.

La fin historique, dans la première moitié des années quatre-vingt, de l'« expérience » commencée en 1917 fut certainement la conséquence de l'ensemble des processus politiques, économiques et sociaux qui traversèrent la société soviétique à l'époque post-stalinienne. Khrouchtchev ouvrit la première brèche dans ses fondations en privant le système administratif centralisé, qui ne fonctionnait que par la coercition (et s'avérait donc particulièrement efficace en temps de guerre), de son pivot intérieur : le goulag.

Sous Staline, la pyramide du pouvoir, cimentée par la peur, s'appuyait sur une masse de citoyens atomisés, entièrement dépendants d'elle et écrasés par elle. La couche de la haute nomenklatura du parti, de l'économie et de l'armée, formait l'étage supérieur, et son chef, le sommet idéal. Pour que la construction fût bien soudée, la peur des répressions devait pénétrer tout ses niveaux, y compris les plus élevés.

Chaque étage était périodiquement « nettoyé » et de ce fait régénéré, les purges assurant, sous une forme perverse, une mobilité verticale élevée dans l'ensemble du système politique. Dans cette « démocratie » stalinienne originale, dirigée par un chef « sévère, mais juste », chaque individu motivé et ambitieux pouvait, indépendamment de ses origines sociales (mieux valait quand même ne pas être Juif) et après avoir reçu une bonne éducation garantie par le Système, compter sur des promotions à mesure que les campagnes contre les « ennemis du peuple », les « saboteurs » ou les « cosmopolites » dégageaient des postes dans la hiérarchie.

Khrouchtchev libéra la nomenklatura de la crainte des répressions, mais ne toucha pas à la pyramide du pouvoir. Elle continua à se maintenir, comme les tombeaux des pharaons, grâce à la perfection de la forme et au poids des blocs qui la composaient. Même quand la classe dirigeante, débarrassée de la peur du chef, décida de le destituer, la pyramide continua à écraser la société.

Comme Michel Romanov, trois siècles et demi avant lui, Brejnev fut proclamé « tsar des boyards ». Il aurait peut-être pu fonder une nouvelle dynastie post-stalinienne, s'il n'avait pas négligé le système d'irrigation sanguine de la société, qui était un organisme vivant et non un monument de pierre.

En s'emparant du pouvoir, la première priorité de l'aristocratie nomenklaturiste fut de s'occuper de sa propre perpétuation, et donc de fixer ses prérogatives politiques et matérielles. Dès lors, l'afflux de sang neuf au sommet de l'organisme s'arrêta pratiquement. Pour se frayer un chemin dans n'importe quel domaine, que ce fût la politique ou la science, les jeunes gens devaient attendre la retraite ou la mort de leurs supérieurs et, de ce fait, ils avaient le temps de devenir vieux eux-mêmes. L'horloge de la vie politique, calée sur le cycle biologique des chefs suprêmes, dont l'existence était prolongée par les succès de la médecine, s'arrêta presque. Mais le pouvoir vieillissant n'en souffrait pas moins des maladies du grand âge : sclérose, immobilisme, sénilité.

Les individus qui pouvaient espérer du succès dans leur carrière (et leur nombre augmentait avec l'élévation du niveau d'éducation) ne trouvaient plus d'application à leurs capacités et à leurs énergies. De plus, le système socialiste leur interdisait toute possibilité d'accomplissement personnel dans la libre entreprise ou les activités politiques indépendantes. Il ne leur restait donc plus que l'économie « parallèle » et l'exercice illégal de la politique qui menait à la dissidence et à l'émigration.

La même situation régnait dans les républiques fédérées. Auparavant, la perspective d'une nomination à Moscou était un puissant aimant pour la nomenklatura locale et assurait sa subordination aux autorités centrales. À partir du moment où cette option disparut presque, les cadres nationaux s'investirent dans l'entreprise libre illégale et la création de structures mafieuses, ou dans la lutte clanique pour un nouveau partage du pouvoir, en formant des courants nationalistes. La bile de la société ne pouvant plus s'épancher par les conduits politiques bouchés, elle s'accumula dans l'organisme et se mit à l'empoisonner.

Pendant que ces processus souterrains sapaient le fondement de leur pouvoir, les chefs du Kremlin s'efforçaient de l'asseoir dans la durée, comme s'ils comptaient transformer le régime en monarchie héréditaire. Dès le début, Brejnev appliqua la devise « Ne pas faire de vagues » et évita soigneusement toute situation conflictuelle qui aurait pu rompre l'équilibre des intérêts de la couche dirigeante. Dès qu'apparaissaient des difficultés ou des problèmes, il préférait jouer les autruches et « ne compliquer la vie de personne ». Lorsqu'il fallait faire un choix politique, économique, militaire ou social, il tergiversait et remettait les décisions pénibles à plus tard, dans l'espoir que les choses se régleraient d'elles-mêmes. Il en résultait plusieurs lignes politiques, parallèles ou divergentes : chaque membre du Politburo, responsable d'un domaine particulier de l'État, tirait à lui la couverture commune en la réduisant un peu plus en loques.

Si Staline souhaitait rester dans l'histoire comme un « père des peuples » sévère mais aimé, Brejnev, lui, aurait pu passer pour un « papa-gâteau », mais au sens le plus étroit de l'expression : sa bonté et ses alarmes ne concernaient que ses descendants. Si, au début de son règne, il s'entourait des gens de son « clan » qui ne faisaient pas forcément partie de sa famille, vers la fin, il sacrifiait à un franc népotisme. À son arrivée au pouvoir suprême, il nomma à certains postes clés des gens de confiance de son entourage, rencontrés pendant sa carrière à Kichinev ou Dniepropetrovsk, et avec qui il avait l'habitude de travailler, comme Nikolaï Tikhonov, Konstantin Tchernenko ou Nikolaï Chtchelokov *, le tout-puissant ministre de l'Intérieur.

Avec le temps, ses enfants, ses gendres, puis ses petits-enfants commencèrent à occuper, avec un sans-gêne et une assurance grandissante, des postes prestigieux dans la hiérarchie de l'État, imités en cela par les rejetons d'autres familles de l'élite soviétique. Le fils de Brejnev, Iouri, s'installa dans un fauteuil de vice-ministre du Commerce extérieur; son gendre, Iouri Tchourbanov (condamné plus tard pour corruption), reçut les deux étoiles de lieutenant-général de la milice et fut promu au poste de premier vice-ministre de l'Intérieur; son petit-fils par alliance devint vice-président du Comité soviétique des organisations de la jeunesse, et ainsi de suite.

Les aventures, débauches et folles dépenses aux frais de l'État de tout ce beau monde avaient depuis longtemps cessé d'être l'un des secrets les mieux gardés de la cour moscovite. Tout le monde savait que non seulement les chefs du Kremlin et leurs proches, mais aussi les familles de leurs enfants se soignaient dans des centres médicaux et des cliniques réservés à l'élite, bénéficiaient de magasins spéciaux et utilisaient, en qualité d'ordonnances, des officiers de la « Neuf », la neuvième direction du KGB [1], dont les effectifs enflèrent démesurément.

En plus des citoyens ordinaires (qui, bien que la presse eût reçu l'ordre strict de ne pas aborder le sujet, étaient au courant par le bouche à oreille), tout cela indignait aussi une partie non négligeable des fonctionnaires de l'appareil qui pensaient sincèrement que de tels passe-droits étaient une honte pour le parti. D'autres, bien sûr, enviaient ces grands seigneurs à qui tout était permis. Mais la plupart voyaient dans le népotisme éhonté une diminution des possibilités d'avancement pour les apparatchiks « honnêtes ». Il est vrai qu'il tombait, pour eux aussi, pas mal de miettes de la table des seigneurs.

Le sujet des privilèges de la nomenklatura colla comme une ombre aux talons du régime soviétique à toutes les étapes de son existence, et jusqu'à son effondrement. Dans la phase terminale, Boris Eltsine, le dissident du parti excommunié par le Politburo, leva l'étendard de la lutte contre les passe-droits pour entamer sa *Reconquista*. Dans un certain sens, les bolcheviks semèrent eux-mêmes le vent qui provoqua la tempête en faisant de l'égalité universelle le but de leur programme. Or, tout en luttant pour cette dernière, les révolutionnaires professionnels, pour incorruptibles qu'ils fussent, se transformèrent bien vite en bureaucrates non moins professionnels. S'ils restèrent des élèves appliqués de Karl Marx, ce fut dans un sens seulement : comme à lui, rien d'humain ne leur était étranger.

En se transformant en structure hiérarchique, l'idéologie qui avait le nivellement pour objectif tomba dans le piège prédit par Bertrand Russell : « La foi communiste sera détruite de l'intérieur. Elle met un frein trop rigide à la nature humaine. Elle exige le refus de biens élémentaires, tels que le sentiment de sécurité et le temps libre. Son accomplissement est reporté dans un avenir qui, comme un arc-en-ciel, s'éloigne du voyageur fatigué à mesure qu'il tente de s'en approcher. Tôt ou tard, l'amour de l'aisance et des plaisirs absorbera l'énergie des communistes épuisés. La corruption les sapera. Les harems leur sembleront plus attrayants que le souci de la production industrielle [2]. »

Les prophéties de Russell se sont réalisées. Mais la dépravation des communistes, comme celle d'une armée qui, après la bataille, dresse un camp pour une durée indéterminée, a été aggravée par des traits spécifiques à la Russie et au régime stalinien.

Depuis des temps immémoriaux, en récompense de services rendus à la couronne, le tsar octroyait à ses boyards, ses gentilshommes ou ses chefs de guerre, des domaines peuplés de centaines de serfs. Ces terres devenaient *de facto* et *de jure* leur propriété. Après avoir aboli ce privilège, les chefs soviétiques ne pouvaient plus imiter les tsars qu'en faisant des « cadeaux à crédit », ou plus exactement en accordant la simple jouissance de biens de l'État.

La propriété aliénée à la société devint le fondement de la puissance étatique, et le droit de l'administrer, confisqué par les dirigeants bolcheviques, la source de leur pouvoir sur le reste de la population. Naturellement, puisqu'ils s'étaient privés eux-mêmes du droit de posséder légalement les biens qu'ils géraient, ils n'en étaient que les usufruitiers [3]. Le régime établi par Staline se servait de cette situation de façon aussi efficace que la terreur. Le don et la confiscation de prébendes devinrent l'un de moyens de diriger l'État.

Ce système de stimulation, d'avancement et de punition à l'aide de « cartes de rationnement » qui donnaient droit à une utilisation exclusive de biens matériels (c'est-à-dire, à des privilèges) était bien conçu et ramifié. Il ne pouvait se mettre en place que dans le cadre d'un État socialiste qui dépouillait complètement ses citoyens. Lorsque le tsar donnait sa pelisse à l'un de ses sujets, il y avait transfert de propriété. Mais les « pelisses » soviétiques attribuées aux nomenklaturistes pouvaient être, elles, récupérées à tout moment : elles restaient un bien commun, appartenant à l'État, ce qui permettait aux tsars rouges de les donner et les reprendre pour les offrir, à chaque fois, à ceux de leur vassaux qui bénéficiaient de leurs faveurs du moment.

Les bénéficiaires, eux, devaient mériter ces cadeaux non pas seulement au moment de leur octroi, mais en permanence. Ils devaient démontrer leur loyauté et leur dévouement au « donateur », tout en vivant dans la crainte perpétuelle que ce qui avait été donné la veille ne fût repris le lendemain. Même les plus hauts dignitaires de l'État prolétarien demeuraient, au fond de leur âme, de vrais prolétaires, car ils ne possédaient rien (et n'étaient rien, en dépit de leurs capacités et mérites) en dehors de la somme de privilèges et de biens, officiellement confirmée par chaque nouveau chef, qui constituait leur part dans la mangeoire commune.

Lorsque, en octobre 1991, les Mitterrand reçurent les Gorbatchev à Latche, Danielle Mitterrand proposa à Raïssa Gorbatcheva, qui lui avait fait des compliments au sujet du miel servi au petit déjeuner, de lui offrir quelques ruches pour leur maison de campagne. Raïssa leva les bras au ciel et dit à son mari :

« Combien de fois t'ai-je demandé, Mikhaïl Sergueïevitch, de renoncer aux datchas d'État pour prendre ne serait-ce qu'un seul lopin de terre ! À ce jour, nous n'avons rien à nous. Même pas un endroit où placer une ruche ! »

Il va de soi que même les oreillers que Raïssa avait l'habitude d'emmener en voyage appartenaient à l'État. Un service prolongé et dévoué ne faisait pas gagner des fortunes, ni même la garantie d'une vieillesse assurée, mais seulement la bonne disposition de la direction, ce « passe-partout » périodiquement renouvelable permettant de fréquenter le club des privilégiés.

Mais tous les « biens » de la nomenklatura auraient semblé bien médiocres à un citoyen occidental ordinaire, habitué à la société de consommation. Les cantines « spéciales » approvisionnées par des entrepôts « spéciaux », les restaurants « fermés » et les magasins d'alimentation pour l'élite n'avaient pas, dans leurs rayons, le millième de ce qui est vendu dans n'importe quel grand magasin de l'Ouest. Et ces quelques marchandises étaient tellement inaccessibles au reste de la population, que, selon les lois de l'économie planifiée, une bonne moitié était volée par le personnel de service pour être revendue.

Les hautes palissades des villages de vacances de l'élite, protégés par des équipes de gardes, dissimulaient, aux yeux des passants et des habitants du coin, des pavillons de bois construits à l'époque stalinienne, sans commodités particulières, partagés souvent par plusieurs familles qui utilisaient la même cuisine communautaire. Quant à la fameuse sixième section du Goum, cette « réserve d'État » qui desservait les hauts dignitaires et les « invités » étrangers du CC, à l'intérieur du plus grand magasin de Moscou, sur la place Rouge, elle avait l'air d'une boutique bon marché dans une ville européenne moyenne.

Naturellement, les « habitants de l'Olympe », membres du Politburo, ministres et généraux, grands seigneurs provinciaux des républiques et des régions avaient à leur disposition des hôtels particuliers avec du personnel de service, des gardes, des salles de cinéma et de billard, et même des saunas. Depuis l'époque de Staline, telle était l'idée du confort offert par l'État auquel aspirait toute la pyramide des fonctionnaires de l'appareil. Or, la vie de l'aristocratie soviétique, modeste en comparaison de l'aisance de la bourgeoisie occidentale, ne pouvait être considérée comme luxueuse que dans une société de misère totale.

La dévastation et l'arriération du pays n'étaient donc pas seulement le fruit du fonctionnement lamentable de l'économie planifiée. Elles s'avéraient être une prémisse indispensable de l'existence d'une caste privilégiée de dirigeants qui soumettait à elle, grâce à l'indigence, le reste de la société. Pour paraphraser Lénine, qui mettait ses espoirs dans l'électrification, on pourrait dire que le « socialisme développé » était

« le pouvoir soviétique plus la paupérisation de tout le pays ». L'un découlait logiquement de l'autre, et, dans cette valse infinie, les causes et les conséquences s'intervertissaient en permanence.

Comme la panoplie des avantages garantis par l'économie socialiste était assez pauvre, des miracles d'imagination bureaucratique étaient nécessaires pour les répartir en accord exact avec la pyramide nomenklaturiste. Les privilèges matériels (et non les différences de salaire, comme ailleurs dans le monde) servaient en même temps à stimuler les travailleurs et à fixer leur statut social. Ainsi naissaient des chefs-d'œuvre administratifs : des instructions qui précisaient en détail qui, à partir de quel échelon et à quelle échéance, avait droit à des séjours privilégiés dans des maisons du cure (avec ou sans épouse, en haute ou en basse saison, etc.) ; dans quel village de vacances il pouvait bénéficier d'une datcha, et de quelle superficie ; s'il avait droit à une voiture anonyme d'un garage spécial, ou à un véhicule personnel, avec chauffeur ; et même, avec quelle fréquence il pouvait commander une pelisse à sa femme, dans un atelier de confection spécial, ou s'acheter une chapka d'ondatra à prix réduit. D'ailleurs, le quartier de la capitale où étaient concentrés les immeubles « en briques privilégiées » réservés au logement du personnel du CC était affublé par la population voisine du sobriquet de « réserve d'ondatras », en raison de l'abondance de ces chapkas.

La philosophie des privilèges, issue du « manteau » stalinien [4] était bien ancrée dans la mentalité des hommes politiques, comme le prouve l'indignation d'Eltsine lors de l'une des dernières séances du Conseil d'État, en novembre 1991 : il accusait Gorbatchev de « manquer de respect » à la souveraineté de la Russie en citant, comme exemple, le fait que ses collaborateurs étaient lésés dans la distribution de séjours en maison de cure et dans le droit d'accès au centre médical de la quatrième direction du ministère de la Santé [5]. Et, en septembre 1993, lorsque Eltsine promulgua le décret de dissolution du parlement, l'appareil présidentiel décida d'« assurer la garde » des immeubles, villages de vacances et maisons de cure et de repos qui appartenaient au Soviet suprême.

Aux nombreuses crises sociales et politiques qui se révélèrent à la fin du règne de Brejnev s'ajouta celle des privilèges. À mesure que les ressources de l'État s'épuisaient et que la bureaucratie s'accroissait (conformément à la formule de Vassili Klioutchevski* concernant la Russie du XVIIe siècle : « L'État engraissait et le peuple dépérissait »), le Système se trouvait dans l'incapacité de conserver, à la classe dirigeante, l'ancien niveau de prérogatives. De plus, l'écart entre le niveau de vie de la bureaucratie et celui des autres couches de la population, qui transformait naguère chaque fonctionnaire en un serf totalement dévoué au régime, n'était plus aussi frappant.

Konstantin Tchernenko, qui dirigeait alors le département général du CC et veillait à la distribution au sein de tout le système nomenklaturiste, fut à l'origine de la dernière tentative pour sauver le système de « la carotte et du bâton » stalinien. Il décida d'insuffler une vie nouvelle dans la politique des privilèges en appliquant un mot d'ordre d'une sagesse et d'une profondeur remarquables : « Réduire le contingent, augmenter les biens ! »

Cette formule magnifique, dont on ne peut nier la spontanéité, exprimait la véritable essence du système mieux que n'auraient pu le faire les idéologues de l'entrée n° 2. Le parti des révolutionnaires professionnels, installé au pouvoir, eut tôt fait de se transformer en classe de rentiers politiques, décidés à détacher à l'infini les coupons de leur situation dominante. En se nourrissant de la société et en prospérant sur elle, la nomenklatura, comme tout parasite, épuisait et tuait l'organisme hôte. Et quand il fut patent que la situation ne donnait plus de rente parce que le fonds était épuisé, l'élite dirigeante n'inventa rien de mieux que de limiter l'accès à la mangeoire, pour mieux pouvoir la vider en petit comité.

L'idée géniale de Tchernenko échoua, on s'en doute. Il avait essayé d'enfiler la botte stalinienne sans prendre en compte la pointure (et l'époque). Ni lui, ni Brejnev, son patron, ne pouvaient plus jouer du fouet stalinien (eussent-ils su s'en servir !). Quant au « pain d'épices », « il n'y en avait jamais assez pour tout le monde », comme le chantait, à cette époque, Boulat Okoudjava *.

La mort du dinosaure

La fin était proche. Le premier coup du glas du régime suranné sonna en janvier 1982, à la mort de son éminence grise, Mikhaïl Souslov. Après presque trente ans de présence au Politburo, il était devenu le symbole immuable du CC. Son décès, inattendu en dépit de son âge (80 ans), fut ressenti comme un présage funeste. Non seulement il rappela inopinément que les dieux nomenklaturistes étaient aussi mortels, mais il provoqua un véritable cataclysme dans les profondeurs secrètes du système de parti unique.

Souslov n'était pas une simple personnification de la permanence et de la stabilité du régime. Il veillait aussi avec zèle à sa préservation. C'était lui qui bloquait toutes les tentatives des « puritains » de l'appareil et de la direction du KGB pour amener sur le tapis les questions de corruption et de dépravation morale au sein de la direction. Il comprenait parfaitement que l'ouverture de la moindre brèche dans ce domaine finirait par rendre vulnérable le *gensek* et son entourage. Pour lui, une simple mention officielle de faits qui étaient, par ailleurs, connus du pays entier, constituerait un aveu et porterait irrémédiablement atteinte à l'image sans tare du parti.

Derrière cette attitude se dissimulait aussi une certaine animosité de Souslov à l'égard d'Andropov, fruit de la rivalité inévitable entre ces deux personnages si différents, les plus influents de l'entourage de Brejnev. En 1967, c'était précisément Souslov qui avait insisté pour qu'Andropov, qui supervisait alors le travail avec les pays socialistes en tant que secrétaire du CC, fût muté au poste moins « politique » de président du KGB.

Le décès de Souslov fit donc tomber la principale ligne de défense de Brejnev : Andropov avait désormais les mains libres pour lâcher les officiers instructeurs de son organisme, qui avaient faim d'un tel travail, sur la piste qui menait vers les plus hautes marches du pouvoir. Comme le faisait remarquer l'académicien Andreï Sakharov, le KGB était à l'époque, par sa situation particulière, le moins corrompu des organes de l'État. Il était donc en mesure de débarrasser le régime des apports délétères de l'époque brejnévienne tardive, comme le souhaitait Andropov.

Le public moscovite se mit ainsi à apprendre, avec un étonnement fortement teinté d'incrédulité, que des dossiers d'instruction avaient été ouverts contre des figures qui semblaient « intouchables » dans l'entourage immédiat de la famille de Brejnev, comme le directeur du plus grand magasin d'alimentation de Moscou ou un groupe d'artistes de cirque qui participaient régulièrement à des débauches avec les enfants du *gensek*. Parmi eux se trouvait le favori de Galina, sa fille. C'était le chef d'un groupe tsigane qui, non content de jouer, à la cour brejnévienne, le rôle d'un Raspoutine au rabais, entretenait des contacts avec la pègre.

Mais la mise en cause de la famille de Brejnev, notamment dans la sombre « affaire des diamants » de Galina, n'était que le début d'une série de scandales beaucoup plus importants : la mise en accusation du ministre de l'Intérieur, Nikolaï Chtchelokov, pour corruption, et l'instruction de l'« affaire du coton », ou « filière ouzbèque », dans laquelle était mêlé le premier secrétaire de la république, Charif Rachidov [1].

La gravité de la situation apparut clairement quelques jours avant la mort de Souslov, avec le suicide de Semion Tsvigoun, l'un des adjoints d'Andropov au KGB, qui était aussi le beau-frère par alliance de Brejnev. Cet acte désespéré fut attribué aux remords d'un homme qui n'avait pas réussi à arrêter une enquête dont la direction et les dimensions se révélaient alarmantes [2].

Dans les derniers mois de sa vie, le *gensek*, presque détruit par l'âge et la maladie (selon Evgueni Tchazov, son médecin personnel, Brejnev souffrait d'une athérosclérose à évolution rapide), s'était complètement retiré des affaires et n'apparaissait presque plus à la Vieille place. Les rares jours où, se sentant moins fatigué, il faisait l'effort de venir, une queue de solliciteurs se formait devant sa porte. Brejnev était tellement habitué à résoudre des problèmes personnels, que le jour où le directeur d'un institut de recherche lui demanda audience pour un motif professionnel, sans rien demander pour lui-même, il en fut profondément surpris. Sans prêter attention au problème évoqué, il demanda au scientifique s'il fallait l'aider à obtenir un meilleur logement pour lui ou ses enfants.

À cette époque, une compétition secrète opposait deux candidats à la succession : Iouri Andropov qui, après la mort de Souslov, occupa le poste (et le bureau) de ce dernier, et Konstantin Tchernenko qui, en l'espace de quelques années, avait connu une promotion particulièrement rapide, passant de chef du département général (en fait, secrétaire personnel de Brejnev) à secrétaire du CC, puis membre suppléant du Politburo, et, enfin, en 1978, membre titulaire. Dans ce duel, chacun des deux antagonistes avait sa botte secrète.

Andropov, nouvel idéologue en chef, occupait une position stratégiquement plus avantageuse car il s'appuyait sur l'appareil du KGB, omnipotent et omniscient, qui était encore sous ses ordres. Tchernenko, de son côté tentait de mettre à profit son monopole d'accès au numéro un et à sa signature. Il pouvait compter sur le soutien d'autres gérontes qui avaient vieilli, comme lui, à l'ombre de Brejnev. Entourés également de clans de parents et protégés, ils avaient une peur bleue des questions indiscrètes des juges d'instruction envoyés par Andropov. Ils s'accrochaient tous au pouvoir comme à la vie. D'ailleurs, pour eux, les deux termes étaient synonymes.

En protégeant leurs positions contre toute menace intérieure ou extérieure, ces vieillards cacochymes devenaient agressifs et d'autant plus dangereux qu'ils avaient entre leurs mains un appareil de répression féroce et l'une des deux armées les plus puissantes de la planète. Et bien qu'au début des années quatre-vingt, avec en toile de fond le fiasco évident de l'expédition afghane, ils n'aient pas eu le « culot » d'envahir la Pologne séditieuse de *Solidarnosc*, comme ils l'avaient fait avec la Tchécoslovaquie, en 1968, ils n'en discutaient pas moins tout à fait sérieusement de la nécessité d'augmenter la « pression militaire » sur les Polonais. Pour commencer, ils décidèrent qu'il fallait « faire bouger les troupes » le long de la frontière commune. La diplomatie brejnévienne s'enrichit à l'époque d'une formule devenue proverbiale : « Nous n'entrerons pas, mais si des difficultés surgissent, nous entrerons [3] », précisa la direction soviétique à Stanislaw Kania, le prédécesseur de Wojciech Jaruzelski, le 5 décembre 1980.

Autour du trône dont chacun pressentait la vacance prochaine, les apparatchiks se hâtaient d'arranger leurs problèmes personnels en se demandant lequel des prétendants potentiels ils allaient rejoindre. Le département général, faisant preuve d'une capacité illimitée d'invention, publia une instruction concernant tous les documents internes : il fallait désormais souligner le nom de famille du *gensek*, le faire précéder de son prénom, de son prénom patronymique et du mot « camarade » en toutes lettres (et non l'abréviation « cam. », comme précédemment), ainsi que de tous ses titres du parti et de l'État (heureusement c'était quand même plus court que le titre complet du tsar). Selon ses auteurs, cette circulaire devait contribuer à élever encore plus le chef au-dessus du commun des mortels.

Le département de la propagande répondit à cela par la mise au point d'une liste obligatoire, à l'usage des médias, qui énumérait tous les responsables et fixait l'ordre de leur mention dans les manifestations officielles. Les inspecteurs du Comité de contrôle, cette « brigade des mœurs » du parti dont l'une des fonctions était de « nettoyer » les rangs des communistes, des maniaques ou des criminels [4], se mirent à sortir des coffres les dossiers de chaque fonctionnaire pour tenter de deviner de qui le nouveau patron voudrait se débarrasser en premier lieu.

Cette atmosphère de déliquescence touchait aussi l'énorme armée du personnel affecté à la nomenklatura : administrateurs, constructeurs, directeurs d'imprimeries, de cantines, de maisons de repos, de villages de vacances, etc. Tous essayaient, à la mesure de leurs possibilités, de commercialiser la propriété du parti en volant, pour les revendre, des marchandises et des denrées introuvables dans les circuits de distribution normaux, ou en attribuant, moyennant finances, des séjours de vacances à des gens qui n'y avaient pas droit. Même les gardes du CC succombèrent à la tentation de la rapine. Les disparitions d'objets divers, d'argent dans les coffres et même de chapkas d'ondatra dans le vestiaire se multiplièrent dans les locaux de la Vieille place. Et ces vols ne touchaient pas que les subalternes, mais les membres de la direction. Passionné par cette chasse aux trésors, l'un des gardes « emprunta » inconsidérément le chapeau de Tchernenko, provoquant un énorme scandale.

Rivé malgré lui au chevet d'un régime désespérément malade, le pays attendait docilement sa mort biologique. La société exprimait l'incongruité et l'humiliation de cette situation contre-nature par toute une série d'histoires drôles : « Comment se terminent les réunions du Politburo? En réanimation. » Ou encore : « L'agence Tass rapporte que le CC, réuni après le décès du camarade Souslov, a décidé de soutenir l'initiative du camarade Souslov. »

Ces plaisanteries sardoniques ne reflétaient que partiellement le caractère fantasmagorique de la réalité, mais l'« initiative » de Souslov fut soutenue. Le 7 novembre 1982, Leonid Ilitch Brejnev monta pour la dernière fois à la tribune du Mausolée pour saluer le défilé, en agitant mollement la main. Trois jours plus tard, il mourut et fut enterré à cet endroit même, au son des salves d'artillerie.

Avec lui, finit indiscutablement une époque. Mais les participants aux obsèques, rassemblés sur la place Rouge, ne savaient pas encore qu'ils assistaient aussi au début de la fin de l'histoire soviétique. Il était encore trop tôt pour savoir que, ni les tentatives d'Andropov pour faire retourner le socialisme vers « ses origines léniniennes non perverties », ni celles de Tchernenko pour ranimer un brejnévisme sans Brejnev, ni même celle de Gorbatchev pour sauver l'État socialiste et soviétique par la greffe d'un cœur démocratique ne rendraient la vie à un Système qui avait péri, en catimini, bien avant la mort de Brejnev, ce *gensek* qui régna sur l'URSS presque autant que Iossif Staline et beaucoup plus longtemps que Lénine et Khrouchtchev réunis.

Son successeur, Iouri Vladimirovitch Andropov, ne passa que quatorze mois au poste suprême. En réalité, entré sous dialyse en février 1983, il ne travailla véritablement que pendant la moitié de cette période. Il laissa derrière lui la légende d'un réformateur convaincu, bien que prudent, qui aurait pu, s'il avait vécu plus longtemps, devenir le sauveur de l'État soviétique et même achever, avec succès, la construction du socialisme administratif « dans un seul pays ».

L'élection d'Andropov au poste de *gensek*, en novembre 1982, suscita, en tout cas, une vague d'espoir dans différentes couches de la société soviétique et même à l'étranger. C'était dû, en premier lieu, au contraste frappant entre lui et son prédécesseur. Si l'on faisait abstraction de l'âge (le « jeune » secrétaire général avait soixante-huit ans), Andropov semblait appartenir à une autre génération. Il était plus cultivé, aimait la poésie et le théâtre, et il lui arrivait d'écrire des poèmes. Il était également beaucoup plus intelligent et perspicace, comme le prouvait l'efficacité de son travail à la tête du KGB. Pour finir, son honnêteté et sa modestie étaient certainement supérieures à celles du Brejnev de la dernière période.

Des personnes très diverses placèrent des espoirs différents et mêmes contradictoires dans son avènement à la tête du pays, ce qui confirmait ses qualités de véritable homme d'État.

Les uns, qui avaient la nostalgie d'un « maître », attendaient le rétablissement de l'ordre, c'est-à-dire des mesures strictes contre la criminalité et les mafias, la corruption et le relâchement de la discipline du travail. Andropov fit comprendre que c'était là son premier objectif en donnant l'ordre d'envoyer en prison quelques directeurs d'entrepôts et de magasins d'alimentation coupables de vol, et en lançant des patrouilles de la milice, à Moscou et dans d'autres grandes villes, à la recherche des nombreux individus qui désertaient leurs postes de travail pour fréquenter les bains, les restaurants ou les cinémas.

D'autres, pour la plupart des gens modestes, saluèrent la mise en vente, dès l'entrée en scène du nouveau pouvoir, d'une vodka bon marché, baptisée aussitôt *andropovka*. Les troisièmes, parmi lesquels l'intelligentsia loyale au régime et la partie libérale, ou réformiste, de l'appareil du parti et de l'État nourrissaient l'espoir que le nouveau *gensek* saurait mener des réformes démocratiques. À leurs yeux, par rapport au parti discrédité par la corruption qui y régnait, le KGB avait l'air d'une structure relativement saine, et cela était porté au crédit de son ancien chef. D'autre part, Andropov avait dans le CC, depuis l'époque de son retour de Budapest [5], la réputation d'un homme aux idées originales, modernes et plutôt libérales. Son habitude de consulter volontiers des conseillers peu orthodoxes, comme Gueorgui Arbatov ou Alexandre Bovine, lorsqu'il était le maître du KGB, semblait plaider dans ce sens.

L'Occident aussi fondait des espoirs, bien que vagues, en Andropov. Il y était perçu comme un homme politique plus moderne que son prédécesseur et on le soupçonnait même de sympathies pro-occidentales en racontant qu'il connaissait l'anglais, et qu'il aimait le whisky, le jazz, Picasso et les romans de Jacqueline Susann [6]. Un indice plus sérieux permettait de croire que le nouveau *gensek* se souciait non seulement de consolider le Système, mais aussi de le moderniser : le contact étroit qu'il entretenait avec János Kádár et l'amitié qui les liait. Ces deux communistes convaincus qui avaient servi, à des époques différentes, à la tête de la sécurité d'État de leurs pays respectifs et vécu ensemble le cauchemar de 1956 à Budapest (on affirme que l'ambassadeur Andropov avait « découvert » en Kádár une alternative salutaire à Rákosi et Nagy) semblaient être parvenus à la même conclusion : afin de survivre dans un monde en changement, le socialisme devait changer avec lui. Il n'est pas exclu que le prudent réformisme dont ils faisaient preuve fût, pour eux, non seulement le fruit rationnel de l'expérience vecue, mais encore un moyen de racheter leurs anciens péchés et calmer leur conscience, ce qui signifiait peut-être qu'ils en avaient une.

Qu'il en fût ainsi ou non, les suppositions concernant les intentions et les véritables motivations d'Andropov n'ont pas eu le temps de traverser l'épreuve des faits. Obligé de passer de plus en plus de temps à l'hôpital, le *gensek* était tout simplement incapable, même s'il l'avait voulu, de saisir d'une main ferme la barre de l'énorme navire de l'État, qui avait accumulé une inertie considérable, pour mettre le cap sur les réformes. D'ailleurs, le voulait-il vraiment? Il emporta la réponse avec lui, dans la tombe, derrière le Mausolée, laissant ainsi toute liberté à chacun d'imaginer « son » Andropov [7].

Mais laissons les hypothèses et les bonnes intentions pour reprendre le cours de l'histoire réelle, même au conditionnel. Dans les conversations avec ses proches compagnons d'armes au Kremlin, Andropov se fixait l'objectif de « permettre à la société soviétique ce que peut s'autoriser l'Occident : plus de liberté d'opinion, d'information, plus de diversité dans la société et dans l'expression artistique ».

Il voyait cela dans un délai de quinze à vingt ans, « lorsque l'on parviendra à remonter le niveau de vie de la population ». Ce faisant, il imitait inconsciemment Khrouchtchev, qui comptait, lui, construire, dans les même échéances, l'« essentiel » du communisme en URSS. Bien qu'il se crût un homme politique réaliste, il manifestait, à travers de telles réflexions, une foi naïve et sincère (et donc dangereuse) dans la possibilité de « nourrir », moderniser et développer un pays comme l'URSS en ayant seulement recours à une politique « correcte » menée par la direction du parti. De telles idées faisaient d'Andropov le dernier politicien d'origine bolchevique, et il est peut-être finalement heureux qu'il n'ait pas eu la possibilité de s'impliquer dans leur mise en œuvre. D'ailleurs, comme il était un homme intelligent et bien renseigné sur son état de santé, il ne comptait probablement pas survivre jusqu'à la réalisation de son programme à long terme.

En l'absence d'autres critères, il reste à juger Andropov pour son travail. D'abord, il lança une lutte résolue mais donquichottesque contre la corruption dans les échelons supérieurs du pouvoir. Il parlait de réformer l'économie et demanda même à Nikolaï Baïbakov, le président du Comité d'État pour la Planification (Gosplan), de réfléchir aux paramètres d'une telle « expérience ». Cette dernière, pourtant, ne dépassa pas le stade de la « réflexion ». Sans doute avait-il aussi l'intention d'adapter la politique extérieure au monde moderne et de limiter quelque peu le rôle du complexe militaro-industriel, mais il n'eut pas le temps d'entreprendre quoi que ce fût de concret.

Au cours de son bref règne, Andropov eut à assumer la responsabilité de la destruction par la chasse soviétique d'un Boeing sud-coréen entraînant la mort de deux cent soixante-neuf passagers et membres d'équipage. Après des tentatives honteuses pour dissimuler la vérité, la direction soviétique et Andropov lui-même se virent obligés de reconnaître les faits. Malgré tout, en mentionnant cette tragédie, le *gensek* morose ne crut pas bon d'exprimer des regrets ou de présenter des condoléances aux familles des victimes. Il était également dur et intolérant à l'égard des « dissidents » de son propre entourage, et chassa sans hésitation du CC Valentin Faline parce qu'il osa lui proposer de reconnaître la vérité sur Katyn et de demander pardon pour ce crime stalinien aux Polonais et au reste du monde [8].

Andropov mourut en février 1984, laissant le Kremlin à Konstantin Tchernenko, un homme qu'il savait capable de revenir sur toutes ses initiatives. Pourtant, dans son court règne, il eut le temps d'accomplir ce qui était peut-être le plus important : nommer une cohorte de gens nouveaux à des postes qui leur assuraient l'accès aux leviers de la direction de l'État. Nikolaï Ryjkov *, Egor Ligatchev, Alexandre Iakovlev étaient des gens différents par leur expérience et leurs opinions, mais ils étaient unis dans leur refus du brejnévisme et des tentatives de Tchernenko pour le ressusciter. En soutenant activement Gorbatchev, qui passa, au sein du CC, du domaine de l'agriculture vers celui de l'idéologie, ils devinrent les véritables contrepoids des tenants de l'époque précédente, beaucoup plus efficaces que ne le pouvait et ne le voulait être Andropov lui-même.

Peu de temps avant sa mort, il tenta de faire de Gorbatchev son « héritier » en lui confiant la tâche de présider les réunions du Secrétariat et du Politburo, et en le citant comme tel dans le testament politique qu'il dicta, à l'hôpital, à son assistant Arkadi Volski *. Mais il ne put vérifier l'application de cette instruction, la plus importante qu'il eût donnée.

Le jour de ses funérailles, en février 1984, un froid soleil d'hiver régnait sur la place Rouge. La cérémonie devenait habituelle : un affût de canon, le cortège funéraire qui arrive de la Maison des Unions, une garde d'honneur, le vice-président George Bush, venu une nouvelle fois à Moscou pour un enterrement, et la masse des travailleurs « affligés » envoyés par chaque *raïkom*[9] selon des quotas bien précis.

Le Politburo, qui se réduisait en nombre après chaque cérémonie de ce genre, monta en rang d'oignons sur la tribune du Mausolée, Tchernenko en tête. L'ancien assistant et porteur de serviette de Brejnev avait été nommé président de la commission des obsèques, ce qui constituait traditionnellement la plus sûre indication de l'identité du nouveau *gensek*. À la fin du règne de Brejnev, à mesure que les pensées de ce dernier devenaient de moins en moins intelligibles, Tchernenko avait assumé le rôle d'interprète, prenant progressivement l'habitude de s'exprimer à la place de son chef, comme un souffleur sortant de son trou pour terminer la pièce à la place d'un acteur défaillant.

Ce jour-là, à la tribune, ignorant que les micros étaient déjà branchés et que, selon la formule consacrée, « toutes les stations radio de l'Union soviétique » émettaient, Tchernenko contempla Andropov, dans son cercueil ouvert, et soupira, affligé : « Qu'est-ce qu'il a changé ! Il est vraiment méconnaissable. » Puis, se tournant vers le Premier ministre, Nikolaï Tikhonov, il demanda d'un ton préoccupé, la voix hachée par l'asthme : « Faut-il enlever son chapeau ? Il gèle ! » Tikhonov le lui déconseilla, et le pays tout entier écouta ce dialogue.

Les vieillards qui se tenaient sur le Mausolée enterraient le plus jeune de leur génération : Andropov n'avait pas encore soixante-dix ans, alors que Tikhonov en avait soixante-dix-huit, Oustinov soixante-quinze, Gromyko soixante-quatorze et Tchernenko soixante-douze. Cet apparatchik dyspnéique comprenait-il, en posant sur sa tête la lourde chapka de monomaque, que ce symbole du pouvoir royal non seulement l'enfoncerait sous terre en quelques mois mais ferait aussi disparaître tout ce qui restait encore de l'autocratie omnipotente du parti ? Ou bien voulait-il seulement « reposer près de la muraille du Kremlin » ? C'est en tout cas de cette manière que ses conseillers interprétaient sans gêne ses pensées secrètes.

Toute la procédure d'intronisation du nouveau pouvoir et de son appareil politique et administratif se répéta, presque comme un rituel funéraire. Les nouveaux assistants s'installèrent dans les bureaux, les voitures et les datchas abandonnées par leurs prédécesseurs. Le département général, qui avait servi de tremplin au nouveau *gensek* pour se propulser sur la tribune du Mausolée, se transforma en chancellerie impériale. La vie réelle de l'immense pays, qui se reflétait, même de manière fantasque, dans les constructions dogmatiques du marxisme bureaucratisé, se réduisit à un jeu d'ombres sur des papiers à en-tête et à un galimatias verbal dans la langue de bois de la nomenklatura.

Selon la tradition, tout nouveau dirigeant suprême devait enrichir la théorie marxiste de son apport personnel. Si l'on prend en considération que même la « lumière de la science » qu'était Iossif Staline eut du mal à dépasser les *Questions du léninisme* et des commentaires des textes fondateurs, il est facile de comprendre quelles difficultés attendaient Tchernenko, ou plus exactement ses assistants « aux questions théoriques ». Le premier d'entre eux, Vadim Petchenev, un philosophe qui s'occupait précédemment du CC du Komsomol, s'évertua à formuler, au nom de son chef, une nouvelle équation du « socialisme réel » : « Plus est grande la distance entre l'idéal socialiste et la réalité socialiste quotidienne, et plus le potentiel des changements sociaux est fort. »

Cette loi d'Ohm sociale était censée expliquer, à la population, le caractère inévitable (et même nécessaire) d'un déséquilibre entre les promesses du régime socialiste et sa réalité misérable. S'il en allait autrement, prétendait-elle, le développement du monde s'arrêterait purement et simplement. Grâce à ce sophisme élémentaire, la promesse du paradis sur terre annoncée par les classiques du marxisme, et inscrite par Khrouchtchev dans le précédent programme du PCUS, était proclamée nulle et non avenue.

Une autre contribution de Tchernenko au trésor de la pensée sociale fut une brochure sur l'interprétation marxiste des droits de l'homme écrite par Viktor Pribytkov, un autre de ses assistants qui fut, par la suite, convaincu de complicité avec « la mafia ouzbèque ». Le sujet intéressait apparemment le *gensek* depuis son premier voyage connu à l'étranger, en 1975, lorsque, à 64 ans, il accompagna Brejnev au sommet de la CSCE, à Helsinki, et visita la Finlande. Beaucoup se demandèrent alors pourquoi le « cher Leonid Ilitch » avait tenu à se faire accompagner par Tchernenko, mais les mauvaises langues furent promptes à trouver l'explication : Brejnev croyait, prétendaient-elles, que c'était à son chef du département général de déposer devant lui, comme d'habitude, le parapheur contenant l'Acte final d'Helsinki.

Mieux que dans la brochure publiée sous son nom, l'idée que Tchernenko se faisait des droits de l'homme transparaissait dans le plaisir presque voluptueux que lui procurait son penchant pour les écoutes de ses camarades du CC grâce à des installations spéciales, dans son bureau. D'ailleurs, les surveillés connaissaient bien sa manie : Egor Ligatchev se souvient que même dans le bureau de Gorbatchev, le numéro deux du parti, les deux hommes préféraient échanger leurs opinions par écrit, sur un bloc, et garder le silence.

Il est clair que la faiblesse du dirigeant suprême pour les écoutes, les dénonciations, les potins et les rumeurs que lui rapportaient servilement ses courtisans de l'appareil, n'était que l'expression de l'inaptitude d'une personne fort ordinaire à occuper un poste qui ne lui convenait pas. Tchernenko fut également à l'origine d'un ensemble de mesures policières, qui allaient de la surveillance totale à des répressions de masse, dont la préparation fut confiée au ministre de l'Intérieur Vitali Fedortchouk. Il ne s'agissait plus, là, des appétits personnels du *gensek*, mais de ceux du régime dont Tchernenko était la personnification idéale : un sorte de robot anonyme et sans âme qui suivait la logique du Système programmée en lui.

Sa mort interrompit, fort heureusement, la mise en œuvre de ce projet. Il resta au Kremlin encore moins longtemps qu'Andropov. Le gigantesque maelström de l'Histoire semblait devoir engloutir rapidement les restes du régime périssant. En fait, ses maladies furent certainement aggravées par les responsabilités qu'il devait assumer dans son nouveau rôle. Dès le printemps qui suivit sa nomination, Tchernenko cessa d'apparaître régulièrement à son bureau. Un sommet des pays socialistes prévu pour le mois de mai fut reporté *sine die*. Les rapports entre le *gensek* et ses collègues du Politburo se firent épistolaires. Tchernenko leur faisait parvenir des « notes politiques » préparées par son appareil désœuvré. L'un de ces documents, adressé « aux camarades du Politburo », fut rédigé au département de l'information internationale, sous la direction de l'infatigable Leonid Zamiatine, par des assistants de certains membres de la direction suprême qui, quelques jours plus tard, le reçurent des mains de Tchernenko, à l'hôpital, comme une « lettre personnelle » confidentielle.

L'un des rares actes politiques qui marquèrent le bref règne de Tchernenko fut la réintégration inattendue dans le parti de Viatcheslav Molotov, qui resta le plus fidèle compagnon de Staline bien que celui-ci eût fait arrêter et déporter sa femme, en 1949. En 1962, Khrouchtchev le fit exclure du PCUS en tant que membre non repenti du « groupe antiparti » qui avait essayé de le renverser cinq ans plus tôt. Après le limogeage de Nikita Sergueïevitch, Molotov se mit en tête de faire appel de l'« injustice » commise à son égard, exigeant de chaque congrès du parti, avec une insistance de fer, la révision de son cas.

Les congrès confiaient traditionnellement ce genre d'enquête au comité de contrôle du parti (CCP), à la suite de quoi, une fois tous les cinq ans, tel le fantôme d'une époque révolue, Viatcheslav Mikhaïlovitch se présentait devant l'entrée n° 3 (où, en plus des bureaux du département international, se trouvaient ceux du CCP), et, accompagné d'un employé révérencieux, montait chez le président du comité. Là, le rituel était toujours le même : on demandait à l'éternel bolchevik s'il était revenu sur ses opinions « erronées », il répondait fermement « Non! », et on prenait congé pour les cinq années suivantes. Chacun savait pertinemment que, pendant tout ce temps, il y avait plus de chances d'assister au renouvellement complet du personnel du CCP que de voir l'ancien Premier ministre stalinien renoncer à se présenter devant le tribunal idéologique.

Finalement, ce fut le parti qui se fatigua le premier. En le réintégrant, Tchernenko reconnaissait de fait l'innocence de Molotov et se désolidarisait encore un peu plus de Khrouchtchev. Par ce geste, le *gensek* espérait peut-être rétablir un pont avec le passé stalinien. Molotov, lui, décéda peu après avoir eu gain de cause, mais il mourut communiste et avec la certitude d'avoir obtenu une réparation de l'Histoire pour lui et le chef qu'il avait servi avec abnégation.

Cette mission accomplie, le *gensek* se prépara à quitter à son tour la scène historique. Ses collègues s'accrochaient à ses basques en jouant une odieuse comédie devant le vieillard moribond. On publiait en son nom des messages aux cosmonautes ou des recommandations aux électeurs (on était en pleine « campagne » pour les élections au Soviet suprême). On construisit, à l'hôpital, le décor d'un bureau de vote pour que, selon la tradition, il pût accomplir devant les photographes et les cadreurs son devoir électoral en faveur du « bloc indestructible des communistes et des sans-parti » (de toutes manières, il n'y avait pas d'autres candidats).

Mû par son instinct professionnel, un photographe prit une photo illicite d'un Tchernenko transporté en fauteuil roulant dans les couloirs de l'hôpital après la comédie électorale. Zamiatine le vit, fit confisquer la pellicule et exigea de le punir : « Il allait la vendre en Occident, le salaud! »

L'agonie prolongée de Tchernenko se transformait de plus en plus en agonie du régime et renforçait, de ce fait, les chances de Gorbatchev à la succession. Bien qu'il fût considéré nominalement comme le « deuxième » secrétaire, après avoir gravi, à marches forcées, tous les échelons supérieurs de la hiérarchie, il n'était nullement assuré de pouvoir accéder au trône. En autorisant le couronnement d'un représentant de la jeune génération en lieu et place d'une personnalité postbrejnévienne bien assise, comme Viktor Grichine *, Mikhaïl Solomentsev ou Grigori Romanov *, les patriarches du parti se rendaient bien compte qu'ils renonceraient à l'ordre établi des choses et s'élanceraient vers l'inconnu. Les plus raisonnables parmi eux, comme Gromyko, comprenaient pourtant que l'enjeu n'était pas de passer quelques mois de plus dans le confortable Éden du Kremlin, mais de sauver le Système lui-même qui pouvait très bien suivre Tchernenko dans la tombe.

Parvenu à la dernière ligne droite de son long marathon à l'intérieur du parti, Gorbatchev n'allongea pas la foulée, mais ne perdit pas non plus son temps. En décembre 1984, en qualité de « dauphin », il présida une conférence importante sur l'idéologie dans le cadre du Palais des congrès du Kremlin et se força de donner un ton nouveau à un sujet que Souslov semblait avoir complètement desséché. En décembre également, il partit pour Londres, en voyage officiel, en compagnie d'Alexandre Iakovlev et, chose inouïe, de Raïssa, sa femme. Margaret Thatcher, Premier ministre très sélectif s'il en était, le confirma dans le rôle de fiancé potentiel de l'Occident. Le reste ne dépendait plus de lui, mais de la nature.

Le 10 mars 1985, après avoir passé un peu plus d'un an à la tête du pays et avoir mérité sa place près du mur du Kremlin, Tchernenko rendit l'âme. Les employés du CC qui pénétrèrent dans son bureau pour emporter ses documents furent frappés de trouver une pièce en plein désordre, au plancher couvert de traces de crachats (l'asthme de feu le *gensek* l'empêchait de respirer), et dont les tiroirs et le coffre étaient emplis de sommes d'argent en grosses coupures plutôt que de dossiers et documents. Il est difficile de comprendre quelle utilité pouvaient avoir ces quantités de numéraire pour un homme gravement malade et qui gouvernait, en plus, le plus grand empire du monde. Et si l'argent avait pour lui une telle importance, n'aurait-on pas pu le convaincre, moyennant quelques millions, de renoncer à un poste qui dépassait ses capacités, prolongeant ainsi sa vie et économisant au pays la perte d'une année.

Tchernenko fut le dernier représentant d'une longue dynastie dégénérée dont le fondateur, Lénine, aurait été paralysé d'effroi si quelqu'un lui avait prédit qui allait gésir à ses côtés près du Mausolée. Dans un spasme momentané à l'échelle de l'éternité, mais non à celle d'une vie humaine, la Russie intégra dans son histoire une autre époque cruelle, et l'évolution mondiale eut une nouvelle confirmation que non seulement les empires, mais aussi les systèmes sociaux disparaissent, comme les dinosaures, faute d'avoir su s'adapter aux changements de la planète.

Le lever et le coucher de la perestroika

Le lever du soleil au-dessus du Kremlin inspire régulièrement des toiles épiques aux artistes. Vassili Sourikov *, grand illustrateur de l'histoire russe, a peint le dramatique *Matin du supplice des streltsy* sur l'échafaud de la place Rouge. Dmitri Nalbandian, le Velázquez officiel du régime soviétique, représentait lui, une « aube » d'une autre espèce : sur son tableau intitulé *Le Matin de la Patrie*, Iossif Staline éclaire de son regard le Kremlin matinal et, par-delà les remparts, s'offre une vue panoramique de Moscou, c'est-à-dire de tout l'empire soviétique.

Aucun artiste n'a croqué, pour la postérité, la première intervention politique de Mikhaïl Gorbatchev à la tribune du Mausolée, en mars 1985. Pourtant, ce fut une aurore bien réelle. L'éloge funèbre de Gorbatchev à Tchernenko s'écoulait en poncifs canoniques lorsque, soudain, un passage séditieux résonna sur la place Rouge :

« Nous partons du principe que le droit de vivre en paix et dans la liberté est le droit principal de l'homme! »

Cela dépassait clairement le cadre d'une audace politique qui aurait pu s'expliquer par le manque d'expérience ou l'indécente jeunesse de l'orateur : une semaine avant la mort de Tchernenko, Gorbatchev venait de fêter ses cinquante-quatre ans.

« Ses assistants ont écrit ça, et il l'a lu », se rassuraient mutuellement les porteurs de chapkas d'ondatra en quittant la place, vers le CC. « Comprend-il lui-même le sens de ses paroles? » se demandaient ceux qui avaient l'habitude de nourrir, à chaque enterrement, des espoirs régulièrement déçus. Mais cette fois la désillusion aurait été par trop amère, car il était difficile de se consoler en misant sur un prochain départ *ad patres* du nouveau chef.

Il s'avéra rapidement que Gorbatchev comprenait bien le sens de ce qu'il avait dit. Son discours de mars fut le premier acte de la longue cérémonie funèbre du système totalitaire. Le dernier des *genseks* du PCUS ne mit pas moins de six ans et demi pour ensevelir ce cadavre, qui entraîna dans sa tombe l'État soviétique et la propre carrière de son fossoyeur.

Lorsqu'il fut clair qu'il devrait payer, pour la réalisation de son ambitieux projet, le prix le plus élevé pour un homme d'État, la démission, Gorbatchev abandonna son poste sans hésitation. Il partit de son plein gré, bien qu'à son corps défendant, en s'inclinant devant la réalité qu'il avait lui-même engendrée et en se soumettant aux règles qu'il avait proposées. Il a été le premier chef d'État russe à déposer la couronne et le sceptre devant la loi, et a ouvert ainsi un nouveau chapitre démocratique de l'histoire de son pays.

Du printemps de la perestroïka, en 1985, à son hiver, en décembre 1991, Gorbatchev a été le concepteur, le metteur en scène et le personnage principal de plusieurs drames politiques sur la scène du Kremlin. Pour certaines de ses prestations, il lui fallut parfois changer complètement les décors et les costumes, les acteurs et son propre rôle. J'ai eu la chance d'être, pendant toute cette période, dans les premiers rangs de l'orchestre ou, souvent, dans les coulisses, un spectateur privilégié de ce spectacle politique. Et dans le dernier acte, alors qu'il n'y avait plus assez d'acteurs pour soutenir le héros principal, j'ai eu l'occasion de monter sur la scène.

Je me propose ici de narrer quelques épisodes de ce feuilleton du Kremlin dont je fus le témoin ou le participant.

Danse avec les loups

La sonnerie insistante du téléphone dans mon bureau, au CC, puis une voix précise m'appelèrent au troisième étage. Là se trouvait le cabinet d'Alexandre Iakovlev, juste en dessous des services de Gorbatchev, au quatrième. Rappelé par Andropov de son exil canadien, en 1983, pour prendre la tête de l'Institut de l'Économie mondiale et des Relations internationales (IMEMO), Iakovlev se vit proposer, deux ans plus tard, par le nouveau *gensek* Gorbatchev, de venir le seconder au CC. Il retrouva ainsi le poste de chef du département de la propagande, qu'il avait perdu treize ans auparavant à la suite de ses démêlés avec Souslov. Mais, très vite, il fut promu à la qualité de membre du Politburo en charge de l'idéologie. Ou plutôt de la moitié de l'idéologie, car, malgré son nouveau bâton de maréchal du parti, il partageait le fauteuil de l'éminence grise brejnévienne avec un autre gardien du dogme : Egor Ligatchev, qui n'était pas seulement son rival politique, mais aussi sa parfaite antithèse.

Ancien premier secrétaire de l'obkom de Tomsk, Ligatchev était aussi passé par le département de la propagande. En décembre 1983, deux mois avant sa mort, Andropov le fit nommer secrétaire du CC chargé des problèmes d'organisation en lui confiant, en plus, le secteur le plus sensible de l'appareil : celui des cadres. Énergique, sans compromis, brusque et même rude, convaincu à la fois de la toute puissance du parti et de sa propre omniscience, Ligatchev devait jouer, dans l'esprit d'Andropov, le rôle du fleuve Alphée dont les flots impétueux allaient lui permettre de nettoyer à fond les écuries du PCUS.

De par son caractère, sa tendance à simplifier les problèmes les plus complexes, sa croyance que le parti était capable de

« déplacer les montagnes » (au propre et au figuré), et un système d'organisation efficace, Ligatchev aurait pu être un instrument idéal, et peut-être le continuateur de l'« andropovisme », si le sort lui avait donné cette chance historique. Mais le *gensek* mourant n'eut pas la force d'orienter cet « Alphée » bouillonnant dont les flots suivirent leur propre cours.

En partageant le poste de prêtre idéologique suprême entre un docteur Jekyll et un Mr. Hyde, Gorbatchev, machiavélique, comptait tenir le rôle d'arbitre entre les deux. Et il est vrai qu'en jouant alternativement de l'un et de l'autre, il parvenait à produire une mélodie assez spéciale.

Ce jour-là, donc, avec Nikolaï Chichline, le chef adjoint du département de l'information internationale, je me rendis à la convocation de Iakovlev. Nous nous installâmes dans des fauteuils, devant son bureau, et l'on nous apporta, de la cantine spéciale, le thé et les gâteaux réglementaires réservés aux visiteurs d'un membre du Politburo.

Iakovlev aborda la partie sérieuse de la conversation en levant les yeux au ciel d'un air évocateur qui signifiait «Attention, nous sommes écoutés!». Puis il dit d'une manière tout à fait inattendue après son préambule muet :

« Tout ce qui sera dit ici devra rester entre nous trois. »

Bien que cela n'augurât rien de bon, cela promettait au moins une suite intéressante.

« Mikhaïl Sergueïevitch nous demande de réfléchir sur ce qu'il faudrait faire avec Sakharov. On ne peut plus laisser les choses en l'état. »

Il faisait allusion à l'exil de Sakharov et de sa femme, Elena Bonner, à Gorki. Ils avaient été envoyés de force et assignés à résidence dans cette ville « fermée » (interdite aux étrangers) en janvier 1980, pratiquement au moment où le « contingent limité » de troupes soviétiques arrivait à Kaboul. Là, le célèbre physicien était isolé de la presse mondiale et privé de contacts avec d'autres militants des droits de l'homme.

Gorbatchev avait reçu de l'époque brejnévienne deux legs principaux dont il se serait bien passé : la guerre d'Afghanistan et le « problème Sakharov ». Déjà au début des années soixante, Khrouchtchev bouillonnait de rage contre les opinions politiques «immatures» de cet éminent chercheur, créateur, avec Kourtchatov, de la bombe H soviétique, décoré de l'étoile d'or de Héros du Travail socialiste, lauréat du prix Lénine et du prix d'État (ex-prix Staline), qui devint progressivement le critique le plus impitoyable du régime soviétique.

Lors de notre conversation avec Iakovlev, à la fin de 1986, il était évident que l'on ne pouvait pas démocratiser le pays et compter sur le rétablissement de relations normales avec le monde extérieur, en maintenant Sakharov caché. Gorbatchev et Iakovlev furent les premiers à le comprendre, mais il fallait encore trouver le moyen d'agir en tenant compte du rapport des forces au sein du Politburo, et sans rompre le fragile équilibre qui s'y manifestait. Il faut se souvenir que les principales déclarations de Gorbatchev sur la nécessité de réformes profondes dans le parti et la société ne devaient être prononcées que quelques mois plus tard. Au moment dont je parle, il ne se les était peut-être même pas encore formulées à lui-même. Le ton confidentiel de Iakovlev témoignait de la délicatesse de la tâche qu'il nous donnait : fournir au *gensek* les arguments nécessaires pour persuader le Politburo de mettre un terme à l'exil de Sakharov.

Chichline et moi étions conscients de l'urgence qu'il y avait à résoudre ce problème « trop mûr ». Rendre la liberté à Sakharov signifiait non seulement ôter un souci à la nouvelle direction, mais aussi soulager notre propre conscience du péché qui pèserait sur chacun d'entre nous tant que le régime continuerait à persécuter le scientifique. Nous décidâmes de renforcer la position de Gorbatchev en nous référant à Sakharov lui-même, car les postulats de la nouvelle pensée que le *gensek* recherchait péniblement avaient déjà été énoncés dans les essais politiques du savant : l'unité du monde, le caractère criminel d'une guerre nucléaire, le lien entre démocratie et progrès, et même la convergence du socialisme et du capitalisme.

Le plus compliqué était de trouver ces textes. Nous ne pouvions quand même pas les demander au KGB et mettre ainsi sur ses gardes son président, Viktor Tchebrikov, le geôlier en chef du prisonnier de Gorki. D'autant que les gens du Comité nous percevaient, et Gorbatchev avec nous, comme des gens en liberté conditionnelle. Nous ne pouvions pas, non plus, nous mettre en rapport avec des dissidents qui possédaient certainement les œuvres de l'académicien disgracié. Heureusement, parmi quelques ouvrages que j'avais discrètement rapportés d'un voyage à l'étranger se trouvait une brochure de Sakharov, publiée en Occident : *Sur la cœxistence pacifique et la liberté intellectuelle.* Enveloppée dans du papier journal comme dans un masque de conspirateur, elle était bien cachée au fond d'une armoire pleine de livres. Valentin Faline sortit également du « fonds spécial » de l'agence de presse Novosti, qu'il dirigeait alors, quelques publications étrangères du savant, à l'insu des mouchards du KGB.

Nous préparâmes un document dans lequel nous présentions un historique du « problème Sakharov » et quelques-unes des citations les plus importantes de ses essais politiques, tout en soulignant le préjudice politique et moral que son exil causait au pays. Comme ce texte était destiné aux membres du Politburo, nous étions obligés de rester dans l'optique « utilitaire » léguée par Lénine aux bolcheviks. Son postulat était simple : « Est moral tout ce qui sert les intérêts de l'avant-garde de la classe ouvrière. » Pour cette raison, il nous était impossible d'appeler les choses par leur nom : l'utilisation des notions d'arbitraire et de vilenie étant exclue, nous tâchions de démontrer combien il était « inopportun » de proroger plus longtemps la détention de Sakharov à Gorki. Cela signifiait que si les avantages de cet arbitraire avaient été supérieurs à ses inconvénients, il aurait été justifié. Telles étaient les règles de la « danse avec les loups » du KGB que Gorbatchev nous faisait mener. Il comptait qu'en appliquant cette simple anesthésie verbale, il pourrait arracher l'une après l'autre, sans se faire mordre, les dents de leurs gueules sinistres.

Notre rapport se terminait par l'énumération de trois possibilités de développement ultérieur des événements. La première, la prolongation de la situation précédente, était rejetée

Dniepropetrovsk. 1949. Le camarade à la tribune propose la candidature du premier secrétaire régional Leonid Brejnev, sous le portrait de Staline, comme député au Soviet suprême de l'URSS. © agence Tass.

Mikhaïl Souslov, Leonid Brejnev et Ekaterina Fourtseva, le ministre de la Culture, visitent l'exposition des projets du monument à Lénine. Souslov, l'inamovible gardien du dogme de 1955 à 1982, veillait au maintien de la ligne idéologique. © agence Tass.

En 1975, à Helsinki, pour la signature des célèbres Accords, Brejnev était accompagné par Andrei Gromyko, le ministre des Affaires étrangères (au centre) *et Konstantin Tchernenko, son chef de cabinet. Croyant pérenniser Yalta, ils acceptèrent les fruits empoisonnés de la « troisième corbeille » : les droits de l'homme.* © agence Tass.

Alexeï Kossyguine, Premier ministre de 1964 à 1980, était l'un des membres de la « troïka » qui évinça Khrouchtchev. En 1979, sous son propre portrait, il votait pour la dernière fois de sa vie pour les « candidats du bloc indestructible des communistes et des sans parti ». Aux même élections, Brejnev vota en famille, avec sa femme. © agence Tass.

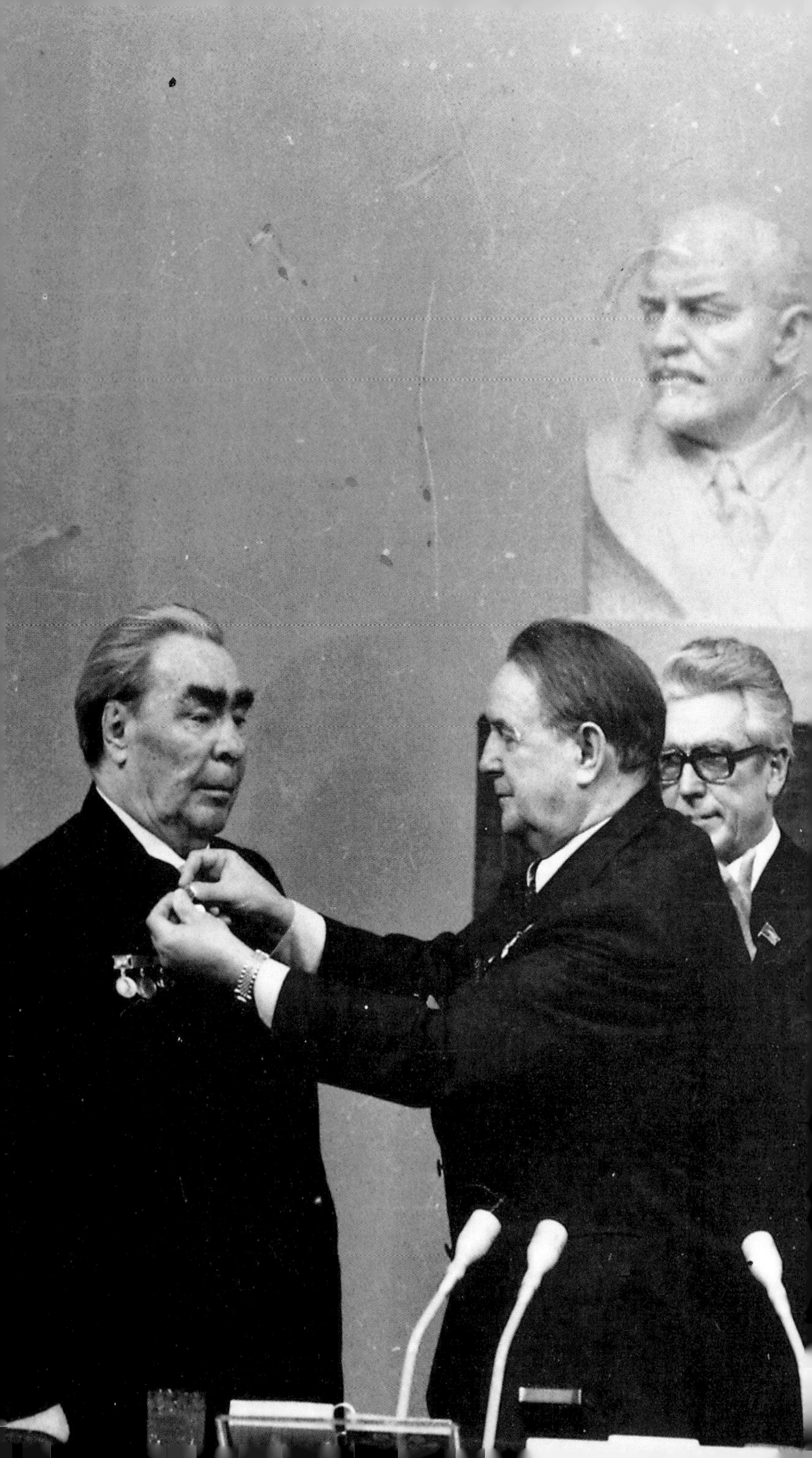

Brejnev, incarnation de la permanence du pouvoir soviétique, ne vieillissait pas sur ses portraits officiels. Seul le nombre de ses médailles, ajoutées par montage, marquait la course du temps. © agence Tass.

Vers la fin de sa vie, Brejnev éprouvait un plaisir enfantin à recevoir décorations et récompenses. En 1980, Gueorgui Markov, le secrétaire de l'Union des écrivains de l'URSS, lui remit le prix Lénine de littérature pour des Mémoires... *écrites par ses collaborateurs.* © agence Tass.

Au début des années quatre-vingt, en un peu plus de deux ans, quatre secrétaires généraux se succédèrent au Kremlin.

Novembre 1982 : obsèques de Brejnev (ci-dessus). *Au premier rang des porteurs du cercueil, son successeur, Iouri Andropov* (droite) *et le Premier ministre Tikhonov. Derrière ce dernier, le maréchal Dmitri Oustinov, ministre de la Défense* (en uniforme). *De l'autre côté, Konstantin Tchernenko, le bras droit du défunt, pointe déjà la tête.* © agence Tass.

***F**évrier 1984 : obsèques d'Andropov* (page de gauche, photo du bas).
Au premier rang, le successeur, Tchernenko (à droite),
et Mikhaïl Gorbatchev. Tikhonov, le premier ministre est au deuxième rang, derrière le nouveau secrétaire général. © agence Tass.

***M**ars 1985 : obsèques de Tchernenko* (ci-dessus). *Au premier rang du cortège, Gorbatchev, le successeur* (à gauche). *A ses côtés, Tikhonov et Andrei Gromyko, le ministre des Affaires étrangères. Quatre mois plus tard, le premier sera mis à la retraite, et le second promu à la dignité honorifique de chef de l'État.* © agence Tass.

Les liens d'amitié qui unissaient Iouri Andropov à János Kádár, premier secrétaire du parti hongrois (photo du haut), *dataient de la répression de l'insurrection de Budapest, en 1956. Andropov était alors ambassadeur en Hongrie et il avait vu en Kádár l'homme capable de « normaliser » la Hongrie. On prétend qu'Andropov voulait s'inspirer de l'expérience économique hongroise pour moderniser l'URSS, mais que la mort l'emporta avant d'avoir initié la réforme.* © agence Tass.

À ses obsèques, Kádár (à gauche), *avec ses homologues Wojciech Jaruzelski (Pologne) et Erich Honecker (RDA), lui rend un dernier hommage* (photo du bas). © agence Tass.

Le règne de Tchernenko (ici, en 1984, avec Yasser Arafat) fut pour l'URSS une année de perdue. Le nouveau secrétaire général passa plus de temps à l'hôpital, où il mourut après treize mois de pouvoir, qu'à son bureau. © agence Tass.

Sous Tchernenko, Mikhaïl Gorbatchev jouait le rôle d'un « second secrétaire général ». Lors des cérémonies officielles, il apparaissait toujours à côté du numéro un en titre (ici lors de la remise à Tchernenko de sa troisième étoile de Héros de l'Union soviétique). Mais ceux qui, au sein de l'appareil, avaient peur du changement, lui préféraient Viktor Grichine (au milieu de la photo), *le patron du parti à Moscou.* © agence Tass.

Aux côtés de Mikhaïl Gorbatchev, le démocrate Alexandre Iakovlev (photo de gauche), *véritable inspirateur de la perestroïka et de la glasnost, défendait un projet de réforme que les conservateurs, menés par le numéro deux du parti, Egor Ligatchev* (photo de droite), *s'efforçaient de contrecarrer par tous les moyens*. Cl. Iouri Lizanov.

Pour Gorbatchev, la communication était une condition essentielle de la réussite des réformes. Il a été le premier secrétaire général à donner régulièrement des conférences de presse : ici en 1991, à bord de l'avion présidentiel le Sovietskiï Soïouz. A gauche de la photo, comme en dehors de la mêlée, son assistant et porte-parole Andreï Gratchev (photo du haut). *Gorbatchev fut aussi le premier maître du Kremlin à se livrer, à l'étranger, aux bains de foule, comme à Washington, lors du sommet de 1987* (photo du bas). Cl. Iouri Lizanov.

Andrei Gratchev n'accepta d'entrer dans l'appareil du président de l'URSS qu'en septembre 1991, après le putsch manqué des conservateurs, alors que son pouvoir était de plus en plus contesté par les « barons » des républiques. « Refuser à Gorbatchev, après août, signifiait trahir une cause qu'il était impossible de mener à son terme sans lui. »
Cl. Iouri Lizanov.

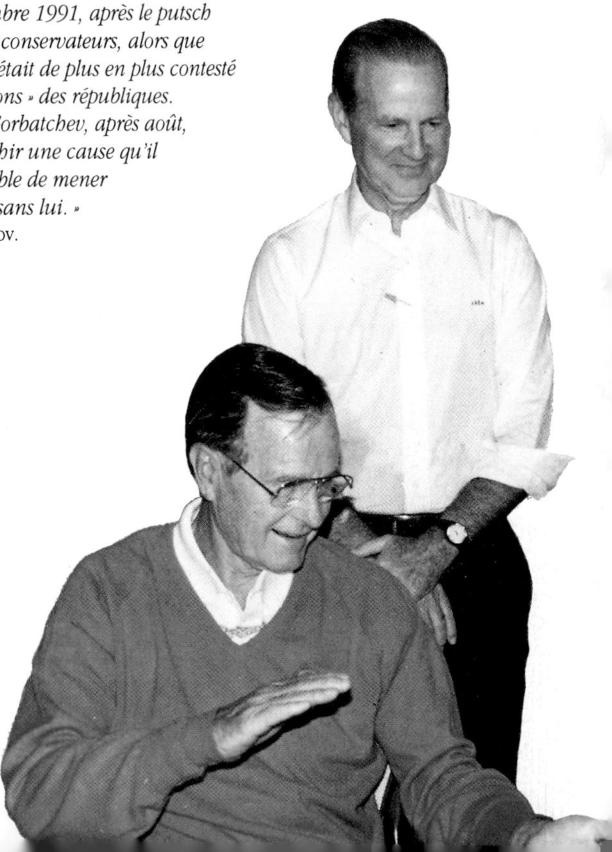

***R**aïssa Gorbatcheva fut la première femme d'un dirigeant suprême du Kremlin à sortir de l'ombre pour jouer un rôle important aux côtés de son mari. Ici, avec Boris Eltsine et sa femme, Naïna, en juillet 1991.* Cl. Iouri Lizanov.

***G**eorge Bush et Mikhaïl Gorbatchev apprirent à se connaître, par une mer démontée, lors du sommet flottant de Malte en décembre 1989. En juillet 1991, à Moscou, ils signèrent le premier traité de réduction des armements nucléaires stratégiques (START I). Derrière eux, le secrétaire d'État américain James Baker et le ministre soviétique des Affaires étrangères Alexandre Bessmertnykh.* Cl. Iouri Lizanov.

Le 25 décembre 1991 : le départ. Gorbatchev quitte son bureau du Kremlin pour le studio de télévision. Dans quelques instants, il annoncera sa démission au peuple soviétique. À cet instant précis, l'URSS, ce pays idéologique fondé par Lénine en 1922, aura cessé d'exister. Cl. Iouri Lizanov.

comme la « moins opportune » pour la direction soviétique. Les deux autres, le retour de l'académicien à Moscou ou l'autorisation de le laisser partir à l'étranger, étaient présentées comme à peu près équivalentes du point de vue des dividendes politiques. Nous nous efforçâmes de réfuter les principaux arguments que le KGB avançait pour garder Sakharov sous sa surveillance : il possédait le secret de la production d'armes nucléaires et pouvait mettre ses connaissances au service des adversaires de l'URSS. En son temps, Andropov avait expliqué de la manière suivante, dans un entourage « informel », pourquoi le KGB était contre l'expulsion de Sakharov : « Il a un cerveau rare. Il n'y en a pas peut-être comme lui en Occident. » Dans un pays où même le cerveau humain représentait une propriété d'État, il était naturel d'interdire à son possesseur d'exporter un « bien populaire » aussi précieux.

Dans notre texte, tout en expliquant au Politburo que les secrets en possession de Sakharov étaient surannés, nous insistions sur le fait qu'en réponse à la position humaniste du nouveau pouvoir, l'académicien ne s'abaisserait pas à servir l'ennemi. Le document se terminait par un appel pressant à la direction politique d'organiser une rencontre « de haut niveau » avec Sakharov après sa libération.

La note, rédigée en un seul exemplaire (j'en dissimulai, bien entendu, une copie dans mon coffre), fut d'abord portée à Iakovlev, au troisième étage, puis, après corrections, au quatrième. La suite est connue. Le problème fut discuté au Politburo et Gorbatchev téléphona lui-même à Sakharov à Gorki, grâce à une ligne qui fut installée tout exprès dans son appartement et coupée dès la fin de la conversation. En décembre 1986, Moscou (ou plus exactement les correspondants étrangers et les amis fidèles) accueillait Andreï Sakharov et Elena Bonner à la gare de Iaroslavl.

Parmi ceux qui étaient présents sur le quai, se trouvait mon ami Iouri Rost, un journaliste de la *Literatournaïa Gazeta* qui avait fréquenté Sakharov avant son exil et avait pris quelques-uns de ses meilleurs portraits photographiques. Il aspirait, bien entendu, à faire une interview de l'académicien. Nous discutâmes ensemble, chez lui, des questions qu'il comptait poser au savant, après être sortis, par prudence, dans la cage d'escalier : je n'étais pas sûr que, même en ayant accepté le retour de Sakharov, le KGB le laisserait échapper à son contrôle permanent, ainsi que tous ceux qui le côtoyaient. Puis il fallut nous casser la tête pour trouver le moyen de publier l'entretien. En l'absence de Iakovlev, je fus obligé d'envoyer le texte, avec une note explicative, à Ligatchev, en demandant son accord pour la publication. Quelques jours plus tard, Rost apprit par son rédacteur en chef, Alexandre Tchakovski, que, à cause des objections de Ligatchev et de Tchebrikov, l'interview ne serait pas publiée. Nous avons gardé, Rost et moi, chacun un exemplaire de ce premier entretien journalistique avec le Prométhée soviétique libéré de ses chaînes.

En ce qui me concerne, je n'ai jamais cherché à rencontrer Andreï Dmitrievitch. Après son retour à Moscou, il était toujours entouré de gens. De plus, il m'aurait fallu expliquer exhaustivement mes occupations au CC et pourquoi j'y travaillais, et je ne suis pas sûr qu'il aurait accepté mes réponses.

J'ai eu pourtant une énorme satisfaction, le 16 février 1987, à l'occasion du Forum international « Pour un monde sans le nucléaire, pour la survie de l'humanité », dans le Grand Palais du Kremlin. J'y entrais en même temps que d'autres personnes lorsque j'ai soudain aperçu Sakharov qui montait le grand escalier devant moi (la question de son invitation avait été discutée la veille, au Politburo). Pendant quelques secondes, en ajustant mon pas au sien, j'ai marché à ses côtés dans la foule des participants.

« Sakharov, Sakharov ! » chuchotaient avec excitation les gens autour de nous, en assistant à un événement qui leur semblait encore récemment impensable. Et moi, j'avais envie de dire : « Eh oui, Sakharov est au Kremlin. Et il est bien à sa place, ici, plus que quiconque. » Mais nous montions simplement les marches côte à côte, et j'étais heureux que la citadelle moscovite et moi eussions vécu une telle journée.

Une autre rencontre eut lieu entre nous, par articles interposés, sur les pages d'un cahier spécial consacré aux droits de l'homme par le magazine *Novoïe Vremia*. À cette époque, Alexandre Iakovlev avait insisté pour me faire accepter la direction d'une section consacrée aux droits de l'homme, récemment créée dans le cadre du département qu'il dirigeait. Spécialiste des relations internationales, je résistai d'abord à cette nomination : je ne voyais pas très bien le rapport entre le CC et ce problème plutôt juridique. L'insistance du membre du Politburo finit par avoir raison de mes réticences. Quant à mes nouvelles fonctions, elles furent bientôt précisées.

Une approche nouvelle des droits de l'homme était un élément important du projet perestroïkiste de Gorbatchev et de Iakovlev. Comme d'autres aspects « révolutionnaires » de leur politique, celui-là ne pouvait être discuté et mis en œuvre que par des personnes d'entière confiance au sein du cercle étroit de l'entourage du nouveau *gensek*.

Le marxisme et, plus encore, le bolchevisme n'ont jamais apporté une attention particulière à l'individu, cette grandeur infiniment petite à l'échelle de l'histoire. Ils préféraient s'intéresser aux « masses » et aux « classes ». « L'unité est absurde, l'unité est zéro », disait Maïakovski. La révolution de 1917 était censée avoir libéré des « masses de travailleurs » et non des millions d'individus concrets. De la même manière, le pouvoir bolchevique punissait et prenait en otage non des criminels, mais des « classes d'exploiteurs » anonymes, des « éléments hostiles », des koulaks « en tant que classe », puis des « saboteurs », des « ennemis du peuple », des « cosmopolites sans racines », des « weissmannistes-morganistes [1] », et, pour finir les dissidents. Quant à l'individu concret, dissous dans les « collectifs », il n'avait que des droits déclaratifs, inscrits dans la Constitution. La garantie de leur réalisation par l'État socialiste était aussi sûre que celle des roubles en papier par les réserves d'or de la Banque d'État de l'URSS, garantie d'ailleurs fièrement imprimée sur chaque billet.

Même une simple mention du problème des droits de l'homme était considéré, dans la société socialiste, comme un manque de tact ou un symptôme de déviation mentale. C'est d'ailleurs pourquoi beaucoup de gens qui ne comprenaient pas cela étaient envoyés, par l'État, se faire « soigner » dans des hôpitaux psychiatriques.

Avant de devenir l'un des principaux assistants de Gorbatchev, Anatoli Tcherniaïev avait travaillé plusieurs années, tout comme moi, au département international du CC. Il me racontait qu'un jour, il avait proposé à son chef de l'époque, Boris Ponomarev, de fonder une nouvelle organisation publique : un comité de défense des droits de l'homme. Il allait de soi qu'une telle association ne pouvait être créée que par décision du CC. La réaction de Ponomarev le laissa pantois. Cet homme, déjà très âgé, bondit sur ses pieds de derrière son bureau et s'écria avec une indignation sincère : « Êtes-vous devenu fou, Anatoli Sergueïevitch? De quel homme, à votre avis, faut-il défendre les droits dans une société socialiste? »

Mais, plutôt que par l'hérésie théorique de Tcherniaïev, l'horreur de Ponomarev était probablement provoquée par le fait que, dans l'État soviétique, les « droits de l'homme » étaient le monopole exclusif de la Sécurité d'État. Le KGB, et lui seul, se trouvait investi de la mise en œuvre pratique des droits politiques définis par la Constitution : liberté de parole, de conscience, de réunion, etc. C'était également le KGB, pleinement couvert par les articles du code pénal sur les « activités antisoviétiques » qui transformait en criminels de droit commun tous ceux qui ne comprenaient pas que les droits de l'homme en URSS étaient l'apanage collectif de tous les citoyens soviétiques et non des individus en tant que tels.

D'ailleurs, avant la perestroïka cette notion ne pouvait apparaître dans la presse qu'entre guillemets, comme une thèse de la propagande bourgeoise ou comme un exemple de l'activité antisoviétique de certains « renégats ». C'est pourquoi ces mots, sans guillemets, prononcés par Gorbatchev dans son éloge funèbre de Tchernenko, sur la place Rouge, en mars 1985, heurtèrent tellement les oreilles de l'assistance. Et, en mai 1986, lorsque le *gensek* exposa aux dignitaires de l'appareil, dans le gratte-ciel du ministère des Affaires étrangères, sa conception de la politique extérieure, et dit : « Cela suffit de se mettre en boule en entendant les mots " droits de l'homme ", n'est-il pas temps de se rappeler que notre révolution a été faite en leur nom? », les mandarins du régime y sentirent l'esprit de la dissidence.

La nouvelle section dont je devais m'occuper n'avait pas de guillemets, non plus. Sa création même reflétait un paradoxe assez compréhensible : avec un système juridique atrophique, l'arbitraire sans bornes des organes de sécurité et une société habituée à une docile résignation, le rétablissement de la légalité ne pouvait procéder que d'un ordre « directeur » de la seule instance à laquelle nul ne pouvait désobéir.

Pendant quelques années, je me consacrai à ce travail gratifiant. Les tâches de ma section semblaient élémentaires, mais étaient, en réalité, infiniment difficiles à accomplir dans la société du « socialisme réel » : obtenir des organes de l'État ne fût-ce que le respect des lois existantes. Couverts par une « mission de la direction », nous nous mîmes à exercer des pressions, au fond pas très légales, sur les tribunaux et le Parquet (ce contre quoi Souslov mettait en garde Andropov), en exigeant des précisions sur les attendus de tous les procès où les accusés avaient été condamnés pour des « activités antisoviétiques ». Autrement dit, nous voulions des révisions. Nous demandâmes au ministère de la Santé les diagnostics des personnes condamnées pour « schizophrénie politique » et organisâmes des contre-expertises indépendantes. Nous parcourions régulièrement les listes des « refuzniks », c'est-à-dire tous ceux à qui l'on interdisait de quitter l'URSS parce que « détenteurs de secrets d'État ». Et à chaque fois, nous parvenions à rayer quelques noms des « listes noires ».

En nous servant de l'expérience des organisations des droits de l'homme et des groupes d'Helsinki dans les pays de l'Europe de l'Est, nous exigions méthodiquement que les obligations de la « troisième corbeille », acceptées par l'URSS sous Brejnev, fussent à la base de la législation intérieure. Dans ce document, une ligne consacrée au « regroupement familial » avait déjà permis, malgré les lois en vigueur, de créer quelques catégories privilégiées de citoyens soviétiques qui avaient plus de facilité à se libérer de ce titre d'honneur en quittant l'URSS : les Juifs, les Allemands, les Grecs, les Arméniens... C'était un exemple original de discrimination socialiste selon l'appartenance nationale! Rien qu'en 1990, par le « canal israélien » ouvert grâce à ces dispositions,

270 000 Juifs purent quitter l'URSS, c'est-à-dire sept fois plus qu'en 1989 et quarante fois plus qu'en 1974.

Bientôt apparut un phénomène nouveau : à côté de ceux qui voulaient quitter le pays, certains voulaient y retourner. Il ne s'agissait que de quelques individus, attirés vers la patrie par les promesses encore confuses de la perestroïka, ou qui n'avaient tout simplement pas pu s'adapter à une autre réalité. Encore naguère, l'idée même d'un tel retour semblait absurde. Il était exclu de laisser revenir toute personne ayant quitté l'URSS, et *a fortiori*, ceux qui avaient fait défection pendant leur séjour à l'étranger, comme Rudolf Noureïev * ou Mikhaïl Barychnikov *. À cause de cela, Noureïev ne pouvait même pas rendre visite à sa mère, à Kazan. Même un départ officiellement autorisé était considéré comme une « trahison » à la patrie et puni de l'exil éternel. Il y avait, certes, de rares cas où le retour était permis : lorsqu'on acceptait de payer le ticket d'entrée en participant à un grand spectacle de propagande, soigneusement répété par le KGB, avec des révélations obligatoires sur les « horreurs » de la vie dans l'émigration.

Le caractère irrévocable du départ devait, selon l'idée des metteurs en scène de ce drame inhumain, mettre en garde ceux qui souhaitaient suivre l'exemple des émigrés, et empêcher une banalisation de la frontière entre deux mondes à systèmes sociaux différents.

Un spectacle digne de la plume de Brecht se déroula au printemps 1988 avec, comme cadre, le retour à Moscou de Iouri Lioubimov, le directeur artistique du théâtre de la Taganka qui était resté en Occident pendant une tournée et avait été déchu pour cela de la citoyenneté soviétique.

Nikolaï Goubenko, un ancien élève de Lioubimov devenu ministre de la Culture sous Gorbatchev, sollicita des plus hautes instances l'autorisation de laisser revenir en URSS celui qui restait son maître. Iakovlev et Gorbatchev accueillirent la demande avec bienveillance, mais ni l'un ni l'autre, en raison de la situation au sein du Politburo, ne se dépêchèrent de demander au MID ou au MVD, le ministère de l'Intérieur, la délivrance d'un visa d'entrée pour l'homme de théâtre. Sentant qu'un jeu compliqué se jouait au sommet, autour de Lioubimov, tous les services « compétents » temporisaient, indécis. Or, *Boris Godounov*, un spectacle renouvelé par Lioubimov qui avait été interdit sous Brejnev, allait être repris après avoir reçu, enfin, l'accord de la censure. Le jour de la première approchait et, naturellement, le dramaturge voulait y assister. Sans douter de la réponse des autorités, il avait déjà pris son billet d'avion pour Moscou.

Le jour du départ, n'ayant pas encore eu son visa, Lioubimov appelait toutes les demi-heures l'ambassade soviétique en RFA. On lui répondait invariablement : « Il n'y a pas de réponse de Moscou. » Nikolaï Goubenko et Egor Iakovlev, le rédacteur en chef des *Moskovskiïe Novosti*, pénétrèrent dans mon bureau, visages tendus.

« S'il n'obtient pas son visa dans trois heures, m'expliqua Goubenko, il enverra tout au diable, maudira la perestroïka et partira chez sa femme en Israël. Et cela fera un beau scandale politique! Iakovlev et Tcherniaïev sont à la réunion du Politburo, et on ne sait même pas quand elle se termine. »

Je décrochai le téléphone. Le ministre de l'Intérieur, Alexandre Vlassov *, m'expliqua qu'il était personnellement pour le retour de Lioubimov, mais qu'il ne pouvait pas agir sans ordres de la direction. « Et la loi? » lui demandai-je, à tout hasard. Le ministre, compatissant, me dit qu'en vertu des textes en vigueur, l'homme de théâtre devrait attendre son visa au moins un an.

L'adjoint de Chevardnadze, Anatoli Kovalev, proposa une solution originale : « Que notre ambassade à Bonn se plaigne au ministre en disant que je bloque la solution d'un problème politique important. Alors Chevardnadze me donnera l'ordre de tout arranger et je délivrerai le visa. »

Il ne restait plus que deux heures avant le décollage de l'avion pour Moscou. À Bonn, une voiture de l'ambassade était prête à apporter le passeport de Lioubimov directement à l'aéroport. Tous les quarts d'heure, Goubenko essayait de téléphoner en RFA pour calmer le maître. « La ligne est occupée », lui répondait à chaque fois l'aimable réceptionniste.

Heureusement, Tcherniaïev sortit pour quelques instants de la salle du Politburo et accepta de remettre à Iakovlev le mot que je lui avais fait parvenir. Celui-ci le transmit à Gorbatchev. Quelques minutes plus tard, Chevardnadze, ayant reçu l'aval du Politburo, quitta la salle de réunions et donna ses instructions à Kovalev. La standardiste, elle, retrouva d'elle-même Goubenko pour lui annoncer aimablement que la ligne avec la RFA était libre.

À la première du *Godounov* ressuscité, Egor Iakovlev et moi étions assis à côté du Maître, aux places d'honneur. La soirée se termina chez Iakovlev. Lioubimov était en verve. Il racontait comment il avait commencé son parcours artistique, au ministère de l'Intérieur, et mimait tantôt Beria *, venu pour passer en revue leur programme, tantôt Ekaterina Fourtseva *, en train d'interdire l'un de ses spectacles.

Tout ce qui n'est pas interdit est autorisé

La « troisième corbeille » de l'Acte final d'Helsinki était sans fond, comme un panier de basket-ball. Toutes les déclarations, les promesses officielles et l'augmentation notoire du nombre de « familles regroupées » ne suffisaient pas à la remplir. Par ce trou, qui ne cessait de s'agrandir, s'en allait de plus en plus le corps de la structure totalitaire.

En se servant de l'expérience des « groupes d'Helsinki » dans les pays est-européens, la troïka des réformateurs du Kremlin, Gorbatchev, Iakovlev et Chevardnadze, renforçait la pression sur ses adversaires politiques. L'un après l'autre, ils soumettaient au Politburo les différentes dispositions de l'Acte (liberté de circulation, droit de grève, création d'associations publiques indépendantes, interdiction des persécutions pour des motifs politiques ou religieux) et proposaient de changer la législation soviétique « en accord » avec les obligations internationales de l'URSS.

Ainsi naquit une liste de plusieurs pages qui énumérait les lois et autres actes législatifs devant être annulés, modifiés ou remplacés. Il y avait notamment une nouvelle loi sur la presse, l'abolition si longtemps attendue de la *propiska* [1] stalinienne, la révision des articles du Code pénal sur les « activités antisoviétiques » et, naturellement, la loi sur la liberté d'émigration. Mais l'approbation de la liste par le Politburo ne signifiait pas que les adversaires du projet gorbatchévien d'humanisation du socialisme eussent déposé les armes. La lutte se déplaça vers le bas, « sous la table ». Les membres de l'instance suprême qui siégeaient en grande pompe tous les jeudi passaient le reste de la semaine à se pousser sans pitié du coude et du pied, comme des joueurs de water-polo dans les profondeurs des structures de l'appareil.

Ce dernier avait perdu sa cohésion. Il n'était plus ce bloc qui obéissait à une seule volonté et était capable, comme une girouette, de changer de direction instantanément, avec le plus léger souffle d'air sur le pignon du bâtiment du parti. Ligatchev s'était doté d'une armée bureaucratique bien à lui, le fusilier marin Iakovlev avait ses propres commandos, Anatoli Loukianov * disposait également de groupes de reconnaissance et de sapeurs [2].

Les batailles les plus acharnées concernaient, bien évidemment, la loi sur la liberté d'émigration. Lorsque les tentatives de la section juridique du CC pour faire traîner l'élaboration de la loi échouèrent (Anatoli Adamichine, l'adjoint de Chevardnadze responsable de la « corbeille humanitaire », poussait activement en avant), Loukianov en personne sortit un canon de gros calibre : il envoya au Politburo une note dans laquelle il affirmait qu'en cas d'adoption « précipitée » de la nouvelle loi, cinq à sept millions de personnes en profiteraient pour quitter l'URSS en l'espace de quelques mois. Et cela provoquerait aussi bien des dégâts politiques que des frais énormes pour le budget de l'État : il serait nécessaire de créer un énorme service d'émigration pour délivrer passeports et visas à la masse des émigrants, et de payer à ces millions de personnes leurs pensions de retraite et autres allocations sociales *en devises*. Les chiffres cités montraient que tout le budget national n'y suffirait pas.

J'aurais aimé réunir les auteurs de ce document (concocté sans doute dans les tréfonds du département analytique du KGB) avec le sous-secrétaire d'État américain aux questions humanitaires, Richard Shifter, qui, pendant la visite de Mikhaïl Gorbatchev à Washington, en décembre 1987, rempli des plus nobles intentions, m'annonça confidentiellement, lors d'une réception, que l'administration des États-Unis était « disposée à accorder, à la direction soviétique, toute l'aide indispensable pour résoudre ses problèmes économiques, si elle s'engageait réellement sur la voie du respect des droits de l'homme ». Visiblement, l'idée des dimensions du problème et de ce qu'il fallait pour le résoudre était, des deux côtés, aussi loin de la réalité que les intentions réciproques de chaque partie.

En conclusion, les auteurs de la note sur l'émigration s'efforçaient d'assener un dernier argument massue (peut-être n'avaient-ils pas assez confiance dans ceux qu'ils avaient précédemment cités) : le pays manquerait de bras pour rentrer la moisson. À la lecture de ce fruit de la fantaisie policière, je me souvins d'une histoire drôle sur Brejnev que j'avais entendue en RDA. Tombé follement amoureux d'une belle Allemande, le *gensek* était disposé à exaucer n'importe lequel de ses vœux en échange d'un rendez-vous. « Ouvre la frontière entre les deux Allemagnes », lui demanda-t-elle. « Ah, je comprends, coquine, répondit Brejnev en la menaçant malicieusement du doigt. Tu veux rester toute seule avec moi ! »

Mais le Système hérité de Staline ne relâchait son étreinte d'acier que millimètre par millimètre, à titre individuel. En 1989, on introduisit des *Règles simplifiées de départ de l'URSS* qui impliquaient la perte automatique de la nationalité soviétique sans prendre en considération le souhait de l'émigrant. En 1991, cette procédure illégale fut annulée. Le départ à l'étranger cessa d'être synonyme d'exode et les gens cessèrent de fuir à l'étranger à la moindre occasion de peur que ne se refermât la porte entrouverte vers le monde extérieur.

Avant la mise en application de la loi sur la liberté d'entrer et de quitter l'URSS, les situations les plus ubuesques ne manquaient pas de se produire. Pour pouvoir revenir en URSS, Lioubimov se vit obligé d'adopter, sans être juif, la citoyenneté israélienne. Lorsqu'il passa le contrôle d'identité, à l'aéroport de Cheremetievo, un jeune garde-frontière ébahi tourna et retourna le passeport inhabituel, puis, reconnaissant le célèbre homme de théâtre, se leva d'un bond dans sa guérite en hurlant : « Bonne fête ! » L'ancien combattant Lioubimov rentrait dans son pays, comme sur un cheval blanc, le 9 mai, le Jour de la Victoire.

Pourtant, cette histoire ne se termina pas sur une note joyeuse. Mécontent que le Politburo l'eût forcé à accepter la visite à Moscou du metteur en scène rebelle, Ligatchev posa une condition : pas un mot dans la presse. L'interdiction prononcée par un membre de la direction suprême devint lettre d'évangile pour tous les journaux, sauf pour *Moskovskiïe Novosti*, « Les Nouvelles de Moscou », qui publièrent une grande interview du maître, le jour de son départ. Le rédacteur en chef, Egor Iakovlev, fut obligé de faire parvenir des explications écrites au département de la propagande.

Quand on se penche, aujourd'hui, sur ces jours pas si lointains, il est difficile de croire qu'un entrefilet innocent sur une exposition de l'artiste Mikhaïl Chemiakine *, expulsé vers l'Occident et devenu une célébrité internationale, ou un article nécrologique sur l'écrivain Viktor Nekrassov *, décédé à Paris, ou encore un compte-rendu du procès du gendre de Brejnev, Iouri Tchourbanov, qui « jetait de l'ombre » sur son feu beau-père, publiés par *Les Nouvelles de Moscou* malgré les exclusives du CC, aient pu servir de prétexte à de vertes réprimandes du Politburo accompagnées à chaque fois de la même exigence de Ligatchev : « Virer le rédacteur! »

Le summum fut atteint lors de la publication d'une interview de Boris Eltsine, qui, en novembre 1987, avait été limogé du poste de premier secrétaire de la ville de Moscou, ce qui lui avait fait perdre également son « strapontin » de membre suppléant du Politburo. L'entretien ne parut que dans l'édition allemande du journal, mais il manqua de coûter la tête à Egor Iakovlev. En dépit de la politique de glasnost [3] officiellement proclamée, la véritable liberté de parole, dans la vie réelle, progressait littéralement à une allure d'escargot.

La glasnost était pourtant un élément clé du programme de réforme politique imaginé par les initiateurs de la perestroïka. Dans leur duel acharné avec la majorité conservatrice du Politburo, ils avaient besoin d'un allié extérieur. L'échec des tentatives de réforme de Khrouchtchev, Kossyguine ou Andropov montrait bien qu'il était impossible de faire bouger de l'intérieur le char de l'appareil. Il fallait un point d'appui dans la société, et, comme on sait, on ne peut s'appuyer que sur ce qui résiste.

Cette résistance du milieu social, la glasnost devait justement la provoquer en éveillant, dans la conscience écrasée de millions d'individus, des réflexes sociaux naturels : le sens de la dignité, l'intérêt pour la politique, la foi dans la possibilité d'influencer son propre destin. La glasnost n'était pas seulement un moyen de faire naître une vie politique dans la société, elle se voulait une sorte de succédané de la politique en attendant l'apparition de partis réels et d'organisations publiques, l'éveil d'une véritable conscience sociale et la création d'une justice indépendante.

À la fin des années quatre-vingt, la presse démocratique et largement romantique de la glasnost, tout comme, trente ans plus tôt, les rassemblements poétiques sur la place Maïakovski et au Musée polytechnique, joua le rôle qu'Alexandre Herzen * confiait à la littérature : celui de substitut d'un parlement inexistant.

La glasnost de Gorbatchev fut aussi le « chalumeau oxhydrique » qui permit d'« ouvrir » un État hermétiquement clos et donc isolé des influences extérieures. Le pouvoir totalitaire, fondé sur l'interdit et le secret, a toujours eu peur de la lumière des projecteurs et de la réponse publique à ses actes. C'est là le véritable talon d'Achille d'un régime invulnérable par ailleurs.

Il est inutile d'expliquer pourquoi les pousses d'une presse véritablement libre et d'un journalisme indépendant ne pouvaient surgir du sol desséché par l'inquisition souslovienne que sur ordre « d'en haut ». C'est à cela que devait servir l'habile plan gorbatchévien de division du secteur idéologique : à permettre à la jeune presse démocratique de prendre des forces sous la tutelle d'Alexandre Iakovlev. À partir du moment ou deux structures parallèles se formèrent au sein du CC (le très officiel département de la propagande, dirigé par Ligatchev, et la « section » non moins légale de Iakovlev, avec ses collaborateurs et conseillers), les rédacteurs des médias purent commencer à choisir quelle instance consulter au sujet des textes non orthodoxes. Cette phase d'ambiguïté était une étape nécessaire pour l'éducation de la nouvelle presse russe : il fallait habituer les journalistes à la pensée hérétique qu'un jour, ils ne devraient plus demander l'aval du département de la propagande tout simplement parce qu'il n'existerait plus.

Les propagandistes du parti, dressés à coup de trique par le CC, frémissaient en entendant les appels à se comporter de manière indépendante et à penser par eux-mêmes. Ils exigeaient de l'entrée n° 2 la « confirmation » quotidienne de leur nouvelle « charte des libertés ». Dans ces conditions, les publications les plus osées de cette première période révolutionnaire de la glasnost étaient préparées, avant de paraître dans les journaux, dans les bureaux de la section de Iakovlev, derrière le dos du département de la propagande. Ce fut notamment le cas des articles contenant des révélations sur les répressions staliniennes (et, plus tard, sur celles de l'époque de Lénine), de la première publication de l'essai de Soljenitsyne, *Ne pas vivre dans le mensonge*, et même de la Déclaration universelle des droits de l'homme, que le lecteur soviétique put lire pour la première fois dans *Novoïe Vremia*, quarante ans après son adoption par les Nations unies.

Lorsque des dissidents soviétiques installés en Occident, frappés et quelque peu lésés par le succès bruyant de la glasnost gorbatchévienne, publièrent, dans *Le Figaro* [4], une lettre ouverte où ils exigeaient, en guise de test, sa publication dans la presse soviétique, la décision de relever le défi et les textes d'accompagnement furent préparés dans mon bureau de l'entrée n° 2, dans le bruit des moteurs des voitures des secrétaires du CC qui faisaient des demi-tours sous ma fenêtre.

Pourtant, ce ne furent pas les militants des droits de l'homme à l'étranger qui mirent réellement à l'épreuve les limites de la glasnost, mais la dramatique réalité des premières années de la perestroïka. Et tout d'abord, l'accident nucléaire de Tchernobyl. La fusion d'un réacteur de la centrale, le 26 avril 1986, prit tout le monde au dépourvu : le personnel, les pompiers, les services de sécurité et le système de défense civile, célèbre pourtant dans le monde entier. Mais elle surprit surtout les autorités, en Ukraine et à Moscou. La direction soviétique, comme celles d'autres pays, avait déjà été confrontée par le passé avec des catastrophes de dimensions considérables, bien que non nucléaires. Toutefois, à l'inverse de ses homologues étrangers, sa réaction était toujours restée d'une simplicité démoniaque : passer sous silence. Les autorités voulaient créer l'impression que les catastrophes et les cataclysmes, écologiques ou non, avaient seulement lieu dans les pays dominés par le capitalisme, dont ils auraient été la conséquence directe. Sa fonction « éducative » mise à part, cette politique permettait de couvrir leur incurie et leurs négligences.

Dans les heures qui suivirent l'accident de la tranche n° 4 de la centrale, les impératifs du pouvoir s'établirent comme suit : d'abord, ne pas « traumatiser » la population et gâcher la fête du 1er Mai ; ensuite, occulter les erreurs des concepteurs et des constructeurs, ainsi que la négligence du personnel. De plus, les fonctionnaires locaux du parti et des organisations étatiques minimisèrent soigneusement pendant quelques jours les dimensions véritables de l'accident. Cette attitude ne fit qu'accroître, hors des limites du raisonnable, les risques pour la vie et la santé des habitants des régions concernées d'Ukraine, de Biélorussie et de Russie. Vladimir Chtcherbitski *, le premier secrétaire du CC d'Ukraine, décida de ne pas annuler la gigantesque manifestation du 1er Mai, à Kiev, afin de « ne pas semer la panique » dans la capitale ukrainienne, préférant soumettre la population au risque d'irradiation.

La télévision et la presse se taisaient, en se satisfaisant des bulletins optimistes de l'agence Tass, rédigés par le département de propagande du CC. Seules les protestations en provenance des pays voisins, de Pologne, de Bulgarie, de Suède, où une élévation sensible de la radioactivité ambiante avait été décelée, obligèrent le Politburo à rompre le silence. Sans cette pression internationale, Tchernobyl, tout comme le Boeing sud-coréen trois ans plus tôt, aurait pu « s'éloigner vers la mer » et y disparaître à jamais.

Cette catastrophe se doubla d'une leçon cruelle pour les dirigeants de la perestroïka. Ils comprenaient de plus en plus que la glasnost n'était pas un robinet et qu'on ne pouvait pas l'ouvrir et le fermer en fonction de la conjoncture. De tous côtés, on la mettait à l'épreuve, comme si les forces réunies des éléments naturels et politiques s'étaient conjuguées pour vérifier la solidité du nouveau cours. Catastrophes, accidents, cataclysmes semblaient avoir attendu leur heure pour se déverser sur un État déjà titubant [5]. En réalité, le pays apprenait pour la première fois la vérité sur ce qui s'y passait depuis des décennies.

Réveillé, l'élément politique se déchaînait également. Les gens, qui commençaient à ne plus craindre l'usage de la force et savaient que les manifestations ne seraient plus forcément passées sous silence, se mirent à descendre dans la rue. En décembre 1986, des milliers de Kazakhs indignés protestèrent à Alma-Ata contre la nomination d'un Russe, Guennadi Kolbine, à la tête du parti de leur république, en remplacement d'un « dinosaure » du Politburo brejnévien, Dinmoukhamed Kounaïev. Dans les affrontements entre les manifestants et les forces de l'ordre, vingt-huit personnes périrent (parmi lesquelles sept miliciens) et deux cents furent blessées. Ce fut la première éruption de la fureur anti-impériale et anti-russe qui s'était accumulée dans le pays pendant les années de l'arbitraire stalinien. Malheureusement, Gorbatchev n'entendit pas les sirènes d'alarme de ce « Tchernobyl social ». Le département de la propagande fonctionna, ces jours-là, selon son schéma habituel : l'agence Tass reçut du CC, pour diffusion, un communiqué concernant quelques « éléments nationalistes insolents » (en fait près de dix mille personnes) qui avaient tenté de troubler l'ordre public dans la capitale du Kazakhstan.

Mais si le public pouvait encore ignorer les dimensions des manifestations d'Alma-Ata grâce à une presse toujours aux ordres, il lui était impossible de ne pas remarquer les rassemblements de milliers de Tatars de Crimée, dans les rues de Moscou, en juillet 1987. Ce furent justement ces actions pacifiques, mais déterminées, de l'un des peuples réprimés par Staline [6] qui eurent raison du gradualisme réformiste de Gorbatchev en démontrant, pour la première fois, qu'il était illusoire de chercher à atteler au char qu'il dirigeait les démons réveillés de l'histoire soviétique.

Le *gensek* fut placé devant un choix difficile : utiliser la force pour disperser les milliers de manifestants, et donc marcher sur les traces de ses prédécesseurs, ou rechercher des solutions politiques. Bref, dégainer et faire feu, ou laisser les armes au vestiaire. En choisissant la deuxième solution, ce qui était tout à son honneur, il inscrivit un nouveau commandement, « Tu ne tireras point », à son code moral d'homme d'État. Michael Mandelbaum écrivait dans *Foreign Affairs* : « En dépit de tous ses défauts, Mikhaïl Gorbatchev se distinguait par cette honnêteté intérieure qui était absente chez tous les dirigeants précédents de l'Union soviétique et, en fait, chez tous les gouverneurs de la Russie impériale du passé. Il renonça volontairement à l'une des méthodes principales de gouvernement de ses prédécesseurs : il refusa de tirer. Rien que pour cela, il mérita le prix Nobel de la paix, en 1990, et avec lui, une place honorable dans l'histoire du XXe siècle. »

Il faut dire que, même en 1987, ce ne fut pas une décision facile. Pour la première fois dans l'histoire du régime soviétique, plusieurs milliers de manifestants défilèrent devant les bâtiments du CC, sur la Vieille place, sans entraves et sans crainte. C'était de l'autre côté de la frontière, soudain visible, entre le pouvoir et la société, que l'on avait peur. Les gardes des immeubles gris, qui avaient l'habitude de se considérer comme les maîtres de Moscou, parlaient avec inquiétude dans leurs talkies-walkies et se verrouillaient à l'intérieur des entrées du CC. Le 27 juillet, Gromyko, le chef de l'État reçut au Kremlin une délégation des Tatars de Crimée et leur promit d'accélérer la réintégration dans leurs droits. Le siège du CC fut levé, mais la vie de ses habitants ne fut plus jamais aussi calme qu'auparavant.

L'appareil du CC et certains membres du Politburo ne renoncèrent pas à la tentation de canaliser dans des rigoles en béton les crues de la perestroïka. Vadim Medvedev *, ce Souslov de la fin de l'empire, qui remplaça, en 1988, à la fois Iakovlev et Ligatchev, définitivement brouillés [7], expliquait d'une voix stricte aux rédacteurs des journaux, convoqués à l'entrée n° 2, son credo perestroïkiste : « La glasnost n'est pas l'anarchie, ni une démonstration d'audace journalistique. Elle sert à éclaircir le sens et les objectifs du grand programme de la perestroïka, à mobiliser les forces saines de la société. »

Le nouvel idéologue en chef déclarait pathétiquement que tant qu'il occuperait ce poste, Soljenitsyne ne serait pas publié en URSS. Aujourd'hui, Medvedev et l'URSS sont partis, et Soljenitsyne est de retour.

Gorbatchev lui-même, sentant que le sol bougeait fortement sous son projet, s'efforçait de temps en temps de tendre la bride relâchée. Du ton d'un secrétaire d'obkom, il se mettait à faire entendre raison aux médias, ou menaçait, du haut de la tribune du Soviet suprême, de « suspendre » la loi sur la presse, très libérale, qu'il avait pourtant soutenue (et dont le texte avait également pris naissance dans les profondeurs de la « section » de Iakovlev). Il lui arrivait aussi de se livrer à des « autodafés », dans le style de Zimianine, contre certains rédacteurs. Pendant l'une de ces réprimandes, Gorbatchev demanda même à Starkov, le rédacteur en chef d'*Argoumenti i facti*, l'un des hebdomadaires les plus populaires du pays, de démissionner parce qu'il avait laissé publier les résultats d'un sondage où sa cote de popularité était inférieure à celles de Sakharov et d'Eltsine.

Ces revirements n'étaient pas étonnants. Ils reflétaient aussi bien les contradictions de la vie réelle que celles de la propre nature de Gorbatchev. Il ne faut pas oublier qu'il était avant tout un fonctionnaire du PCUS et qu'en détruisant le système du parti unique, il se privait à la fois du seul appui de son pouvoir, et du seul instrument utilisable pour mener à bien les réformes qu'il avait conçues. On a souvent écrit qu'il incarnait à la fois le Pape et Luther. En réalité, il était un mélange de Jaruzelski et de Walesa, du gouvernement et de l'opposition, du passé et de l'avenir de son propre pays. Comment, dès lors, tout virtuose politique qu'il était, aurait-il pu ne pas se dédoubler, se contredire, et se tromper dans le choix des masques qu'il changeait en un clin d'œil en fonction de l'auditoire? Et que pouvait-il faire lorsque les entrelacs de la vie politique soviétique le mettaient en confrontation avec lui-même?

Habituellement, honteux de ses faiblesses momentanées, il se ressaisissait, cessait de chercher le salut dans l'ambiguïté, renouvelait son serment de fidélité aux principes démocratiques, et destituait Viktor Afanassiev *, le rédacteur conservateur de la Pravda, plutôt que le libéral Starkov.

La glasnost, elle, refusait de se laisser utiliser par qui que ce fût, même pour les objectifs les plus élevés, à l'exception de deux seules choses : la renaissance d'une conscience sociale dans le pays et la formation d'une nouvelle génération de journalistes russes libres. Une phrase teintée d'anarchisme, lâchée un jour par ce descendant de cosaques libres qu'était Gorbatchev, devint pendant quelque temps le slogan de la société soviétique épuisée d'exclusives : « Tout ce qui n'est pas interdit est autorisé. » Ce n'était pas sans rappeler le célèbre « Il est interdit d'interdire ! » du Mai 1968 parisien, mais, cela, le *gensek* l'ignorait certainement.

Et la nouvelle presse russe, nourrie du lait de la glasnost, devint la dernière alliée de Gorbatchev, lorsqu'en décembre 1991, il fut abandonné par tout le monde : ses anciens amis politiques qui lui devaient leur ascension, le parlement qu'il avait créé, les démocrates à qui il avait ouvert la voie, et même par son vieil compagnon de tant d'années, le succès.

Après que le drapeau de l'Union soviétique eût cessé de flotter au-dessus du Kremlin, sur le dôme de l'ancien Sénat, seuls les journalistes accompagnèrent Gorbatchev, président à vie de l'URSS, destitué mais non dégradé, dans son passage de la politique vers l'Histoire.

Le Kremlin sans maître

Qui a dit qu'il est irrationnel d'être superstitieux? À mon avis, l'inverse est vrai. Quoi d'autre que les signes, les jours heureux et les chiffres malheureux pour mettre du rationnel dans le chaos des faits, expliquer et donc justifier les malheurs qui s'abattent aussi sûrement qu'injustement sur la tête des gens? Cela n'aide-t-il pas à résister?

Par exemple, peut-on considérer comme le fruit du hasard que les événements de Vilnius, qui furent fatals pour la perestroïka et pour Gorbatchev lui-même, aient eu lieu le 13 janvier 1991 et qu'ils aient fait treize victimes [1]?

Et le fameux article ultra-conservateur de Nina Andreïeva dans *Sovietskaïa Rossia*, publié sous le titre sonore « Je ne peux transiger avec les principes », pouvait-il paraître un autre jour que le 13 mars 1988? Je suis presque certain qu'en plus, ce fut un vendredi. Si je ne tiens pas à le vérifier, ce n'est pas par paresse, mais pour ne pas détruire, par hasard, ma théorie irréprochable [2].

Les rationalistes trouveront de nombreuses autres raisons à la publication, précisément ce jour-là, de cet article qui laissa une profonde cicatrice sur le corps déjà marqué de la perestroïka. Et, en effet, il y a un autre point commun entre ces événements : ils ont eu lieu alors que le Kremlin était vide. Sans parler de superstition, parmi les dictons qui révèlent la sagesse populaire, il en est un qui s'applique particulièrement à cette situation : s'il n'y a pas de « maître » au Kremlin, il faut s'attendre à des surprises politiques. Est-ce un hasard si la destitution de Khrouchtchev, en 1964, comme la mise à l'écart de Gorbatchev, sous prétexte d'une maladie subite, en août 1991, se sont produites alors qu'ils étaient tous deux en vacances, hors de Moscou?

Bien sûr, il y avait des raisons objectives à cela. Le départ des chefs, que ce fût en villégiature, pour une visite officielle à l'étranger ou un voyage à travers le pays, signifiait des vacances pour l'appareil. La valetaille bureaucratique, dont le regard était toujours braqué sur le sommet, pouvait faire halte pendant que se figeait la vie de la nomenklatura, et consacrer du temps aux distractions, aux amis, à la famille, aux maîtresses. Mais ces heures et ces jours si rares étaient des moments de prédilection pour toute opposition secrète qui pouvait se réunir derrière le dos du chef, conclure des alliances politiques et regrouper ses forces.

Dans de telles situations, intrigues et spéculations commençaient à l'instant des adieux rituels au chef, à l'aéroport. Chacun suivait avec attention qui, et dans quel ordre, venait serrer la main du *gensek*, ou même l'embrasser, à qui il donnait ses dernières recommandations et indications, bref, qui restait pour garder le Kremlin. À l'époque brejnévienne, la situation était prévisible. C'était d'ailleurs l'absence de variantes qui fondait la stabilité politique. Le choix des « intérimaires » se réduisait au terne Kossyguine, au perpétuel Souslov, ou, en cas de besoin, à Andreï Kirilenko *. Dans les dernières années, Tchernenko se faufila dans le groupe de ceux qui étaient les derniers à prendre congé du *gensek* et les premiers à l'accueillir à son retour. Lorsqu'il devint numéro un à son tour, il n'allait nulle part, sauf à l'hôpital, tout comme Andropov avant lui, et la question d'un remplacement officiel ne se posait donc pas.

En six ans et demi de règne, Gorbatchev, lui, changea plusieurs fois d'adjoints. Pendant les premiers mois de son séjour au Kremlin, Gromyko fut l'intérimaire. Gorbatchev lui savait gré du rôle qu'il avait joué dans sa nomination. Puis il se lança à la recherche d'un numéro deux plus jeune et plus sûr en essayant, successivement, des gens très différents : Ligatchev, Medvedev, Loukianov, Ianaïev *. Il est surprenant qu'il n'ait pas voulu, ou osé, proposer ce rôle à l'un de ses deux compagnons les plus proches : Iakovlev et Chevardnadze.

À la veille d'être élu président de l'URSS par le congrès extraordinaire des députés du peuple, en mars 1990, il promit le poste de vice-président à Iakovlev. Mais, au dernier moment, comme il l'expliqua lui-même, il décida de ne pas soumettre au parlement la création de ce poste, pour « ne pas faire enrager la droite ». Et il s'efforça de consoler Iakovlev en lui disant : « Tu es plus important qu'un vice-président. »

De son côté, Chevardnadze apprit que Gorbatchev avait l'intention de lui proposer le même poste, en décembre 1990, quelques instants après qu'il eût dramatiquement présenté sa démission du poste de ministre des Affaires étrangères, du haut de la tribune d'un autre congrès des députés [3]. En réalité, il avait de bonnes raisons de douter du sérieux de Gorbatchev qui préféra finalement donner le poste à Guennadi Ianaïev, un homme qui ne correspondait vraiment pas à l'image que l'on peut se faire d'un libéral. Ces vexations politiques et personnelles élargirent graduellement une brèche dans les rapports entre ces trois amis, naguère encore inséparables. Un jour, Gorbatchev me confia avec émotion et une sincère amertume : « Mais comment peut-on nous diviser, après tout ce que nous nous sommes dit et tout ce que nous avons vécu? Nous trois, c'est un seul et même projet. »

Leur séparation, pourtant, finit par devenir bien réelle. Car plus le temps passait, et plus il devenait évident que Gorbatchev ne voulait pas à ses côtés d'un partenaire politique, mais d'un aide de camp dévoué. Et, de ce fait, il était condamné à se tromper de manière dramatique et même fatale. Après que ses deux derniers adjoints, Loukianov et Ianaïev, se fussent mis à la tête du putsch d'août, l'écartant du pouvoir, la seule chose qu'il pût répondre à un journaliste qui lui demandait, à Madrid, en octobre 1991, « Qui vous remplace, aujourd'hui, à Moscou? », fut « Personne. »

Cependant, du point de vue du dommage porté à son projet politique, les dégâts causés par les deux putschistes ne furent rien en regard de ceux provoqués par Egor Ligatchev. Celui-ci utilisait plus activement que les autres les possibilités que lui conférait son statut d'adjoint officiel pendant les absences de Gorbatchev. Son tempérament sanguin et son penchant pour les activités administratives qui avaient attiré sur lui, en son temps, l'attention d'Andropov n'étaient pas étrangers à sa propension à prendre de l'importance. De plus, après avoir été pendant dix-huit ans le premier secrétaire de la région sibérienne de Tomsk, il s'adaptait avec difficulté au rôle de « second » dans la Rome moscovite. Néanmoins, ce qui poussait véritablement Ligatchev dans les rangs des « dissidents de droite » et même des opposants à la perestroïka n'était pas une question de caractère, mais une différence d'options politiques avec Gorbatchev.

C'était plutôt le *gensek* lui-même qui était atypique, un peu comme une « erreur génétique » dans un système qui se reproduisait par clonage. Il est difficile d'expliquer comment la couveuse du parti a pu provoquer presque simultanément l'éclosion de trois hommes politiques aussi différents que Gorbatchev, Ligatchev et Eltsine. Dirigeants de province, ils se retrouvèrent tous trois, presque simultanément, à la tête d'un comité régional du parti. Ils avaient une expérience de la vie très semblable, se connaissaient depuis longtemps et se rencontraient régulièrement à des réunions, des plénums et des congrès. Chacun de son côté attendait la chance que le changement inévitable de génération dans la direction du parti devait lui donner. Et quand l'heure arriva, chacun se comporta de manière différente.

En 1969, Gorbatchev et Ligatchev, tous deux secrétaires d'obkom, faisaient partie d'une délégation du PCUS envoyée en Tchécoslovaquie afin d'octroyer une « aide fraternelle » politique à Gustáv Husák dans la « normalisation » de son pays. Vingt ans après, en 1989, le *gensek* du PCUS, Mikhaïl Gorbatchev ouvrait toutes larges les portes rouillées du camp socialiste. Cette même année, lors d'un plénum, Ligatchev répondait à la question « Qui a perdu l'Europe de l'Est? » en s'exclamant, paniqué : « Le rôle du parti dans les pays socialiste s'est affaibli [4]. Le risque d'une restauration bourgeoise a augmenté. Si nous ne soutenons pas les forces saines dans ces pays et permettons une révision du bilan de la Seconde Guerre mondiale, on ne nous le pardonnera jamais. » Or, cet homme pouvait très bien devenir *gensek* du PCUS et, pourquoi pas, président de l'URSS.

À proprement parler, Ligatchev présentait, sur le plan psychologique, beaucoup plus de points communs avec Eltsine (et cela a pu renforcer leur rivalité politique et personnelle) qu'avec Gorbatchev. En tant que « maîtres » d'obkom, les deux hommes avaient des penchants autoritaires très prononcés. Ils étaient rigides avec leurs subordonnés, intolérants et suspicieux avec les gens du cercle extérieur qui ne partageaient pas leurs opinions. Tous deux croyaient dur comme fer que l'efficacité, en politique, dépendait de la résolution dans l'organisation et de l'intangibilité de l'autorité du dirigeant.

Ces caractéristiques de Ligatchev, en plus de son animosité implacable envers Eltsine, expliquent pourquoi Gorbatchev le garda à ses côtés pendant si longtemps. Il voulait visiblement l'utiliser pour mener à bien de « basses besognes » dont il ne tenait pas à porter la responsabilité personnelle.

Ligatchev prit un certain nombre d'initiatives pernicieuses pour la stratégie politique et économique des premières années de la perestroïka. Ce fut le cas de la lutte contre « les revenus illégaux [5] » de la population. La chasse aux « spéculateurs » dégénéra en destruction, par la milice, de serres et de lopins privés qui dépassaient les dimensions autorisées. Le pire fut le projet aventuriste d' « éradication de l'alcoolisme » en Russie qui s'acheva, comme il fallait s'y attendre, par une catastrophe économico-sociale : apparition d'une mafia de la vodka comme aux plus beaux jours de la prohibition aux États-Unis, croissance de la production illégale de tord-boyaux, empoisonnements massifs de consommateurs et brèche fatale dans le budget de l'État.

Mais Ligatchev demeurait une autorité incontestable au sein de l'appareil gigantesque du parti, et Gorbatchev était persuadé que tant qu'il resterait à ses côtés il n'aurait pas à craindre de fronde organisée de l'appareil, et encore moins de Vendée bureaucratique. Aux yeux de Gorbatchev, si, sur le plan personnel, l'autoritaire Ligatchev était censé équilibrer le poids de l'arrogant Eltsine, d'un point de vue politique, il contrebalançait l'influence du démocrate trop libéral Iakovlev.

En l'absence de contrepoids légaux reflétant une séparation des pouvoirs, l'équilibre du système politique était assuré par la différence d'opinions et de tempéraments des personnalités rassemblées au sein du Politburo, malgré son aspect extérieur monolithique. Cet héritage du « pluralisme interne » lénino-stalinien faisait périodiquement éruption dans le monde l'extérieur à l'occasion d'une nouvelle découverte d'un groupe d'« ennemis du peuple » dans les échelons supérieurs du parti, ou de la destitution du chef lui-même (comme ce fut le cas de Khrouchtchev). Dans le cadre de la mise en œuvre de ses réformes politiques, Gorbatchev voulait visiblement jeter une passerelle entre l'arbitraire précédent et la structure civilisée d'un État de droit. La rivalité entre Iakovlev et Ligatchev, qui reflétait des tendances diverses au sein du parti, devait, en théorie, devenir le germe de la lutte politique normale dans la société, avec une opposition inévitable entre les forces réformistes et conservatrices.

Cette idée, au premier abord irréprochable, produisit rapidement sur le sol russe (de même que d'autres schémas spéculatifs de la perestroïka) des pousses inattendues et des fruits bien exotiques. Dès lors que, ni la population, ni la caste gouvernante n'étaient habituées à voir une opposition défier impunément et sans entraves le pouvoir officiel, son apparition fut perçue comme un signe de faiblesse de la direction. C'est de cette manière que l'on interprétait toute tentative pour générer une lutte politique libre entre courants au sein d'un parti dont la seule fonction était d'obéir inconditionnellement aux ordres d'un centre unique, donc uni, et non pas perclus de doutes internes et de complexes intellectuels.

Après quelques mois de confusion, l'appareil prit une décision naturelle : s'orienter sur l'un des deux pôles du pouvoir qui émergeaient au PCUS. Dans leur grande majorité, les apparatchiks choisirent le camp de celui qui promettait à la nomenklatura de prolonger sa toute puissance et sa *dolce vita* : Egor Kouzmitch Ligatchev. Ainsi furent jetées, à l'intérieur d'un parti formellement dirigé par un *gensek* réformateur, les fondations d'une structure rigidement centralisée, subordonnée non pas à lui, mais au deuxième secrétaire conservateur. Bientôt, cet embryon, choyé par Ligatchev, donna naissance à une formation qui, comme Athéna, sortit toute armée du front du PCUS : l'agressif PC de Russie, avec à sa tête un autre Kouzmitch, Ivan Polozkov *. Ce nouveau parti lança d'abord un défi politique à Gorbatchev et à son cours, puis, en août 1991, tenta d'interner par la force la perestroïka elle-même. Il est facile de déterminer le moment où commença à se produire la cristallisation de cette tendance : le 13 mars 1988. Ce jour-là, le Kremlin était vide.

La dame de pique

L'année 1988 commençait difficilement. Le pays, perturbé par les promesses confuses de la perestroïka ne parvenait pas à comprendre s'il s'agissait d'un nouveau « dégel [1] » ou d'un vrai printemps, et ne se décidait pas à sortir de son hibernation.

Alors qu'on attendait une réaction démocratique à l'appel aux réformes politiques, une vague à la crête mousseuse d'idées nationalistes et séparatistes déferla des confins de l'empire. Ce furent les Baltes qui décidèrent les premiers de tâter avec prudence la « température de l'eau ». En février, à Tartu d'abord, puis à Tallinn, des manifestations légales célébrèrent pour la première fois, un anniversaire, le soixante-dixième, de la signature du traité entre l'Estonie et la Russie de Lénine qui reconnaissait l'indépendance du petit pays balte. Ce traité marqua d'ailleurs le début de la reconnaissance internationale du régime soviétique lui-même. La manifestation de Tartu fut dispersée par le KGB local, en majorité composé de Russes, et des miliciens avec des chiens.

Presque au même moment, toujours en février, le flanc sud de l'empire, le Caucase, fit également parler de lui. Les Arméniens du Haut-Karabakh, sentant que la perestroïka leur donnait enfin une chance de résoudre en leur faveur le conflit séculaire qui les opposait aux Azéris à propos de leur enclave, votèrent pour son rattachement à l'Arménie [2]. Et quant le Politburo refusa de reconnaître cette exigence, près d'un million de personnes sortirent dans les rues d'Erevan en solidarité avec leurs frères du Karabakh. Les manifestants marchaient sous les slogans de la perestroïka et portaient des portraits de Gorbatchev, mais cette démonstration indigna profondément le *gensek*. Issu d'une famille de cosaques du nord du Caucase, il comprenait parfaitement que l'ensemble de la région était comme une boîte de Pandore prête à déverser sur le pays tous les maux de la création. Ce mélange détonant de peuples aux religions différentes pouvait exploser d'autant plus facilement que les catalyseurs ne manquaient pas : affronts historiques jamais lavés, conflits ethniques et territoriaux sempiternels, aggravés, de plus, par l'arbitraire stalinien.

Sentant déjà l'odeur de soufre qui montait du volcan caucasien, Gorbatchev s'efforça, avec la résolution du désespoir, d'éteindre comme il pouvait les passions enflammées. Un soir, Iakovlev organisa une rencontre, au quatrième étage de l'entrée n° 2, entre Gorbatchev et deux « délégués » arméniens, l'écrivain Zori Balaïan et la poétesse Silva Kapoutikian. Ces derniers avaient l'intention d'expliquer au *gensek* le caractère démocratique de la renaissance nationaliste arménienne et le convaincre de ne pas céder à la panique. Gorbatchev, lui, s'emporta et accusa les Arméniens de « planter un couteau dans le dos de la perestroïka ». En faisant appel à tous les arguments de la rationalité, il s'efforça de les convaincre qu'ils commettaient une erreur fatale puisque, quoi qu'ils fissent, ils ne pourraient pas résoudre pacifiquement le problème du Karabakh.

L'emportement de Gorbatchev s'expliquait surtout par le fait que les « nationaux » n'avaient visiblement pas l'intention de tenir le rôle secondaire qu'il réservait aux « fronts populaires [3] » dans les républiques : celui de simples alliés dans sa lutte contre la nomenklatura du parti, tout comme la glasnost.

La conversation dégénéra en dialogue de sourds. Le rationalisme et le nationalisme, même le plus démocratique, ne font jamais bon ménage. Néanmoins, afin de calmer les passions à Erevan et convaincre les gens échauffés de rentrer chez eux, Gorbatchev fit une intervention télévisée dans laquelle il promettait de trouver une solution démocratique au problème du Karabakh. Les « délégués », de retour de Moscou, répétèrent sa promesse sur la place centrale de la capitale arménienne. Satisfaits, les manifestants se séparèrent.

La trêve obtenue par le *gensek* fut de courte durée. Le lendemain, à Soumgaït, en Azerbaïdjan, eut lieu un véritable massacre d'Arméniens. En vingt-quatre heures, vingt-six Arméniens (parmi lesquels des femmes et des enfants) et six Azéris furent tués. Ce cauchemar sanglant fit exploser le Caucase et la Russie. Après plusieurs jours de violences, Gorbatchev se résigna à envoyer les troupes à Bakou.

Même s'il savait bien quelles forces avaient provoqué cette explosion de passions nationales et laissé à la violence le champ libre pour se déchaîner, il ne pouvait ni nommer ni punir les coupables. Derrière eux se profilaient les puissantes structures de coercition dont il était en grande partie l'otage et qu'il lui était impossible de remplacer, du moins pour le moment. Il ne lui restait qu'à surveiller, avec un désespoir impuissant, la manière dont ses adversaires politiques manipulaient avec aisance les émotions populaires, en utilisant les nouvelles possibilités que leur offraient la démocratisation qu'il avait lui-même proclamée et sa promesse de ne pas avoir recours à la violence.

Malgré tout, il s'efforça encore de faire rentrer le torrent caucasien dans un « lit » politique. Pendant sa visite officielle en Yougoslavie, en mars, il prononça un discours dans lequel il s'adressait non seulement aux Caucasiens, mais à tous les nationalistes qui faisaient déjà la queue avec leurs problèmes irrésolus. Il les suppliait de patienter en les assurant que, dans le futur État démocratique, il serait possible de trouver des solutions moins douloureuses. Exprimant sa sympathie aux Arméniens, il joua la carte de l'apaisement en disant qu'il ne considérait pas leurs manifestations comme séparatistes ou antisoviétiques. Les passions commencèrent à se calmer.

Il ne se doutait pas qu'au moment même où il initiait son voyage, une mine politique à fragmentation venait d'être posée sur la route de la perestroïka. C'était le 13 mars.

Il m'arrivait rarement de feuilleter le journal *Sovietskaïa Rossia*. Non seulement il m'indisposait par son opposition conservatrice marquée à Gorbatchev, mais il me répugnait par son ton impertinent, sa manière de flirter avec la masse la plus inculte de la population, et ses invites séditieuses à la partie la plus agressive de l'appareil qui vivait douloureusement la diminution de son pouvoir.

Régulièrement, des pétards explosaient dans les pages du journal. Les couloirs du CC et les tables de la « cantine spéciale » se mettaient alors à bruire de murmures approbateurs à propos d'un nouvel appel à « faire de l'ordre » dans le pays ou d'une énième allusion aux sympathies prosionistes des « chefs de chantier » de la perestroïka, Iakovlev en tête. Pour être au courant, il fallait donc aller chercher le dernier numéro de *Sovietskaïa Rossia*, et se plonger dans sa sombre atmosphère de prophéties apocalyptiques et de dénonciations rancunières que les eunuques de l'appareil mâchaient et savouraient pendant des jours, en admirant l' « audace » du journal.

Bien entendu, ce dernier pouvait se permettre une telle liberté, inouïe dans le passé, parce qu'il bénéficiait de solides appuis dans les hautes sphères du CC. L'identité de son protecteur n'était d'ailleurs pas un secret d'État. Son rédacteur en chef, Valentin Tchikine, avait tout intérêt à voir les rumeurs sur ses contacts presque quotidiens avec le numéro deux du parti, Egor Ligatchev, se répandre aussi largement que possible dans tout Moscou, couvrant ainsi sa « fronde ». Et pour Ligatchev, il était important de disposer d'un « organe » qui lui servît à la fois de « propagandiste et d'agitateur collectif [4] », et de bannière pour rassembler l'armée décontenancée et confuse de ses partisans au sein de la bureaucratie du parti.

En l'absence de Gorbatchev, en Yougoslavie, et de Iakovlev, en Mongolie, cette journée de mars promettait d'être paisible. Ils n'avaient laissé aucune tâche urgente à accomplir. C'est pourquoi le coup de fil de l'un des assistants de Iakovlev qui me demandait si j'avais lu la *Sovietskaïa Rossia* provoqua en moi le sentiment de lassitude habituel :

« Quoi? Encore des niques sous la table?

- Non, cette fois c'est un bras d'honneur sous notre nez. Va voir. »

Les premières lignes du texte monumental, sur une page entière du journal et écrit dans le style du célèbre appel de la Mère-Patrie à ses enfants, pendant la Grande Guerre patriotique, indiquaient clairement qu'il ne s'agissait plus de propagande, mais de politique. Et c'était un jeu risqué. Une note rédactionnelle indiquait que l'auteur du texte était une certaine Nina Andreïeva, enseignante de marxisme-léninisme à l'Institut chimique et technologique de Leningrad. Pourtant, les dimensions de l'œuvre et l'argumentaire utilisé laissaient supposer (avec raison, comme on l'apprit plus tard) qu'il s'agissait d'un travail collectif. En fait, Andreïeva avait envoyé au journal une simple lettre qui convenait particulièrement à la mise en œuvre d'une opération de plus grande envergure. Un adjoint de Tchikine se rendit à Leningrad et travailla avec l'enseignante pour transformer sa missive en article idéologique de fond. Ensuite, à la demande de Ligatchev, l'un de ses assistants peaufina le texte pour lui donner les traits d'une directive.

Andreïeva, auteur en nom collectif, se jetait à visage découvert dans le combat contre la perestroïka. Le socialisme et la patrie sont en danger, proclamait la Cassandre de Leningrad. Des traîtres se sont infiltrés dans la direction du pays et mènent celui-ci dans une impasse. La grande puissance qui faisait trembler le monde est forcée de se mettre à genoux devant l'Occident. Des renégats et des « cosmopolites » appartenant à des peuples « contre-révolutionnaires » traînent dans la boue la nation russe. Pour plus de tenue, l'article citait Karl Marx (qui démasquait prétendument le rôle réactionnaire du capital juif mondial) et Winston Churchill (à qui les auteurs prêtaient de l'admiration pour Staline).

Cet article hystérique et antisémite n'aurait rien eu de très surprenant (bien qu'avant la perestroïka, il n'aurait pas pu paraître dans la presse du parti, malgré les sympathies antisémites de la clique dirigeante) s'il n'avait présenté ce caractère de directive à moitié officielle et si le département de la propagande n'avait donné l'ordre d'assurer sa diffusion dans tout le pays. Incapable de dompter son tempérament, Ligatchev convoqua une réunion des rédacteurs en chef des journaux centraux au cours de laquelle il couvrit de louanges *Sovietskaïa Rossia* et recommanda de lire attentivement l'article de Nina Andreïeva.

La glasnost se figea pendant que la presse, bien dressée, se mettait au « garde à vous ». Dans les républiques, certains journaux reproduisirent l'article, d'autres attendirent la suite des événements. Les premiers secrétaires régionaux, ranimés, se mirent à envoyer au CC des télégrammes qui saluaient le texte au nom des « masses de travailleurs ». Tout se passait comme si l'officier de quart, sur la passerelle de commandement, avait donné l'ordre de renverser la vapeur. Le navire de l'État se mit docilement à faire machine arrière, menaçant d'effacer dans son sillage les fragiles acquis des mois précédents.

Je comprenais bien qu'il fallait d'urgence opposer quelque chose au ton péremptoire de cette publication revanchiste, de manière à faire comprendre qu'il ne s'agissait que d'un point de vue, et non de la ligne officielle du parti.

Cependant, en l'absence des initiateurs principaux de la perestroïka, il n'était pas très simple de trouver des alliés. À part Egor Iakovlev, des *Moskovskïe Novosti*, je ne trouvai pas de volontaire pour me soutenir. Mais même l'article extrêmement critique à l'égard d'Andreïeva, que Iakovlev publia dans ce que Ligatchev appelait un « ersatz de journal », ne fit que renforcer la décision de la caste des apparatchiks de « remettre la presse déréglée à sa place ». Ma tentative d'associer Ivan Laptev, le rédacteur libéral des *Izvestia* à la « discussion » (c'était ainsi que Tchikine présentait la publication de l'article d'Andreïeva) tourna court.

« Vous êtes un journal parlementaire indépendant, et non un organe du parti ! lançai-je à un adjoint de Laptev pour tenter de le persuader.

– Nous ne pouvons rien contre Ligatchev », me répondit-il.

Il devint clair que seul un roi, ou encore mieux, un as, c'est-à-dire une mise au point dans la *Pravda* ou une déclaration du Politburo, pouvaient battre la « dame de pique » jetée sur le tapis par Egor Kouzmitch. Avec Alexandre Lebedev et Nikolaï Portougalov, deux collègues de l'entourage de Iakovlev qui avaient également fait leurs études à l'Institut des Relations internationales, nous décidâmes de passer à l'offensive en préparant une réponse aux thèses principales de l'article signé par Nina Andreïeva. Nous voulions mettre le nez de ses auteurs sur leurs tricheries et déformations des faits. J'en mourais d'envie, mais il m'était impossible, pour gagner du temps, de monter chez l'assistant de Ligatchev, deux étages plus haut, pour lui demander dans quel chapitre des *Mémoires* de Churchill il avait trouvé sa citation sonore à la gloire de l' « Uncle Joe [5] ». Il nous fallut la chercher nous-mêmes. Bien entendu, nous la trouvâmes, déformée. Nous dénichâmes aussi les véritables paroles de Marx sur les « peuples contre-révolutionnaires ». Et nous ajoutâmes, de notre propre initiative, une appréciation réellement élogieuse sur Staline puisée directement dans le *Journal* de Hitler. Je fis précéder notre analyse par une courte introduction qui commençait ainsi : « L'article de Nina Andreïeva est une intervention extrêmement franche et agressive. En fait, c'est le manifeste des forces qui s'inquiètent du caractère et de l'ampleur de la perestroïka. Il reflète leur intention d'entraver son développement ultérieur. C'est une tentative de formulation d'une plate-forme pour la mobilisation des forces conservatrices dans le parti et le pays. »

Nous remîmes à Alexandre Iakovlev ce document de plusieurs pages, retapé par une dactylo « sûre », dès son retour de Mongolie, directement à l'aéroport. Le reste ne dépendait pas de nous. La semaine suivante, Gorbatchev, rentré de Belgrade, convoqua le Politburo et exigea de chaque membre une évaluation de l'article. Devant son entrée en matière furieuse, Ligatchev et la majorité des hiérarques, qui étaient déjà prêts à soutenir celui-ci, tremblèrent et reculèrent. Egor Kouzmitch prétendit n'avoir vu l'article qu'après sa publication. L'ayant interprété comme une manifestation du « pluralisme politique », il avait exprimé son « opinion personnelle, avec peut-être trop de précipitation », mais sans vouloir donner des directives à quiconque. Après deux jours de réunion, l'aréopage du parti condamna à l'unanimité, comme cela se devait, l'intervention nocive de *Sovietskaïa Rossia* et confia à la *Pravda* la mission de contrecarrer les effets de cette publication. Le navire de la perestroïka, qui commençait à donner de la bande à tribord, se redressa et reprit son cap initial.

Faut-il préciser que cette attaque lancée par les conservateurs derrière le dos de Gorbatchev ne fut ni la seule ni la dernière ? L'« affaire de Leningrad » de Nina Andreïeva, à la différence de celle de l'époque stalinienne, ne fit pas de cadavres [6] (même politiques), mais assombrit l'histoire de la perestroïka. En juillet 1991, le rédacteur de la *Sovietskaïa Rossia*, Tchikine, qui s'en était tiré avec une réprimande verbale de Gorbatchev (il croyait au « pluralisme », lui), publia dans son journal un appel direct au renversement des organes constitutionnels du pouvoir, sous le titre « La parole au peuple ». Et cet appel fut entendu par les organisateurs du putsch d'août. L'entourage de Nina Andreïeva, orienté sur Ligatchev, créa d'abord la fraction nationaliste russe du PCUS, puis le PC de Russie. Cela eut pour conséquence d'enterrer définitivement l'idée gorbatchévienne de transformation démocratique du parti.

Le mois de mars de 1988 se termina moins bien encore qu'il n'avait commencé. Le 21, quelques jours après le retour de Gorbatchev de Yougoslavie, Ligatchev prit sa revanche pour l'humiliation de l'affaire Andreïeva, en laissant publier dans la *Pravda* un article consacré à la situation en Arménie qui prenait à contre-pied tout ce que Gorbatchev avait dit dans son discours pacificateur de Belgrade. Réfutant les thèses de son propre *gensek*, le journal central du parti suggérait que les manifestations de soutien au Karabakh, à Erevan, étaient des actions antisocialistes téléguidées par des soviétologues occidentaux qui rêvaient de diviser l'Union soviétique en apanages nationaux [7].

Les braises du foyer arménien, qui se consumaient après le massacre de Soumgaït, s'enflammèrent à nouveau. Des milliers de personnes descendirent dans les rues d'Erevan et occupèrent l'aéroport. Le 24 mars, Gorbatchev signa un décret instaurant la loi martiale en Arménie et l'introduction d'unités de l'armée soviétique à Erevan. Et ce fut ainsi que, sous les efforts conjugués des nationalistes radicaux et des infatigables bolcheviks, le commandement « Tu ne tireras pas ! » fut effacé du drapeau de la perestroïka.

Entre le *gensek* et le président

Si l'on veut comprendre pourquoi le mot russe *datcha* est entré dans toutes les langues étrangères, il faut quitter la ville étouffante, bruyante et polluée pour se plonger dans la fraîcheur des forêts qui entourent Moscou, et dans le silence entrecoupé seulement du chant des oiseaux et du vrombissement des moustiques. Se baigner dans l'eau fraîche d'un étang, boire du thé sous une pinède ou sous la véranda, bouquiner tranquillement, en jetant de temps en temps un coup d'œil au Chagall offert par la fenêtre ouverte... Mais la datcha est aussi agréable en hiver. À quelques dizaines de kilomètres du « bûcher des vanités » moscovite et de la gadoue noire et envahissante des rues, on se retrouve comme dans un conte de Noël au milieu de la forêt couverte de givre, avec la neige qui craque sous les pieds, comme une pomme qu'on croque.

Ayant fait ces expériences, vous comprendrez alors pourquoi il n'y a, à Moscou, ni vie, ni création, ni politique, en dehors des datchas; pourquoi les trois sœurs de Tchekhov, tout en répétant : « À Moscou! À Moscou! » ne quittaient pas leurs vérandas, et pourquoi tous les écrivains soviétiques de renom, de Tchoukovski à Pasternak, passaient la plupart de leur temps dans leurs maisons de campagne du village de Peredelkino, non loin de la capitale; pourquoi Soljenitsyne trouva refuge dans celle de Rostropovitch, et, enfin, pourquoi Joukov et Khrouchtchev, destitués, finirent leurs vies dans leurs datchas respectives.

On espérait que l'air de la campagne serait bénéfique à Lénine, déjà incurable, et on le soignait dans les Gorki près de Moscou [1]. Quant à Staline, il passait souvent toute la journée (et la nuit) de travail dans sa résidence de Volynskoïe. Ce fut là, d'ailleurs, qu'on le retrouva par terre, sans connaissance, le 1er mars 1953. Leurs successeurs appréciaient le calme de ces propriétés d'État, entourées de vertes palissades, autant sinon plus que la pompe des salles du Kremlin et le décorum des couloirs du CC.

En avril 1991, ce fut dans l'une de ces demeures, à Novo-Ogariovo, que Gorbatchev décida de réunir le Conseil d'État, composé des présidents, frais émoulus, des parlements des quinze républiques de l'URSS. Les ayant isolés, comme pour un conclave au Vatican, il ne les laissa pas partir tant qu'ils n'eurent pas approuvé une nouvelle formule de fédération et un traité d'Union. Pour imposer, sa nouvelle conception de l'État, Gorbatchev promit de nouvelles élections législatives et, mettant en jeu son propre titre, présidentielles. L'accord se fit donc au prix du sacrifice du Soviet suprême, présidé par Anatoli Loukianov, et du gouvernement, dirigé par Valentin Pavlov *.

Satisfaits du résultat, les « trois preux » (Gorbatchev, Eltsine et Nazarbaïev *) dont l'alliance avait emporté l'accord des autres dirigeants républicains, restèrent à la datcha après la réunion pour fêter, à la russe, leur succès. Au mépris de toute prudence, sans se méfier des fenêtres ouvertes et des gardes postés derrière chaque buisson, ils discutèrent à voix haute des futurs changements au Kremlin, au parlement et au gouvernement. Ils envisageaient de nommer Nazarbaïev au poste de Premier ministre, à la place de Pavlov, et d'envoyer à la retraite les deux ministres du maintien de l'ordre : le chef du KGB, Vladimir Krioutchkov, et le ministre de l'Intérieur, Boris Pougo *, qui peu de temps auparavant, avaient exigé, avec le ministre de la Défense, Dmitri Iazov *, l'octroi de pouvoirs extraordinaires.

Ce « festin des vainqueurs » nocturne leur coûta cher. Leur insouciance permit au commandant de la garde de Gorbatchev, Iouri Plekhanov, le chef de la neuvième direction du KGB, de rapporter dès le lendemain à Krioutchkov tous les détails des changements de personnes qui devaient suivre la signature du nouveau traité d'Union, le 20 août. De ce fait, la date du putsch anti-gorbatchévien se fixa d'elle-même. Le mécanisme de l'explosion qui devait emporter l'URSS fut ainsi mis en marche [2].

Dans les temps de la stagnation brejnévienne, les datchas d'État étaient largement utilisées pour favoriser le travail « créatif » au service des chefs. Assistants et conseillers des pontes de l'appareil s'installaient dans ces résidences pendant de longs mois pour rédiger les discours des jubilés solennels, moderniser les appels canoniques du 1er Mai et du 7 Novembre, censés enthousiasmer et mobiliser les travailleurs, et préparer les dossiers pour les plénums du CC consacrés au développement de l'agriculture, à l'essor de la chimie, ou à l'éducation internationaliste des citoyens soviétiques.

Les vacanciers de l'appareil appréciaient ces missions de service, en pension complète, dans la nature. Les datchas du parti baignaient dans une atmosphère d'abondance, de liberté d'esprit, et même d'un démocratisme qui n'avait pas sa place dans le système hiérarchique de la Vieille place. Les chefs, en survêtements de sport, sans secrétaires ni gardes du corps, devenaient non seulement plus accessibles, mais aussi, en participant volontiers aux festins du soir, mieux disposés à écouter les idées les plus radicales des libéraux de l'appareil. Deux ou trois fois par semaine, des superproductions américaines étaient projetées et le personnel de service, dactylos et femmes de chambre (la plupart étaient des agents de la « Neuf » du KGB), restait tard, soit pour surveiller les invités, soit pour embellir la solitude des fonctionnaires fatigués par la création politique.

Sous Gorbatchev, la durée des séjours « à la campagne » se réduisit fortement. Lui-même préférait rester dans sa propre datcha, celle où vivait sa famille, et n'aimait pas les interminables veillées russes, à table ou dans un hammam. De plus, il n'avait pas besoin de textes préparés par une armée de collaborateurs. Les discours rituels et les documents « stratégiques » étaient rédigés en deux ou trois jours, de manière très opérationnelle, par son proche entourage : ses assistants, Tcherniaïev et Chakhnazarov, et, parmi les membres du Politburo, surtout Iakovlev. Gorbatchev apparaissait à la fin de leur travail, dans son habituel gilet bigarré, en laine tricotée. Il parcourait le texte en lançant aux dactylos, derrière la porte, les pages qu'il venait de corriger ou en dictant des passages entièrement remaniés. Il préférait sa datcha aux bureaux du CC ou du Kremlin, car, loin des yeux jaloux des autres membres de la direction, elle permettait de réunir pour des conversations informelles ceux dont il avait le plus besoin : des économistes, des spécialistes de la politique extérieure ou simplement des gens qui lui étaient proches, indépendamment de leurs postes officiels.

Ce fut dans sa datcha de Volynskoïe-II, bâtie à côté de l'ancien domaine de Staline, que se rassemblèrent simultanément, au début du printemps de 1990, trois brigades de « scribes ». Chaque groupe avait son responsable de la « création » et sa propre mission, mais, en s'installant, à l'heure du déjeuner, aux longues tables couvertes de *zakouski*, leurs membres respectifs se scrutaient jalousement en tentant de deviner si les autres équipes n'étaient pas des rivales chargées de formuler le même problème de façon différente. En effet, Gorbatchev avait pris l'habitude de confier le même sujet à différents collaborateurs en les faisant travailler en parallèle. Il souhaitait avoir un regard « stéréoscopique » sur certaines situations et disposer d'un choix de variantes allant d'une solution radicale à une approche conservatrice. Et aucun des « nègres » qui travaillaient avec ferveur sur les thèses du chef, y compris ses plus proches compagnons, ne savait en quel costume et avec quel masque Gorbatchev grimperait sur la tribune et lequel des divers discours qu'ils avaient préparés il prononcerait.

Cette fois-là, pourtant, à en juger par leur composition, les équipes rassemblées à Volynskoïe n'étaient pas rivales, mais complémentaires. Elles étaient les composantes de l'orchestre appelé à créer et à exécuter une nouvelle symphonie gorbatchévienne : l'intronisation en grande pompe du premier président de l'URSS.

Il est bon de rappeler ici le calendrier des événements précédents : au début de l'année 1990, l'élément le plus important de la réforme, la destruction du monopole du PCUS sur la vie politique du pays, était en grande partie réalisé. Sciée par des discussions orageuses qui eurent pour cadre la XIXe conférence du parti (en juin-juillet 1988, peu après l' « affaire » Andreïeva), et par les premières élections parlementaires à candidatures multiples, au printemps 1989, la branche sur laquelle était assis le système du parti unique commença à craquer. La société prenait vite goût à l'indépendance et, se libérant de l'ancien uniforme, se mettait à essayer de nouvelles tenues, plus bariolées. Le pluralisme réveillé ne pouvait être retenu dans le cadre du « choix socialiste » qu'au prix d'un retour en arrière, à moins de transformer le « socialisme réel » en « socialisme sans rivages » en appelant « socialiste » tout ce qui était « dans les intérêts du peuple ». C'est d'ailleurs ce que proposait Iakovlev. Il ne restait plus qu'un pas à franchir pour arriver à la célèbre formule de Deng Xiaoping : « La couleur du chat n'a pas d'importance, à condition qu'il attrape les souris. »

Le nouveau parlement de l'URSS faisait ses premiers pas sous la surveillance attentive de son président, Gorbatchev [3], et prenait de plus en plus d'assurance. Ses députés découvraient peu à peu leur nouvelle légitimité, ne parvenant pas encore tout à fait à croire qu'ils n'étaient responsables que devant leurs électeurs. Dans ces conditions, l'existence d'un parti unique « par la grâce de Dieu », comme le Caudillo en Espagne, devenait un anachronisme évident. L'article 6 de la Constitution brejnévienne, qui définissait le PCUS comme le « noyau du système politique soviétique », provoquait les critiques acerbes des démocrates radicaux dans la presse, et les sifflements et les huées dans les manifestations politiques.

Le gorbatchévien Vadim Bakatine, qui était alors ministre de l'Intérieur, fut le premier à parler de la corde dans la maison du pendu. Dans la salle du Kremlin affectée aux plénums du CC, sous les quolibets de l'assistance, il proposa courageusement à la direction du parti de prendre l'initiative d'annuler l'article 6 (ce qui aurait eu pour conséquence de transformer le parti unique en une formation parmi d'autres dans le spectre politique qui commençait à se mettre en place), sans attendre que le parlement se saisisse lui-même de la question. On manqua de le chasser de la tribune [4], mais il remplit jusqu'au bout sa mission de *kamikaze* en présence de Gorbatchev qui garda un silence énigmatique.

Bakatine irritait tellement les conservateurs que, fin novembre 1990, le *gensek* se vit obligé de céder à leurs pressions et de le remplacer au ministère de l'Intérieur par Boris Pougo. Mais, ce jour-là, il leva le tabou d'un sujet jusque-là interdit. Trois mois plus tard, Gorbatchev obtenait presque sans difficulté du même plénum l'approbation d'un texte proposant au parlement d'abroger le fameux article 6.

Mais, cet hiver-là, tout le scénario des événements futurs restait encore à écrire. Alexandre Iakovlev me convoqua pour une conversation « personnelle ». Vadim Sobakine était là également. Après avoir été mon professeur de droit international pendant mes études, cet ancien ambassadeur à l'Unesco était devenu mon confrère au département international du CC.

« Voilà, les gars, commença Iakovlev en réduisant aussitôt la distance qui nous séparait dans la hiérarchie nomenklaturiste. Il faut penser à l'introduction du pouvoir présidentiel en URSS. Étudiez l'expérience internationale et établissez-en les fondements politiques. »

Ceux-ci étaient plus qu'évidents. Le socle de l'État idéologique s'effritait sous les coups du *gensek* qui comptait établir à sa place les nouvelles fondations d'un pouvoir solide, élu par le peuple. Selon ses calculs, il était encore trop tôt pour se débarrasser totalement de la béquille du parti : le ciment de la nouvelle structure démocratique n'était pas encore assez sec pour supporter le poids du bâtiment. Mais les événements, comme les démocrates, le pressaient de brûler les étapes. Ces derniers, n'obéissant pas à un calendrier spéculatif, sentaient la proximité du pouvoir et refusaient de l'attendre, comme des enfants qui veulent ouvrir avant la date les paquets de Noël. Il n'était plus possible de retenir ni les uns ni les autres, mais d'un autre côté, si l'on précipitait la fonte du glacier du système à la chaleur du projet réformiste, une avalanche était inévitable.

Malgré tout, Gorbatchev et ses alliés comptaient (et que leur restait-il d'autre?) que l'inertie sociale du pays serait suffisamment forte pour obtenir son obéissance pendant les mois critiques de la transition. Ils pensaient que la condition première pour cela était de changer le titre du chef et, à la casquette léninienne de *gensek* d'un parti prolétarien, substituer le plumet moins austère de premier président soviétique. Gorbatchev semblait croire en son charisme, ou en sa bonne étoile, et pensait qu'il pourrait, comme Atlas, tenir l'État sur ses seules épaules jusqu'à l'installation des nouvelles colonnes démocratiques en lieu et place du socle fissuré du parti. Le développement ultérieur des événements montra qu'il avait péché par excès d'optimisme : « La phase critique a commencé plus tôt que nous ne comptions », expliqua-t-il lui-même à François Mitterrand, un an et demi plus tard, à Latche.

« A-t-il l'intention de rester secrétaire général, lorsqu'il sera président? » demandai-je à Iakovlev. Il me semblait que Gorbatchev devait se débarrasser du fardeau de ce titre tourné vers le passé et cesser de tenir à la fois sur deux blocs de glace qui s'éloignaient l'un de l'autre et menaçaient de le faire tomber. Iakovlev paraissait être du même avis, mais sa loyauté envers son chef ne lui permettait pas de faire état de leurs divergences devant d'autres personnes, du moins à cette époque.

« Il considère qu'il ne peut pas abandonner à leur sort le parti et ses millions de membres. D'abord, cela signifie laisser à l'adversaire une armée entière. De plus, il y a là beaucoup d'honnêtes gens, et si le président ne les défend pas, au lendemain de l'abrogation de l'article 6, les foules se mettront à saccager les comités du parti », répondit Iakovlev.

Cinq jours plus tard, Sobakine et moi lui apportâmes un épais dossier, où, en plus des arguments politiques en faveur de l'instauration du poste de président de l'URSS (simultanément à l'abandon de l'article 6), nous présentions une première version d'une loi fondamentale établissant la division des pouvoirs entre le président, le parlement et le gouvernement. Nous citions les exemples qui illustraient le statut présidentiel aux États-Unis, en France et dans la seule république présidentielle de l'Europe centrale et orientale : la Tchécoslovaquie. Notre solution était un mélange des trois systèmes, mais s'inspirait plus largement de la Constitution française. Sans doute était-ce dû à notre francophonie commune avec Sobakine. Nous empruntâmes à la tradition américaine le poste de vice-président : nous avions de bonnes raisons de penser que le candidat le plus probable à ce poste serait notre commanditaire, Iakovlev.

Tous nos textes, corrigés et amendés par les futurs président et vice-président, devaient obtenir l'approbation du Politburo. Pour Gorbatchev, c'était là un lourd handicap fréquemment oublié par ceux de ses critiques qui s'imaginaient nonchalamment à sa place. En fait, il était en permanence obligé de faire de l'escrime, une main attachée derrière le dos. Bien sûr, il avait une autre possibilité : s'engager sur la voie stalinienne et faire coffrer nuitamment ceux de ses collègues qui se trouvaient en désaccord avec lui. En analysant son comportement avec le recul du temps, certains de ses subterfuges, de ses manœuvres et de ses précautions peuvent paraître injustifiés. Peut-être ont-ils raison, les radicaux bruyants qui mettent en avant sa cautèle excessive pour l'accuser d'inconsistance et de pusillanimité, lui reconnaissant à peine « certains mérites », avec condescendance?

Je ne saurais le dire, n'ayant pas eu l'occasion de me mettre « dans sa peau », à cette époque. Je tiens simplement à rappeler que si les voix de ces critiques résolus résonnent aujourd'hui si librement, c'est parce qu'il est sorti, lui et pas eux, se battre seul contre un système qui exterminait sans pitié non seulement les protestations ou les désaccords, mais même les doutes exprimés à mi-voix. Et nul statut officiel, même le poste de *gensek*, n'aurait pu protéger Gorbatchev si le Système avait deviné à temps qu'il était son ennemi mortel.

Même après six ans de perestroïka, dans un Politburo composé de membres qu'il avait lui-même sélectionnés, le *gensek* restait minoritaire, isolé et sous la menace permanente de destitution. Alors, que dire du Politburo hérité de Tchernenko, qui comptait sur le nouveau *gensek* pour continuer à diriger le pays selon la tradition des vingt années précédentes? En proposant Gorbatchev au poste de secrétaire général, en mars 1985, Gromyko eut ces paroles qui ne sonnaient pas comme un portrait, mais comme un ordre : « Mikhaïl Sergueïevitch est un homme ferme dans ses principes et convictions. Il a toujours été pour ce qui nous est le plus sacré à tous : le maintien de la sécurité. »

Et, sachant quelle réponse les vieillards rassemblés au Kremlin attendaient de lui, que pouvait dire Gorbatchev? Seulement confirmer le maintien de « la ligne stratégique élaborée au XXVIe congrès du PCUS » et rassurer les généraux qui constituaient près du quart des membres du CC en leur promettant que « nos vaillantes forces armées auront tout le nécessaire ».

Les membres du Politburo et du CC, ainsi que les chefs des « vaillantes forces armées » qui sont encore en vie aujourd'hui, donneraient probablement cher pour retourner à cet instant où il était encore possible d'entraver un homme qui, à la différence de Churchill, allait accepter de « présider l'enterrement » d'un empire, fût-il celui du parti.

J'ignore par quel biais, cinq ans plus tard, Gorbatchev parvint à convaincre le Politburo de l'affranchir, c'est-à-dire de renoncer au contrôle majoritaire sur ses actions, et de le laisser partir pour l'abri plus sûr du Soviet suprême. De même, un mois plus tard, en février 1990, il réussit à convaincre le plénum du CC de signer la condamnation du parti unique, en approuvant l'abrogation de l'article 6. La voie était ouverte à la convocation d'un congrès extraordinaire des députés du peuple qui « achèterait » l'abandon du texte fondant la soumission du parlement au parti, par la proclamation de Gorbatchev à la présidence.

Ce fut pour préparer ce congrès que nous nous retrouvâmes « en villégiature » à Volynskoïe. Chacune des trois équipes avait son projet : celle de Gueorgui Chakhnazarov travaillait sur les aspects juridiques de la réforme étatique. Nikolaï Petrakov, avec Grigori Iavlinski *, établissait le programme économique du passage au marché. Celle de Iakovlev, dont je faisais partie, reçut la mission délicate d'établir le calendrier politique des « cent premiers jours du président de l'URSS ».

Il est difficile de dire qui souffla cette idée à Gorbatchev. Probablement l'un des membres de la troïka des spécialistes des relations internationales, Evgueni Primakov, Valentin Faline ou Iakovlev lui-même [5]. Tous trois étaient ses conseillers politiques les plus proches du moment. Du moins, ils avaient cette impression, car il était difficile, sinon impossible, de dire qui, à l'exception de Raïssa, était un conseiller privilégié de Gorbatchev. Probablement personne, bien qu'il possédât au plus haut point le talent de créer chez ses interlocuteurs l'illusion qu'ils avaient réussi à le convaincre. Mais personne ne pouvait en être sûr jusqu'au bout. « J'écoute tout le monde, aimait-il à répéter, mais je prends mes décisions seul. » Et, que ce fut bon ou mauvais pour lui, c'était vraiment ainsi qu'il agissait.

L'idée des « cent jours » avait certes une forte connotation exotique, mais il est vrai que le titre de président ne sonnait pas beaucoup mieux en russe. En nous inspirant des exemples étrangers, nous nous mîmes au travail à partir de grandes lignes formulées par Gorbatchev lui-même et transmises par Iakovlev. En quelques jours, en tenant compte des problèmes urgents accumulés, des propositions de différents ministères, personnalités publiques et organisations, et, surtout, de notre propre conception d'un président réformateur idéal, nous dressâmes un programme qui devait donner de son initiateur une image majestueuse, combinant les traits de Pierre le Grand, Franklin D. Roosevelt, et Charles de Gaulle, avec ceux de Gorbatchev lui-même. Nous voulions surtout doter le futur président de l'URSS de quelques qualités qui semblaient lui faire défaut. Elles nous semblaient nécessaires pour qu'il ne se laissât pas distancer par des processus sociaux, animés d'une énergie propre, et qu'il pût même les faire avancer, renforçant ainsi sa ligne directrice.

En relisant ce programme aujourd'hui, on se rend compte qu'il fut établi pour une personnalité possédant un autre caractère et d'autres qualités que Gorbatchev : un homme plus autoritaire et moins enclin aux compromis, dur à l'égard de ses adversaires et méthodique jusqu'au détail dans la mise en œuvre de ses projets pratiques. Un dirigeant qui aurait été un gouverneur plutôt qu'un éducateur, un chef plutôt qu'un confesseur. Il est fort possible que, si Gorbatchev avait possédé de telles qualités, nous lui aurions imposé des caractéristiques contraires, bien que, dans ce cas-là, il n'aurait demandé l'avis de personne.

Nous décidâmes de couronner nos recommandations par une devise courte et pleine de sens appelée à devenir le symbole de l'époque liée à son nom. En nous référant au *New Deal* de Roosevelt et à la *Great Society* de Lyndon Johnson, nous lui proposâmes : « Justice, Démocratie, Loi. »

Établi sujet par sujet et semaine par semaine, le *Programme des mesures immédiates du président dans les cent premiers jours* ne s'adressait guère à la réalité du pays, que l'on n'aurait pu changer ni en cent jours, ni en mille et une nuits. C'était le futur président lui-même que nous interpellions en l'appelant à réagir aux espoirs du pays, qui, fatigué de cinq ans de promesses, exigeait du pouvoir des actes pratiques. Nous proposions d'utiliser la transformation d'un *gensek* héréditaire en président légalement élu pour libérer la société du carcan du parti et rompre définitivement avec le passé. Ce qui signifiait pour Gorbatchev une rupture avec lui-même.

Le dernier jour de notre séjour, il vint à Volynskoïe. Avec un plaisir visible, comme s'il essayait sur lui le futur habit présidentiel, il révisa notre texte jusque tard dans la soirée. Il nous surprit et nous enthousiasma par son radicalisme et les dimensions de ses projets. Hélas, les habits d'apparat restèrent dans la cabine d'essayage. Le programme préparé ne fut ni annoncé publiquement ni mis en application. Il en fut de même du projet de réforme économique radicale de Petrakov. Plus tard, Grigori Iavlinski et Stanislav Chataline * s'en servirent comme ébauche à leur célèbre programme des « 500 jours » qui connut le même sort. En dépit du soutien de Gorbatchev et d'Eltsine, il fut bloqué par le gouvernement dirigé par Ryjkov et le parlement présidé par Loukianov.

Mais, au moment dont je parle, l'Histoire se faisait non pas à la datcha, mais au Kremlin. Le 12 mars 1990, le Congrès extraordinaire abrogea avec entrain, de la Constitution, l'article qui fondait le pouvoir du PCUS. Du coup, instantanément privé de toute tutelle, le parlement cessa d'être docile et remit en cause l'accès automatique à la présidence du *gensek* d'un parti qui n'était plus le seul possible.

Selon le projet que nous avions proposé, Sobakine et moi, le président, pour s'élever au-dessus du parlement et du gouvernement, devait être élu au suffrage universel direct. C'est d'ailleurs ce que stipulait le projet de réforme constitutionnelle. Tel le héros d'un conte russe, le futur président devait prendre un bain de jouvence démocratique en plongeant dans la marmite bouillante du vote populaire. Mais Gorbatchev ne voulait pas prendre ce risque. Il estimait que les circonstances extraordinaires de la période de transition justifiaient une exception et qu'il pouvait fort bien ne pas être élu par le peuple, mais seulement par les députés. Le *gensek* en lui ne lâchait pas prise.

Quand je pénétrai dans la chambre de Iakovlev, à Volynskoïe, il était assis, la jambe bien tendue devant lui : à la suite d'une blessure de guerre, elle ne se pliait pas.

« Je crois, commençai-je, que Gorbatchev commet une faute en se privant du mandat du peuple.

– Es-tu sûr qu'il gagnerait les élections? me demanda le candidat à la vice-présidence avec un doute inattendu dans la voix.

– S'il se présente en mettant en jeu son propre destin, montrant ainsi que la démocratie dans le pays lui importe plus que sa propre chance de devenir président, alors il gagnera, j'en suis sûr. Aujourd'hui, il n'a pas encore de concurrents. Même Eltsine. »

Généralement, lorsque je m'efforçais de convaincre Iakovlev de quelque chose qu'il pensait lui-même, il n'élevait pas d'objection, mais n'abondait pas non plus dans mon sens, comme s'il intégrait ce qu'il venait d'entendre dans un dialogue intérieur avec lui-même. Ou peut-être dans une conversation avec Gorbatchev, car pendant les années de la perestroïka, il était le principal interlocuteur quotidien du *gensek*.

Leur dialogue et leur union politique commençèrent, comme dans un roman d'amour, par un coup de foudre : ils tombèrent dans les bras l'un de l'autre en mai 1983, pendant une visite officielle de Gorbatchev au Canada. Là-bas, l'« aurochs » disgracié par la nomenklatura souffrait depuis près de dix ans à son poste diplomatique de deuxième importance. Parfois, il avait l'occasion de parler à cœur ouvert avec son voisin, Anatoli Dobrynine, qui vieillissait également à son poste d'ambassadeur à Washington, car Gromyko ne souhaitait pas le retour, à Moscou, d'un réel prétendant à son portefeuille ministériel.

La rencontre avec Gorbatchev, représenta pour Iakovlev (à l'instar d'un autre libéral russe, le comte Mikhaïl Speranski *, cent soixante-dix ans auparavant) les retrouvailles avec son tsar. Oubliant le programme officiel et l'agriculture canadienne, les deux hommes passèrent des heures entières à parler de la Russie. Grâce à Gorbatchev, Iakovlev pouvait compter non seulement sur un retour à la vie politique active, mais il avait enfin une chance d'implanter dans la réalité soviétique ses idées secrètes et de réaliser ses projets les plus audacieux. Devenu le Chiron du jeune Achille soviétique, Iakovlev lui transmit à la fois son inappréciable expérience nomenklaturiste, et ses fantaisies politiques les plus débridées. Plus tard, il lui arrivait souvent de bougonner à propos de son difficile élève, qui avait de moins en moins besoin de lui et qui ne sollicitait plus aussi souvent ses conseils. Il était jaloux de sa gloire nationale et mondiale qui laissait dans l'ombre son propre rôle politique et intellectuel.

Un jour, Iakovlev me confia, avec une indignation non feinte que c'était exprès que Gorbatchev ne lui laissait pas préparer le « discours Lénine », l'intervention théorique rituelle qui avait lieu tous les ans, pour l'anniversaire de la naissance du grand homme. « Il a trop peur que j'écrive quelque chose de plus profond et intéressant que lui. » Néanmoins, il reconnaissait le principal : « Gorbatchev peut faire ce dont je suis incapable. » Il faisait allusion à l'art tactique extraordinaire du *gensek*, à son sens des manœuvres politiques qui laissaient ses adversaires désarmés et les obligeaient à marcher, à leur insu, dans la direction qu'il souhaitait. « Je me serais déchaîné cent fois, m'avouait Iakovlev. Je me serais pris de bec avec ces salauds-là, alors qu'il parvient, lui, à travailler avec eux. »

Au moment le plus difficile et désespéré de la carrière politique de Gorbatchev, après le putsch d'août 1991, Iakovlev revint auprès de lui, au Kremlin, lui pardonnant (mais peut-être pas totalement) une dernière et terrible « trahison » à son égard.

Quelques jours avant la tentative de coup d'État, alors que le président était déjà en vacances, à Foros, la Commission de contrôle du parti ouvrit un dossier d'exclusion contre Iakovlev qui préféra quitter le parti de lui-même. N'étant pas formellement informé de cette provocation politique, le *gensek* laissa faire, abandonnant ainsi son vieil allié aux conservateurs, assoiffés de son sang.

Mais revenons à ces journées de mars. Iakovlev écouta mes arguments et garda le silence, comme d'habitude. Le lendemain, il monta à la tribune du Congrès des députés, au Kremlin, pour persuader les députés d'élire Gorbatchev au poste de président tout de suite, sans organiser des élections générales. D'autres orateurs du courant démocratique, comme Likhatchev *, Zalyguine *, Travkine ou Sobtchak * abondèrent dans le même sens, parvenant, à eux tous, à retourner les députés. Le 15 mars 1990, le Congrès vota pour que le *gensek* de l'ex-parti dirigeant devienne, « par dérogation », le premier président du pays. Mais il ne fut plus question d'accorder à Iakovlev la vice-présidence. En vertu du texte de la Constitution amendée, Gorbatchev aurait dû rester en poste jusqu'en 1995. En fait, il y demeura à peine plus d'un an et demi. Ses « cent premiers jours » non réalisés se transformèrent bien vite en cent derniers jours.

La faiblesse dont il fit preuve en refusant d'affronter des élections générales lui coûta cher. En décembre 1991, il fut obligé de céder le Kremlin à Boris Eltsine. Six mois plus tôt, à l'occasion des premières élections présidentielles libres en Russie, cet homme de « poids » avait été porté à la tête de la république par une majorité écrasante des votants qui lui surent gré de leur avoir simplement laissé la possibilité de l'élire.

En mars 1990, pendant la débâcle du parti, Gorbatchev avait la possibilité de sauter sur le bloc de glace qui l'aurait amené de l'autre côté du fleuve. Il ne le fit pas, et, en août de l'année suivante, il fut submergé par la vague des changements qu'il avait lui-même provoquée.

Le Kremlin, Moscou. Août 1991

Lorsqu'un coup de fil fait irruption dans votre sommeil, pendant quelques instants, il en devient partie. La réalité s'insère fugacement dans le rêve. Surtout si elle est invraisemblable.

Le téléphone a donc sonné, et j'ai entendu la voix de ma mère me dire : « Gorbatchev a été arrêté. » Cette phrase m'ôta toute envie de me réveiller. Hélas, la réalité finit toujours par l'emporter. « Nous voilà frais ! » Tels furent mes premiers mots, et il me semble que je les ai entendus en mon for intérieur, plutôt que prononcés. Apparemment, cette expression cohabitait dans mon subconscient avec le pressentiment angoissé qu'un jour, le rêve de la perestroïka serait interrompu par le fracas des bottes et des tambours.

J'allumai la radio. On transmettait pêle-mêle des informations sur la « maladie subite » du président, les premiers décrets du Comité d'État pour l'état d'urgence, ou GKTchP, et la déclaration finaude du président du parlement, Anatoli Loukianov, d'où il ressortait que même si Gorbatchev était l'un de ses vieux amis, le salut de la patrie était plus important à ses yeux.

Enfin réveillé, je regardai autour de moi pour prendre des repères, non seulement dans la politique, mais aussi dans l'espace : je me trouvais à ma datcha, à cinquante kilomètres de la capitale, en congé, et il était inutile de me presser. « Le premier jour, pensai-je, ils seront trop occupés à chasser les gorbatchéviens, à Moscou. Ce n'est que ce soir, ou plus vraisemblablement demain, qu'ils viendront jusqu'ici. » Je disposais donc d'un jour au moins pour comprendre si c'était un coup à la « sauce chilienne » ou un « plat » de la cuisine russe. D'autant que le téléphone continuait de fonctionner, même l'international. À sept heures du matin, Bernard Guetta, le correspondant du journal *Le Monde* me téléphona de Paris. Ce fut l'interview la plus matinale de toute ma carrière.

J'appelai « putsch » ce qui venait de se passer en précisant que son issue dépendrait de la réaction de la population à Moscou et, peut-être encore davantage, dans les républiques. Une fois, j'avais utilisé le terme « coup d'État » dans un entretien accordé au *Monde*, à propos de la création du PC de Russie et de l'élection à sa tête d'Ivan Polozkov, le protégé de Ligatchev. J'avais essayé d'expliquer qu'en russe le mot *perevorot* ne désigne pas seulement un coup d'État, mais aussi un tournant politique radical qui ne s'accompagne pas nécessairement d'un changement de gouvernement. Ce matin-là, c'était un coup d'État dans le sens français de l'expression.

À en juger par la tonalité des communiqués du GKTchP, il était clair que l'usage de la violence n'était pas tout de suite à l'ordre du jour. Les putschistes semblaient vouloir effrayer les gens pour rendre inutile l'usage des armes. Ensuite, ils pourraient tranquillement convoquer un plénum du CC, dans le genre de celui d'octobre 1964, et libérer de ses fonctions, « à sa demande », le *gensek* égaré. Il me fallait donc me préparer à cette réunion, car j'étais membre du CC. J'avais eu droit à cet honneur inattendu un an plus tôt, lors du XXVIIIe congrès du PCUS, lorsque Gorbatchev, en authentique « marxiste légaliste », décida enfin (mais, hélas, trop tard) de saturer la direction du parti par des cadres à lui. À ce même congrès, le groupe de « dissidents » les plus radicaux, Eltsine en tête, n'ayant pas obtenu l'attention de Gorbatchev, quittèrent le parti. Et, en réponse aux attaques agressives des conservateurs, Alexandre Iakovlev baissa pavillon et quitta le Politburo. Je vins le voir, le soir des élections au CC, pour le remercier de sa « confiance ».

« Est-ce une équipe de fossoyeurs que vous êtes en train de former avec nous? Ou un détachement d'arrière-garde destiné à couvrir la retraite des forces principales?

– Tu sais, je suis fatigué, répondit Iakovlev. J'avais depuis longtemps conseillé à Gorbatchev de partager le parti entre les sociaux-démocrates et les conservateurs. Il m'avait répondu que c'était trop tôt. Et maintenant, j'ai bien peur que ce ne soit trop tard. »

Je m'efforçai de le contredire, en affirmant que s'il avait levé son propre drapeau, sans rien demander à Gorbatchev, le groupe le plus dynamique et, surtout, le plus jeune du parti aurait quitté le congrès pour le suivre. L'ex-membre du Politburo se contenta de faire un geste désespéré de la main. Quelques mois plus tard, il entreprit, avec Chevardnadze, de créer une nouvelle formation politique, non sans avoir tout de même obtenu l'accord de Gorbatchev. Mais rien n'en sortit.

Ma brève expérience des plénums du CC n'était pas rassurante. À l'un d'eux, la majorité, qui devenait de plus en plus agressive, alla jusqu'à demander la tête de Gorbatchev. Celui-ci, furieux et las, monta à la tribune : « C'est tout, ça suffit. Je démissionne. Combien de temps peut-on être le *gensek* de deux, trois ou même cinq partis à la fois ! » Le Politburo, effrayé, et une majorité de membres du CC le supplièrent de rester. Ils comprenaient bien que Gorbatchev était le seul à les défendre contre le reste du pays. De plus, cette fois là, ils n'avaient pas réellement voulu le destituer, mais seulement lui serrer la bride.

En juillet, la situation s'échauffa encore plus. Gorbatchev proposa un nouveau programme du parti, d'inspiration franchement social-démocrate. Son intention était claire : « Ceux qui ne sont pas d'accord n'ont qu'à partir. » Mais, partir, cela signifiait rendre les bureaux, les voitures, les datchas, le pouvoir. L'appareil pouvait-il l'accepter de son plein gré ?

Une semaine avant ce plénum de juillet, *Sovietskaïa Rossia*, sans se cacher derrière la signature de Nina Andreïeva, publia un article intitulé « La parole au peuple » qui appelait ouvertement à retirer le pouvoir au parlement pour le rendre au PC et aux forces « patriotiques ».

Cette fois, je ne préparai pas de notes de service ni de mémorandums aux chefs pour répondre à l'article. J'attendis simplement l'ouverture du plénum et m'inscrivis sur la liste des intervenants. « Puisque vous m'avez élu, je vous prie de m'écouter... » répétais-je dans ma tête en montant à la tribune comme sur une barricade. Deux jours plus tard, en publiant le texte de mon intervention, la *Pravda* indiqua entre parenthèses « Bruits dans la salle ». C'était un doux euphémisme. En réalité, en m'entendant dire que l'article en question déstabilisait le pays, la salle se mit à hurler dans une indicible explosion de rage. J'attendis la fin du vacarme pour terminer ainsi mon discours :

« Je ne voudrais pas vivre jusqu'au jour où l'abréviation PCUS sera déchiffrée comme parti conservateur de l'Union soviétique, car alors les démocrates au pouvoir seront inévitablement remplacés par des extrémistes. »

Malheureusement, à peine un mois plus tard, ces derniers prirent le pouvoir. D'abord les extrémistes communistes, puis les extrémistes réformateurs.

Puisque personne ne vint me cueillir à la datcha pendant le premier jour du putsch, je me rendis moi-même à Moscou. Près de la descente Vassilievski, derrière Basile-le-Bienheureux, un char pointait son canon sur la tour du Sauveur, dont le carillon semble être resté la cible préférée de tous les assiégeants du Kremlin. Deux véhicules blindés se trouvaient à proximité. Auparavant, ils défilaient sur la place Rouge le 7 novembre. Ce jour-là, Moscou avait l'air d'une ville occupée et rappelait Prague de 1968 ou Santiago de 1973. J'empruntai la rue par laquelle on avait jadis amené Stenka Razine à l'échafaud, sur la place Rouge, et j'arrivai dans le bureau d'Arkadi Volski. C'était avec lui que j'avais préparé, au plénum d'avril, une déclaration de soixante-douze membres du CC qui avaient l'intention, si Gorbatchev partait, de quitter avec lui la salle de marbre du Kremlin, décorée de statues d'ouvriers, de paysans et de cosmonautes.

Volski m'expliqua que le dimanche 18 août, il avait reçu, à sa datcha, un « coup de fil » bizarre de Gorbatchev, de Foros :

« Il m'a demandé si je ne devais pas me rendre à Moscou et si j'avais entendu quelque chose à propos de ce qui se passait là-bas. Apparemment, il a pu m'appeler aussitôt après la visite de la délégation du GKTchP et avant que tous ses téléphones ne soient coupés. Lorsque je lui ai demandé comment il allait, il s'est plaint d'une névrite radiculaire, mais m'a dit que cela s'arrangeait. En guise d'adieux, il a jouté une phrase énigmatique : “ Prends soin de toi. ” »

Cette conversation faisait de Volski un témoin clé contre le mensonge du GKTchP à propos de l'état de santé de Gorbatchev. Il s'apprêtait à se rendre au Kremlin, chez Evgueni Primakov, l'un des rares membres du Conseil présidentiel à se trouver à Moscou. Il voulait trouver avec lui un moyen de parvenir jusqu'au président.

« Tu dois te préserver pour pouvoir témoigner devant un plénum, ou au parlement, lui conseillai-je. Au Kremlin, tu risques d'être neutralisé. »

Arkadi Ivanovitch, qui avait sorti un revolver de son coffre (un souvenir d'un séjour de deux ans au Karabakh, comme envoyé de Gorbatchev), regardait l'arme d'un air pensif, en se demandant s'il devait l'emporter avec lui.

« Tu veux prendre le Kremlin d'assaut? lui demandai-je, en m'efforçant de détendre un peu l'atmosphère. Même si tu es abattu à côté du Mausolée, tu n'y seras pas enterré. »

Avec un regret visible, Volski remit le revolver dans un dossier et le remit à sa place.

Je pris, quant à moi, le chemin du CC. Un silence craintif y régnait. Le chef du département international, Faline, se trouvait à une séance extraordinaire du Politburo. En l'absence de Gorbatchev, elle était présidée par le *gensek*-adjoint, Vladimir Ivachko. Deux ou trois heures plus tard, Faline revint. Il ne portait pas de cravate et avait des baskets aux pieds : il avait mal à la jambe et avait quitté sa datcha sans prendre le temps de se changer. Selon lui, « le parti n'avait pas été mis au courant » par les putschistes bien que deux secrétaires du CC, Oleg Baklanov *, responsable du complexe militaro-industriel, et Oleg Chenine *, chargé des problèmes d'organisation fissent partie du complot. Le Politburo avait décidé d'envoyer des télégrammes aux comités locaux du PCUS pour leur demander d'assurer le calme et l'ordre, de manière à éviter des conflits possibles avec l'armée.

« Et l'évaluation politique de la situation? Il s'agit d'une aventure! Et que va-t-il arriver à Gorbatchev? demandai-je.

– Tout est de sa faute, me répondit-il. Nous l'avons prévenu qu'il allait provoquer les militaires. Et puis, il ne faisait plus aucun cas du parti. Quant à savoir si c'est une aventure ou non, nous le saurons dans les prochains jours », finit-il par soupirer.

Sa blessure à la jambe semblait l'inquiéter plus que l'issue du cataclysme d'août.

En attendant de voir le tour qu'allaient prendre les événements, le Politburo décida, « pour ne pas scinder le parti », de ne pas convoquer le plénum. De même, le prudent Loukianov, qui souhaitait ne pas sortir des bois avant que tout ne fût clair, faisait traîner en longueur la convocation d'une session extraordinaire du parlement, la seule instance légitime à pouvoir approuver ou invalider l'état d'exception. Mais déjà le putsch commençait à tourner court. À proprement parler, il échoua au moment même où les gens comprirent qu'on n'allait pas tirer sur eux ni les jeter en prison sans procès, qu'on pouvait non seulement avoir son opinion sur ce qui se passait, mais aussi l'exprimer.

La junte, qui voulait faire revenir la peur comme moyen de gouverner le pays, recula elle-même devant une effusion de sang possible. En fait, l'armée, le parti et les putschistes avaient changé au rythme de la société, en faisant l'école primaire de la perestroïka. Et les membres du GKTchP n'osèrent pas franchir la ligne fatale qui les séparait de Pinochet. Ils souhaitaient donner des formes constitutionnelles à l'arbitraire et tinrent même une conférence de presse pour justifier leur action auprès de l'opinion publique, dans le pays et à l'étranger, et se présenter au monde sous un aspect civilisé.

Déconcertés par le refus résolu de Gorbatchev de se plier à leurs exigences, ne sachant pas quelle ligne de conduite adopter et n'osant pas sauter dans l'abîme de la terreur de masse, ils donnèrent le triste spectacle de leur irrésolution. Ils proclamèrent un couvre-feu notoirement irréel à Moscou, mais ils ne faisaient plus peur, ni à la population, ni à la télévision éduquée par la glasnost : après avoir lu les décrets du GKTchP, elle présenta avec impertinence un reportage sur la situation à la Maison Blanche qui montrait Eltsine grimpant sur un char rangé au côté des démocrates.

Alexandre Lebedev, le ministre-conseiller de l'ambassade de Prague, m'appela le soir même pour m'annoncer qu'il avait l'intention, avec l'ambassadeur Boris Pankine, de condamner publiquement le putsch. En lui expliquant ce qui se passait à Moscou, je lui dis : « Pour l'instant, c'est une situation de pat, ici, mais il suffirait d'un peu de sang, même symbolique, et de quelques victimes, pour que la junte soit balayée, comme à Bucarest. »

Cette même nuit, trois jeunes défenseurs de la Maison Blanche périrent sous les chenilles d'un char et les balles inutiles de soldats effrayés. Le choc et l'indignation des Moscovites firent reculer les putschistes. Le coup d'État échoua et ses organisateurs se ruèrent à l'aéroport pour s'envoler chez Gorbatchev, soit pour le prendre en otage, soit pour se mettre sous la protection d'un président qu'ils avaient eux-mêmes destitué.

Gorbatchev rentra à Moscou tard dans la nuit. Et là, il commit sa première faute politique après le putsch : au lieu de se rendre directement à la Maison Blanche où l'attendait la foule qui, sans armes, s'était opposée aux chars au nom de son retour, il s'en alla dormir à sa datcha. Et deux jours plus tard, pendant sa conférence de presse, il donna l'impression de ne plus vivre dans le même pays que ses concitoyens. N'ayant pas eu l'occasion de respirer cet air de liberté que les gens aspiraient goulûment, il répétait les paroles d'avant août sur le « choix socialiste » et défendait un parti qui l'avait trahi.

En réalité, ce dernier, en tant qu'organisme politique vivant, n'existait plus depuis longtemps. Il avait été tué à petit feu par Lénine qui lui donna le monopole du pouvoir étatique; Staline qui fusilla la moitié des cadres et bureaucratisa les survivants; leurs successeurs qui le transformèrent en instrument de conservation du pouvoir et en moyen de faire carrière; Ligatchev et Polozkov qui l'appelèrent à « sortir des tranchées »; et Gorbatchev lui-même, qui priva sa partie encore vivante de la chance de pouvoir l'assister dans la démocratisation du pays. Quant au coup de grâce, il fut porté par les derniers habitants de l'entrée n° 2 qui firent du parti le complice du putsch minable, terminant son histoire par un point d'infamie.

La classe dirigeante de l'État soviétique, rassemblée sous le drapeau du PCUS, s'avéra aussi incapable que l'élite du régime tsariste dont elle répéta, à peu de chose près, les erreurs fatales. N'ayant pas su s'adapter à la nouvelle réalité du pays, elle s'opposa stupidement à lui en résistant à tout changement, préparant ainsi l'explosion de la contestation populaire et sa propre sortie, sous les huées, de la scène politique.

La piétaille du parti, ces millions de citoyens ordinaires, parmi les plus actifs, cultivés, compétents et dévoués, paya pour l'incapacité de ses chefs. Certains ressentirent une humiliation imméritée, d'autres se virent contraints de démissionner, la plupart, désillusionnés par la politique, traversèrent une profonde crise morale.

Les communistes comptaient dans leurs rangs à la fois les meilleurs et les pires éléments de la société. En se brisant comme un thermomètre, leur formation se fragmenta en petites billes de mercure qui s'écoulèrent dans tous les sens. Les conformistes de l'ancienne nomenklatura endossèrent les habits de démocrates orthodoxes et même d'anticommunistes enragés pour se fixer dans les nouvelles structures du pouvoir. L'élite administrative rejeta les conventions de l'ancienne idéologie pour se plonger dans le marché, s'emparant de la partie de la propriété publique qu'elle gérait précédemment et interprétant la libre entreprise comme une licence de corruption légale. Les fonctionnaires, irrités par la subite perte des largesses du pouvoir, entreprirent de former les cohortes revanchistes, en prenant comme alliés des nationalistes et des fascistes et en se servant du mécontentement d'une société marginalisée.

Une petite minorité fut plus touchée que les autres : ceux qui croyaient, non au paradis communiste, mais dans l'utilité de cette expérience de soixante-dix ans, faite d'illusions et de déceptions accumulées, en tant que matériau de construction d'une société plus moderne et plus juste. Ils perdirent non seulement leurs idéaux, mais l'espoir même d'en avoir.

Mais la plupart des membres du parti, qui s'y étaient inscrits par conformisme ou calcul, lui dirent adieu, comme on se sépare d'un parent qui a vécu son temps et qui s'éteint après une très longue maladie, c'est-à-dire avec indifférence, et même avec soulagement, en regrettant non pas le disparu, mais les années de vie commune.

Il fallait pourtant enterrer officiellement le défunt. La cérémonie eut lieu le 24 août, au Kremlin, dans une pièce ronde appelée le Salon de noyer, à côté de la salle de réception de Gorbatchev. Nous étions huit. Huit membres du CC venus à pied (le trafic était interdit dans le centre de la ville) pour remettre au *gensek* une déclaration que nous comptions rendre publique dans la soirée, à la télévision. Nous y exprimions ce qu'aurait dû dire un dernier plénum du CC : reconnaître la responsabilité du parti pour la crise historique dans laquelle les efforts conjugués de plusieurs générations de dirigeants avaient plongé le pays, proposer son autodissolution et appeler les gens de gauche à créer de nouvelles structures de manière à lutter démocratiquement pour la réalisation de leurs idées. Nous terminions la rédaction de notre texte, lorsque Gorbatchev entra dans le Salon de noyer.

Notre rencontre se déroula dans l'atmosphère figée des cérémonies diplomatiques d'échange de traités officiels. Nous donnâmes notre texte à Gorbatchev. Il le lut, puis posa devant nous, sans mot dire, une déclaration de démission de son poste de *gensek*. Il accompagnait cet acte d'abdication politique par un décret présidentiel : l'État prenait sous sa protection les comités et les énormes biens du parti : « Pour qu'on ne saccage pas et qu'on ne pille pas », expliqua-t-il.

C'était la première fois que je voyais Gorbatchev depuis son retour de Foros et je fus frappé par ses yeux où l'on pouvait lire des sentiments qui ne s'y remarquaient pas auparavant : non pas l'angoisse et la solitude d'un chef d'État qui avait évité la prison par miracle, mais celles d'un homme qui avait vécu la trahison et, peut-être pour la première fois, perdu la foi dans son succès immanquable.

Il avait ce même regard traqué lors d'une confrontation avec le parlement de Russie qui lui présenta, sous une forme agressive et offensante, la note pour le putsch et la peur vécue. Eltsine, qui dirigeait ce découronnement politique, prenait sa revanche de l'humiliation subie quatre ans plus tôt, en novembre 1987, lorsqu'un plénum du comité du parti de Moscou, en présence de Gorbatchev, l'avait destitué de son poste de premier secrétaire de la ville.

Plus tard, je demandai au président pourquoi il n'était pas sorti de cette salle où il se faisait insulter par des gens qui, dans leur grande majorité, n'avaient rien à voir avec la victoire sur les putschistes, ni avec la défense de la démocratie. « Tu sais, me répondit-il, j'aurais dû claquer la porte et les envoyer tous là où tu sais, mais lorsque j'ai regardé attentivement leurs visages et leurs yeux, où ne se lisaient qu'intransigeance et haine, j'ai décidé que je ne pouvais pas les laisser seuls avec eux-mêmes. »

Le putsch d'août ne tua pas seulement le parti. En plus des trois jeunes manifestants décédés, il y eut d'autres victimes. Le jour de la rencontre dans le Salon de noyer, mais plus tard dans la soirée, le maréchal Sergueï Akhromeïev *, ancien chef de l'état-major général et conseiller militaire de Gorbatchev, se suicida dans son bureau du Kremlin. Il est difficile de dire ce qui motiva à agir ainsi un officier qui avait traversé l'épreuve du feu pendant la Grande Guerre patriotique et avait fait la guerre afghane : l'échec du coup d'État (il avait participé à son élaboration sur le plan militaire) et la perspective d'avoir à en répondre devant son président et les vainqueurs, ou une crise psychologique. Il laissa un mot où il expliquait qu'il ne pouvait pas supporter l'effondrement de tout ce à quoi il avait consacré sa vie.

Le 22 août, le ministre de l'Intérieur, Boris Pougo, se tira une balle dans la tête lorsqu'on lui apprit, au téléphone, que des représentants du Parquet de Russie étaient en route pour l'arrêter. Sa femme l'imita. Dans une lettre trouvée près de leurs corps, Pougo reconnaissait sa responsabilité dans le putsch [1].

L'arrestation des autres membres du GKTchP ne réserva pas de surprises aussi dramatiques. Certains, dont Krioutchkov, furent appréhendés à leur retour de Crimée, où ils avaient fait un aller-retour pour se repentir auprès de Gorbatchev. Les autres attendirent docilement leur sort à Moscou. Lorsque Alexandre Routskoï, qui accompagnait Gorbatchev dans l'avion, demanda à ce dernier s'il ne fallait pas prendre des mesures de sécurité lors de l'arrestation du vice-président Ianaïev, il s'entendit répondre : « Pas la peine, je vais l'appeler, et il n'y aura pas de problèmes. » Ce fut bien ainsi que les choses se passèrent. À la demande du procureur, deux conseillers de Gorbatchev, Iarine et Karassev, se rendirent dans le cabinet de Ianaïev au Kremlin (il m'avait dit une fois, avec un mélange d'horreur et de fierté, que ce bureau avait été celui de Lavrenti Beria) pour l'arrêter. Dans la pièce gisaient, épars, des vêtements et des objets personnels de Ianaïev. Le vice-président lui-même, une couverture sur la tête, était allongé sur un canapé, dans la salle de repos contiguë. Un instant, Iarine crut qu'il avait suivi l'exemple de Pougo, son ancien camarade du CC du Komsomol. Il n'était que profondément endormi. Une bouteille de whisky lui avait servi de somnifère. Une fois réveillé, lorsqu'il tendit le bras pour prendre ses vêtements, Iarine s'empara de son veston en craignant qu'il n'y dissimulât un revolver. Mais on ne trouva pas d'armes.

Quelque temps plus tard, j'eus une conversation avec Gorbatchev au sujet de ce qu'il avait ressenti à son retour de Foros. « La trahison des gens, c'est ce qui me touche le plus », me dit-il. Il me parla avec amertume de celle de Loukianov avec qui il était lié, depuis quarante ans, par une amitié née sur les bancs de l'université. Il fut plus indulgent envers Iazov, le ministre de la Défense : « J'ai pitié du vieux. Je suis persuadé qu'il s'est trouvé dans cette compagnie par pure bêtise [2]. »

J'exprimai la même supposition au sujet de Ianaïev que je connaissais depuis que nous avions travaillé ensemble dans les organisations de jeunesse. Gorbatchev me confirma qu'il s'était « effondré » après quelques heures de pression. « On l'a persuadé, m'expliqua-t-il, de prendre sur lui les fonctions de président en lui disant que l'armée agirait de toute façon et qu'alors le sang versé pèserait sur sa conscience. »

Dans les jours qui suivirent le putsch, Moscou fut le témoin de déchaînements anarchiques. Des foules de gens qui n'avaient rien à voir avec les véritables défenseurs de la Maison Blanche remplissaient périodiquement les rues et la place devant le complexe du KGB, en tentant de déboulonner le monument à Dzerjinski. Ils finirent par y réussir. On prétendait même, çà et là dans la ville, qu'une partie de l' « or du PCUS » avait été cachée dans son socle.

Le lundi 26 août, estimant que mon congé était devenu illimité après la déclaration que nous avions signée, à huit, au Kremlin, je me présentai pour la dernière fois à l'entrée n° 3. Arrivé devant le cabinet de Faline (que Dobrynine, Ponomarev, Kuusinen * et Dimitrov avaient occupé avant lui), j'appris que les employés du département international étaient en réunion pour discuter de l'exclusion de Ianaïev du parti : il appartenait formellement à leur cellule. Je n'avais rien à faire là. Dans mon bureau, je classai les documents et mis dans des dossiers et des sacs de papier ce dont j'avais besoin. Cela constituait un tas assez impressionnant que je trimballai, essouflé, jusqu'à l'ascenseur. Avant de fermer et de quitter définitivement les lieux, je laissai un mot sous le verre de ma table de travail : « Au futur occupant! Tous mes vœux de succès! Quelle vue extraordinaire de ce balcon! »

La panorama qui s'offrait du quatrième étage, était en effet merveilleux : la place en bas, avec un square de végétation épaisse et une église récemment restaurée, sur le fond de la ville embrumée, des aiguilles des gratte-ciel et des coupoles dorées de Zamoskvoretchie [3]. J'ai pensé qu'il aurait été bien de faire des discours à partir de ce balcon. Mais les premiers manifestants qui ont fait leur apparition, ce jour-là, sur la Vieille place, n'étaient guère disposés à crier des slogans en l'honneur du parti. Pendant que je portais les sacs de dossiers dans ma voiture, une procession impressionnante et menaçante tourna l'angle de la rue en scandant : « À bas le PCUS! »

Peu désireux de braver le sort, je partis. Une heure plus tard, lorsque les collaborateurs de l'entrée n° 3 finirent leur réunion par la décision unanime d'exclure l'ancien vice-président, ils ne purent quitter le bâtiment qu'en passant à travers un épais cordon d'une foule agressive et excitée. Il se trouva aussitôt des volontaires pour commencer à fouiller ceux qui sortaient afin de confisquer les documents secrets et « l'argent du PCUS ».

Je n'ai plus remis les pieds en ces lieux. Mon travail dans les bâtiments de la Vieille place était terminé, et avec lui, mon service pour le Système que personnifiait le parti. Il était temps de commencer une nouvelle vie. D'autant qu'un mois avant ces dramatiques événements, je venais d'avoir cinquante ans.

La roulette russe

Ma nouvelle adresse professionnelle n'était pas difficile à se rappeler : le Kremlin, Moscou. En septembre, Gorbatchev me proposa d'entrer dans l'équipe de ses assistants en qualité d'attaché de presse. Devenu chômeur après l'interdiction de l'activité du PCUS par Eltsine, je jouissais, à ce moment (et pour la première fois de ma vie), d'une pleine liberté et ne m'inquiétais pas trop pour l'avenir.

La proposition était d'autant plus inattendue que j'avais déjà refusé par deux fois de travailler pour lui. La première, c'était juste après les événements de Vilnius, en janvier 1991, lorsque Gorbatchev faisait des tentatives désespérées pour contourner la droite par la droite. Après une intervention ambiguë du président au sujet de la Lituanie, devant le Soviet suprême, je me présentai chez Tcherniaïev et lui dis : « La Tchécoslovaquie et l'Afghanistan m'ont largement suffi, c'est pourquoi je reprends mon accord, donné hier, de diriger la section internationale dans l'appareil du président. »

Quelqu'un dans l'entourage de Gorbatchev qualifia cela de « syndrome d'intellectuel », mais Tcherniaïev m'avoua qu'il avait écrit une lettre de démission, dans un moment de colère, mais que Gorbatchev ne l'avait pas acceptée en lui disant qu'il « comprendrait tout plus tard ».

La deuxième fois, je déclinai l'offre d'emménager au Kremlin en qualité d'attaché de presse parce que je ne voulais pas laisser les questions internationales et le travail politique (j'étais alors directeur adjoint du département international du CC) pour un poste de courtisan dans la luxuriante cour du Kremlin.

La troisième fois, je ne refusai pas. Non parce que je me trouvais dans la situation inhabituelle de chômeur. Refuser à Gorbatchev, après août, signifiait trahir une cause qu'il était impossible de mener à son terme sans lui. Ma femme dissipa mes derniers doutes. Elle qui avait précédemment élevé de fortes objections contre cette proposition accablante aux perspectives vagues, ayant écouté mes arguments, finit par soupirer : « Eh bien, au moins, personne ne te soupçonnera de l'avoir fait pour des raisons de carrière. » Et, avant que le coq ne chante, je me rendis au Kremlin.

Le ministre espagnol des Affaires étrangères sortait du bureau du président. Il semblait à la fois excité par la conversation, et énervé par la nouvelle d'un accident survenu à son avion, qui était entré en collision, lors de manœuvres au sol, avec celui de son collègue hollandais. J'ébauchai une plaisanterie, peut-être mal à propos, au sujet d'une nouvelle guerre « de succession d'Espagne ». Les ministres quittaient Moscou après une conférence sur les droits de l'homme.

Je fus le visiteur suivant. Comprenant que j'avais une chance rare de parler à Gorbatchev en homme libre et non en homme lige, je m'efforçai de la saisir. La conversation dura près d'une heure. Le président voulait visiblement se faire une idée plus complète de mon mode de pensée. Moi, je comptais lui exprimer mes souhaits et mes doutes accumulés et préciser les conditions politiques de mon contrat. Nous abordâmes des sujets très divers : la récente rencontre Gorbatchev-Baker, le dernier plénum du CC, les relations avec Eltsine, le danger de conserver les « barricades d'août » dans le pays. En nous séparant, nous convînmes de réfléchir encore, tous les deux, de ma nomination, mais je savais déjà que, s'il persistait, je ne refuserais pas. Il ne changea pas d'avis.

De la fenêtre de mon bureau, les croix dorées sur les coupoles de la cathédrale de Saint-Michel-Archange semblaient à portée de main. Il était situé au deuxième étage de l'ancien bâtiment du Sénat, qui abrita le Sovnarkom, puis le Conseil des ministres, avant de devenir la résidence officielle du premier président de l'URSS. Le drapeau rouge qui flottait, depuis 1918, au-dessus de son dôme vert était devenu, au fil du temps, un symbole aussi immanquable de Moscou et de l'URSS que les créneaux du Kremlin ou la pointe de la tour du Sauveur.

Une plaque commémorative, près de l'entrée centrale, indiquait que le président du Sovnarkom, Vladimir Ilitch Lénine, avait travaillé dans le bâtiment. Ce fut également là que ses successeurs, Rykov *, Molotov, Staline, Malenkov *, Khrouchtchev, Kossyguine, Tikhonov, Ryjkov et Pavlov exercèrent leurs fonctions, mais leur séjour au Kremlin ne laissa pas de traces sur les murs. Le bureau et l'appartement de Lénine, transformés en musée à accès restreint, se trouvaient également au deuxième étage, à une cinquantaine de mètres de mon antre, situé dans un coude du couloir, près d'un local portant une plaque mystérieuse laissée là depuis l'époque révolutionnaire : « Indigo. »

Le 18 octobre 1923, Lénine fit dans ce couloir les cent longs mètres qui séparaient l'ascenseur de son bureau, refusant un fauteuil roulant, et s'appuyant sur ses fidèles aides-soignants. Terrassé par une hémiplégie qui l'immobilisait et le privait de l'usage de la parole, il se trouvait dans sa datcha des Gorki, près de Moscou, lorqu'il avait soudain exprimé le souhait d'être emmené au Kremlin. Sa femme, Nadejda Kroupskaïa, et sa sœur, Maria Ilinitchna, l'accompagnèrent, observant tantôt avec inquiétude, tantôt avec espoir, les signes d'émotion qui traversaient le visage du père de la révolution pendant ce qui devait être son dernier voyage à Moscou et sa dernière visite de la place Rouge, où ne se dressait pas encore le Mausolée.

En août 1991, un photographe prit un cliché de la troïka des vainqueurs, Iazov, Krioutchkov et Pougo, marchant victorieusement, dans le même couloir, vers le bureau vide de Gorbatchev, interné en Crimée.

Les cabinets d'Alexandre Iakovlev, qui revint auprès du président, en qualité de membre du Conseil politique consultatif, en septembre 1991, et d'Anatoli Tcherniaïev se trouvaient à proximité de celui du président. Avec d'autres assistants, Gueorgui Chakhnazarov et Grigori Revenko, ils faisaient partie de ce cercle intime qui soutint Gorbatchev dans les derniers mois de son séjour au Kremlin : sa garde personnelle, en quelque sorte.

Naturellement, son proche entourage politique ne se limitait pas à ces personnalités. Après les événements d'août, délivré de la nécessité d'avoir le Politburo à ses côtés, Gorbatchev rendit son équipe plus homogène. En plus d'Alexandre Iakovlev, le nouveau Conseil consultatif comprenait Édouard Chevardnadze, Vadim Bakatine, Egor Iakovlev, Nikolaï Petrakov, Anatoli Sobtchak, Evgueni Velikhov, Gavriil Popov *, Iouri Ryjov * et Grigori Iavlinski. Chacun d'eux avait son propre compte de récriminations et d'offenses à régler avec Gorbatchev. Certains, comme Chevardnadze, A. Iakovlev, et Petrakov, étaient précédemment partis en claquant la porte et en pensant que c'était pour de bon. Mais dès que le président les avait rappelés en disant qu'il avait besoin d'eux, ils étaient tous revenus, sans hésitation, se battre pour la cause commune.

Le cercle des « âmes sœurs » ne se limitait pas aux membres du Conseil et aux assistants. Satellisés sur des orbites différentes par la force d'attraction personnelle de Gorbatchev, des personnages très divers gravitaient autour de lui : savants, écrivains, peintres, acteurs. Originaires du sud de la Russie, Mikhaïl et sa femme Raïssa avaient passé leur jeunesse estudiantine dans la capitale et étaient attirés par l'intelligentsia et la bohème moscovite. Lors des voyages à l'étranger, le couple aimait à s'entourer, en plus des conseillers politiques, de gens de lettres et d'artistes connus. Raïssa, qui pensait, non sans raison, mieux connaître le domaine culturel que son mari, participait à chaque fois au choix des membres de la suite d'honneur.

Comme toute maîtresse de maison cultivée, à Moscou, elle aimait à rassembler autour du thé des interlocuteurs intéressants et sortant de l'ordinaire. Hélas, sa vie strictement réglementée, qu'elle avait depuis longtemps mis au service de la cause de « Mikhaïl Sergueïevitch », ne laissait pas souvent de place pour des rencontres avec des personnalités étrangères au sérail politique. Le seul moyen qu'elle avait de tenir salon était d'attendre un voyage à l'étranger et d'emmener ses invités avec elle et son mari. L'inconvénient était que les veillées, ou plutôt les conversations à table, spontanées et vives, très appréciées des participants, n'avaient pas lieu chez elle, mais dans des ersatz de Kremlin : les résidences officielles où le couple était logé.

Dès 1985, je m'étais occupé de la mise au point politique des visites officielles de Gorbatchev à l'étranger et de la coordination du programme non officiel des contacts publics dans leur cadre. J'avais eu, à chaque fois, l'occasion de constater que Raïssa se préparait soigneusement à ces rencontres et connaissait parfaitement non seulement les noms de tous les participants, mais aussi leurs livres, spectacles et films. Cependant, lors de ces *soirées moscovites* à l'étranger, les conversations échappaient rapidement aux mondanités pour s'orienter essentiellement sur l'avenir de la Russie, qui inquiétait tous les participants. Ces discussions tumultueuses, dans la plus pure tradition russe, se poursuivaient bien après minuit, jusqu'à ce que la maîtresse de maison, en prenant le président par la main, ne lui rappelât : « Mikhaïl Sergueïevitch, c'est une journée de travail, demain. Tout le monde doit se reposer. »

En décembre 1989, pendant le sommet naval de Malte, le président George Bush donna à Raïssa un prétexte inattendu pour rassembler le petit cénacle présidentiel. La mer démontée (Gorbatchev qualifia la tempête de « provocation soviétique contre la VIe Flotte américaine ») empêcha la rencontre des deux présidents sur un navire militaire en rade de La Valette, comme c'était prévu. À la différence des Américains qui souffraient du roulis sur le *Belknap*, notre délégation avait à sa disposition le paquebot *Maxime Gorki* solidement amarré au quai d'escale. Ce fut donc là que les présidents se rencontrèrent et que la cérémonie officielle des funérailles de la « guerre froide » eut lieu. À la fin du sommet, après avoir pris congé de Gorbatchev, George Bush s'attarda sur le paquebot soviétique en compagnie de ses collaborateurs et de journalistes américains. Pour fêter l'événement historique, le président demanda du champagne, et comme la *security* n'avait rien prévu de tel, ce fut le bar du *Maxime Gorki* qui approvisionna les augustes invités en vin de Géorgie.

On sentait tellement peu le roulis, qu'au début du sommet, Gorbatchev avait même proposé à Bush de rester sur le paquebot aussi longtemps que durerait la tempête, mais le président américain, ancien pilote de l'aéronavale (il était à l'origine du sommet flottant), ne pouvait abandonner son bateau amiral.

Restée seule, la partie russe décida de consacrer la soirée libre à fêter le soixante-sixième anniversaire d'Alexandre Iakovlev qui tombait justement ce jour-là. Les principaux compagnons d'armes de Gorbatchev, qui avaient traversé avec lui les premières années d'épreuves de la perestroïka, tellement chargées d'émotion, se rassemblèrent dans le salon du *Maxime Gorki*. L'année 1989 se terminait. L'Europe venait d'être libérée sans effusion de sang et le mur de Berlin détruit. Quant au président, la veille, à Rome, il avait reçu la bénédiction papale. Plus tard Gorbatchev raconta l'événement : « Nous nous sommes assis, comme deux Slaves, et nous avons parlé pendant une heure et demie de politique et de moralité. » Les perspectives pour les mois à venir s'annonçaient claires (sans même un nuage eltsinien à l'horizon) : rationaliser le chaos russe et introduire la superpuissance soviétique dans le concert des nations civilisées.

L'atmosphère prédisposait aux confessions. Le ton fut donné par Raïssa : « Il fallait vivre, comme nous, pendant sept ans, au sein de cette élite dirigeante totalement pourrie pour comprendre à quel point la perestroïka était nécessaire. Parfois je prie Dieu pour qu'il nous donne la force de mener jusqu'au bout ce que nous avons commencé. » Il n'y avait pas que dans la vie de famille qu'elle ne se séparait pas de son mari.

Tout le monde avait oublié le prétexte de la soirée, l'anniversaire de Iakovlev, y compris le héros de la fête qui continuait, comme toujours, à donner des conseils à Gorbatchev : « Il faut s'armer de patience vis-à-vis du pays épuisé. Le mécontentement de la population, tourné sur les dirigeants, déborde de tous les côtés. C'est normal. Il faut passer par là, sinon, il ne fallait pas commencer. Ceux qui survivront aux moments les plus difficiles s'étonneront de la manière dont nous aurons réussi cela. »

Le maréchal Akhromeïev, présent à la soirée, raconta comment, lors de la signature du traité sur les euromissiles à Washington [1], il était déchiré entre son devoir de militaire professionnel et sa conscience de citoyen qui comprenait qu'au nom du bien du pays, il devait accepter la réduction drastique de son arme la plus perfectionnée [2]. Tcherniaïev, le plus proche des assistants de Gorbatchev, avoua de son côté, qu'en 1968, après l'entrée des chars soviétiques en tchécoslovaquie, il avait voulu « tout envoyer au diable et quitter le CC ». Ensuite, jusqu'en 1985, il ne pouvait pas se pardonner de ne pas l'avoir fait. Il nous raconta aussi que, dans ces journées tragiques de l'enterrement du « printemps de Prague », l'un de ses amis, Alexandre Bovine, le commentateur des *Izvestia*, avait les larmes aux yeux en composant les articles orthodoxes qu'on lui demandait.

Plus qu'un chœur à plusieurs voix, c'était là le monologue d'une génération qui avait grandi dans l'atmosphère de la terreur stalinienne et qui n'avait pas tant souffert de la peur que de l'humiliation et de la honte inspirées par le sort de son malheureux pays et la nullité de sa propre existence. Elle parvint à bomber momentanément le torse pendant le dégel khrouchtchévien, avant de chercher refuge dans le cynisme, le conformisme et l'alcoolisme, pendant la longue glaciation nomenklaturiste qui succéda à cet éphémère printemps. Ce fut au moment où elle était déjà prête à tracer une croix sur elle-même, ne comptant pas, comme disait l'écrivain biélorusse Vassil Bykov, « vivre jusqu'à l'aube », que cette génération entendit chanter les coqs de la perestroïka. En un mot, ces hommes étaient les enfants politiques de Khrouchtchev, les idéalistes des années soixante. Je regrette que cette confession émotionnelle et touchante de gens aux destins brisés, mais qui avaient conservé la capacité de rêver et de se redresser, n'ait pas eu Hedrick Smith pour témoin. Ce journaliste américain, auteur de livres convaincants consacrés aux « Russes » passa, une fois, près d'une heure et demie dans mon bureau du CC et me demanda, à la fin de la conversation : « Mais d'où sortez-vous donc, vous tous? »

Gorbatchev sortait, bien entendu, de la couveuse des années soixante, celle de Khrouchtchev. Il n'y en avait pas d'autre à l'époque post-stalinienne. En entendant pour la première fois l'un de ses discours, à la télévision, je m'étais dit : « C'est un fils spirituel de Khrouchtchev, ou un nouveau Khrouchtchev, mais avec une formation universitaire en plus. »

Est-ce un hasard si Gorbatchev était intuitivement attiré, en fonction d'une proximité génétique, par ce compatriote violent et incohérent, mais spontanément démocratique? Le soviétologue américain Steven Cohen avait certainement raison lorsqu'il attirait l'attention, en octobre 1984, sur un jeune apparatchik venu de Stavropol qui, « en encourageant une évaluation positive de Khrouchtchev, s'apprêtait visiblement à miser sur son destin, le liant à un nouveau programme audacieux de réformes effectuées par le haut. »

Et tout comme l'astronome de Cambridge, John Adams, qui démontra par le calcul l'existence d'une planète inconnue, Neptune, un Écossais pensif, Archie Brown, d'Oxford, prédit, un siècle et demi plus tard, le caractère inévitable de l'apparition de la comète Gorbatchev. Ce fut Brown qui prépara Margaret Thatcher à voir, dans ce fils de paysan russe, le futur lauréat du prix Nobel de la paix.

Gorbatchev marchait seul contre une armée, sans se leurrer sur sa force, comprenant bien que Khrouchtchev n'avait pas tué, mais seulement blessé, l'hydre stalinienne qui avait plusieurs têtes et une énorme progéniture, non seulement en URSS, mais dans de nombreux pays du monde. Il suffit de rappeler qu'en 1957, un an après le XXe congrès, au cours de la conférence internationale des partis communistes et ouvriers, à Moscou, Mao Zedong, Waldeck Rochet et Palmiro Togliatti dirent du bien de Staline, pour contrarier Khrouchtchev.

Mais ce dernier ne s'attaqua pas aux fondations du stalinisme pour la simple raison qu'il n'avait aucune raison de le faire : il faisait lui-même partie du phénomène. Il était certes prêt à aller très loin dans l' « octroi » d'une certaine démocratie à la société, à une seule condition : elle devait continuer à lui obéir. En d'autres termes, il considérait la démocratie comme un nouvel instrument, plus moderne et donc plus sûr, du renforcement du pouvoir du parti et, par conséquent, du sien propre. Il n'était pas prêt à admettre l'émergence d'une quelconque force, même démocratique, capable de lancer un défi au monopole politique du parti. Ce fut sous le libéral Khrouchtchev que des persécutions sans précédent se déversèrent sur ses deux concurrents potentiels : les nationalistes et l'Église. Il ne pouvait pas non plus supporter les prétentions à l'indépendance de la société à laquelle il offrait la liberté. Cela explique ses volte-face inattendues, ses reculs sur des réformes qu'il avait lui même engagées, ses accès de colère contre l'intelligentsia, de Pasternak à Neïzvestny *, et les premiers dissidents, en commençant par Sakharov.

Le comportement de Khrouchtchev et des dirigeants qui lui ont succédé explique pourquoi le « stalinisme » réel (terme que Gorbatchev niait encore en février 1986, en disant dans une interview à *L'Humanité* que c'était « une notion inventée par les adversaires du communisme ») a survécu au moins trente ans au chef lui-même. Ce n'était pas l'invention diabolique d'un seul homme, mais une utilisation consciente, par lui, ses acolytes et ses héritiers, des instincts, des réflexes et des traditions les plus sombres (et réels) de la société russe. Cette exploitation de certains des traits organiques de cette dernière témoignait non seulement du totalitarisme du régime, mais aussi de la conscience totalitaire d'une partie considérable de la population. D'ailleurs, n'est-ce pas là qu'il faut chercher l'explication de la restauration nomenklaturiste dans la Russie postgorbatchévienne ? Avec un succès frappant pour tout observateur extérieur, elle restitue, en Russie, les formes traditionnelles des relations entre le pouvoir et le peuple. Libéré de la terreur stalinienne et de l'arbitraire post-stalinien, qui faisaient de la société la victime du régime, ce pays a perdu l'alibi qui justifiait son aliénation des valeurs démocratiques. Et à l'étonnement du monde civilisé, il utilise la liberté acquise afin d'enfiler, par la voie démocratique, le corset de l'autoritarisme qui est devenu, hélas, son accoutrement habituel.

Gorbatchev commença là où s'arrêta Khrouchtchev. Il se heurta aux mêmes problèmes pour appliquer sa « réforme par le haut », mais, et c'est tout à son honneur, il ne recula pas, ne se fâcha pas, comme Khrouchtchev, contre la société ingrate (bien que, par moments, il fût sur le point de le faire), mais continua à avancer. Il sut aussi se surpasser lui-même, laisser derrière lui l'homme qu'il était au début de la réforme et changer avec son projet. Au cours de la soirée mémorable, à bord du *Maxime Gorki*, il n'exagérait pas en disant à ses compagnons : « Pendant ces quatre années, j'ai l'impression d'avoir vécu au moins trois vies. »

Il réussit son examen principal de démocratie, comme homme d'État et réformateur, lorsqu'il adopta le principe de l'alternance et qu'il quitta volontairement le pouvoir. Et cela, il fut aussi le premier dirigeant communiste à le faire, et pas seulement en URSS. La devise de tous les chefs bolcheviques, à commencer par Lénine, était contenue dans les paroles d'une chanson d'Alexandre Galitch * : « Venez, je sais comment faire. » Le chef indiquait dans quelle direction il fallait mener la société... sous bonne garde. Comme tout homme politique, Gorbatchev croyait également tout savoir mieux que tout le monde, et il supprima la garde. En renonçant à gouverner par la peur, il se priva de l'instrument traditionnel et principal de toute politique étatique en Russie (y compris celle des réformateurs). Et ses propres collègues moins scrupuleux, ayant reçu la liberté de ses mains, l'utilisèrent aussitôt pour lui confisquer le pouvoir, sous la clameur approbatrice de la foule. « On n'avait plus à qui obéir, il fallait donc s'insurger » écrivait Klioutchevski à propos de l'avènement du Temps des troubles, en Russie, à la fin de la dynastie des Riourikides [3].

Gorbatchev prévoyait-il cette perspective presque inévitable? Selon toute vraisemblance, oui. Mais sans doute pensait-il que cela ne se passerait pas aussi vite. Et s'il avait eu une chance de tout recommencer, aurait-il changé de manière substantielle son comportement? Personnellement, je ne le crois pas. Pour cela, il aurait réellement dû devenir un autre homme, et qui sait si cet autre Gorbatchev aurait réussi à aller aussi loin que le vrai. De plus, il me semble que ses ambitions politiques, à la différence de celles, triviales, de ses rivaux, exigeaient plus que le pouvoir : il aspirait à l'Histoire.

Les derniers cent jours... et cent nuits

Pour Gorbatchev, j'étais, naturellement, d'une autre génération. Malgré cela, depuis notre rencontre, au cours de sa première visite officielle en France, en 1985, nous trouvions sans peine une langue commune. Devenu son attaché de presse, en septembre 1991, j'étais obligé de passer dans son bureau (ou à proximité immédiate lorsque les conversations présidentielles n'étaient pas destinées à des oreilles étrangères) l'essentiel de la journée de travail. Le matin, je l'accueillais le premier, avec les nouvelles fraîches, et je m'attardais au bureau jusqu'à son départ, vers les neuf heures du soir.

La fréquence de nos contacts, pendant les cent derniers jours de sa présidence, s'expliquait aussi par le fait que plus le pouvoir réel s'éclipsait du Kremlin, plus la presse devenait l'interlocuteur principal de son occupant. Grâce aux médias, Gorbatchev s'efforçait d'atténuer le chaos grandissant, et avec leur aide, il tentait de fixer, pour le jugement de l'histoire, ses tentatives désespérées pour sauver le pays de l'effondrement.

De temps en temps, Raïssa Maximovna appelait. Elle se remettait difficilement du choc nerveux subi en août, pendant les soixante-douze heures de captivité et d'incertitude à Foros. Lorsqu'après trois jours d'isolation, son gendre Anatoli pénétra en courant dans la pièce où elle se trouvait en annonçant que les putschistes arrivaient par avion dans un but inconnu, elle eut tellement peur pour les siens qu'elle s'enferma pendant quelques jours dans un mutisme traumatique. Il aurait fallu ajouter au dossier d'accusation des factieux la photo de cette femme, les traits décomposés, les yeux remplis de larmes, serrant contre elle sa petite-fille sur l'échelle de l'avion qui la ramenait de Crimée. Même plus tard, lorsque la tension diminua, l'ombre du malheur continua à planer sur elle et à ternir son regard. Dans une interview qu'elle accorda à un journal moscovite après bien des hésitations, Raïssa reconnut qu' « après août, à cause de l'amertume de la trahison subie, l'atmosphère familiale s'est flétrie ».

J'ai eu l'occasion, à plusieurs reprises, de discuter avec elle d'un sujet délicat qui, pendant longtemps, est resté un secret de famille : le destin malheureux de son frère, un auteur très doué de littérature enfantine, devenu alcoolique. Le journal *Moskovskiï Komsomolets*, ayant découvert par hasard ce « squelette » dans le placard présidentiel, enfonça voluptueusement son aiguillon dans cette tragédie de la vie quotidienne, si banale, hélas, pour tant de familles russes. Trompant les médecins, un journaliste et un photographe parvinrent à pénétrer dans l'hôpital où le frère de Raïssa était périodiquement soigné. L'article publié prétendait que le beau-frère du président était emprisonné, contre son gré, dans un hôpital psychiatrique, pour des raisons politiques, bien entendu. Mis au courant par Raïssa de cette triste histoire, je me sentis dans l'obligation de provoquer une conversation « entre hommes » avec le rédacteur pour lui rappeler les règles de l'éthique journalistique et humaine. Dans le numéro suivant, le journal publia ses excuses.

« Toute politique est-elle impuissante devant l'agressivité des gens? » La première dame de l'URSS posait cette question, éternelle et insoluble, dans son livre *Ma vie* [1]. À plusieurs reprises, elle me la répéta, au téléphone, et je comprenais bien, à chaque fois, qu'elle cherchait une réponse toute différente : dans la famille du président, on pensait qu'une démission était probable, voire même inévitable.

On parlait de cela au Kremlin aussi. Avant la rencontre de la forêt de Bieloviejskaïa qui enterra définitivement l'URSS, j'avais déjà abordé ce problème avec Tcherniaïev. C'était à l'issue d'une séance du Conseil d'État qui avait une nouvelle fois abouti à une impasse. Une crise fatale entre le centre et les nomenklaturas des républiques semblait tellement imminente que je me mis à supplier le principal assistant de Gorbatchev d'influencer le président pour qu'il commence à envisager la possibilité de se retirer. « On ne peut pas attendre qu'il soit destitué par les chefs républicains. En prenant cette initiative, il prouvera qu'il ne s'accroche pas au pouvoir et gardera, de ce fait, sa dignité et peut-être une chance de retour. »

À vrai dire, je ne croyais pas à un retour rapide, ou même simplement possible, de « Gorby » après sa démission. Les miracles n'existent pas en politique, tout particulièrement en Russie. Je voulais simplement, à l'aide d'arguments qui auraient été rationnels dans n'importe quel autre pays, aider Gorbatchev à accepter une décision douloureuse. Tcherniaïev m'écouta en silence et dit : « Pour l'instant, il ne croit pas que le moment soit venu. Il va s'accrocher à l'Union jusqu'au bout. Mais (et il baissa la voix) il m'a demandé quand même de préparer une ébauche de déclaration de démission. Il m'a aussi demandé de n'en parler à personne, afin d'éviter toute panique. Alors gardez-le pour vous. »

Gorbatchev, en effet, luttait de toutes ses forces pour préserver un État unifié. En plus des raisons qu'il ne cessait de répéter (histoire commune, économie intégrée, population mélangée, menaces de conflits territoriaux et de règlements de comptes interethniques, fardeau nucléaire et responsabilité pour la stabilité stratégique), il comprenait aussi que l'Union effondrée ensevelirait sous ses décombres cette réforme démocratique qui était son « enfant chéri ». Et puis, il ne voulait pas devenir un « antihéros » de l'histoire russe : l'homme qui aurait dispersé au vent l'héritage de ses prédécesseurs.

Hélas, Gorbatchev ne vit le djinn du nationalisme nomenklaturiste s'échapper du flacon qui portait l'étiquette « État soviétique » qu'après avoir brisé son bouchon hermétique. Et il était d'autant moins possible de l'y enfermer à nouveau que les « barons » républicains, rassemblés autour de la table du Conseil d'État, tendaient avidement leurs verres vers la bouteille ouverte.

Pour la plupart d'entre eux, la possibilité d'entourer le territoire national d'une frontière d'État, d'y créer une douane et de se doter d'une armée, même d'opérette, était un moyen de préserver leurs fauteuils, transformés en trônes, d'affirmer leur prétention à obtenir un morceau du gâteau de l'Union et, surtout, de conserver l'ordre ancien. L'URSS, accusée une nouvelle fois d'être l' « Empire du mal » non par le président des États-Unis, mais par des anciens secrétaires du parti des républiques et des régions, fut brisée en morceaux par leurs efforts conjugués.

Il n'en résulta pas le progrès de la démocratie sur un sixième des terres émergées, mais l'apparition d'une douzaine d'empires miniature dirigés chacun par la noblesse locale des apparatchiks et des clans nationalistes. Le philosophe américain Emitai Etzioni écrivait avec amertume, à la fin de 1992 : « On peut tenter de s'opposer ou, au contraire, contribuer au remplacement d'une structure impériale unie par un groupe de tyrannies locales, car parmi les nouveaux " enfants de s... " on trouvera certainement quelques-uns des " nôtres ". Cependant, on peut difficilement qualifier de droit à l'autodétermination le remplacement du gouvernement démocratique central, qui commençait à se former en URSS, par une poignée d'autocrates locaux [2]. »

Pour sauver l'Union, Gorbatchev accomplissait des miracles politiques : il réunissait des ennemis jurés, faisait s'asseoir autour de la même table des Arméniens et des Azéris, obtenait du parlement de l'URSS son autodissolution *de facto* en faveur de la future Assemblée fédérale. De plus, il parvenait à décrocher l'accord de presque tous les présidents républicains (y compris de Boris Eltsine qui acquiesçait d'un signe de tête maussade) à la plupart de ses propositions ou de ses initiatives. Mais, malgré ces brillantes victoires tactiques qui rassuraient presque l'Occident, ce bon vieux Gorbatchev, « avec qui on pouvait travailler », et qui commençait à croire qu'il maîtrisait la situation, approchait de sa défaite stratégique.

À vrai dire, son propre comportement avait contribué, dans une large mesure, à fixer par avance le cours des événements. Il n'avait pas su apprécier correctement la profondeur de la division de la société créée par son ambitieux projet de transformation démocratique, et, surestimant ses propres forces, il était resté entre ces deux énormes masses antagonistes, en espérant empêcher leur confrontation. Se prenant pour Héraclès plutôt que pour Ulysse, il tenta d'écarter Charybde de Scylla, au lieu de tenter de se faufiler entre les deux.

Mais il accéléra également l'effondrement de l'Union, déjà largement entamé, lorsque, cédant à la panique ou au piège tendu par l'entourage d'Eltsine, il décida de forcer la reconstitution d'une structure rigide du pouvoir central. En tirant trop fort sur l'idée d'État unifié, sinon unitaire, il la cassa définitivement.

Pendant cette courte rémission avant l'effondrement final, l'Occident observa, avec un étonnement incrédule, le rétablissement de l'ancien Gorbatchev et recommença à lui envoyer, à toutes fins utiles, des messagers chargés de compliments et de promesses de soutien non seulement politique, mais aussi matériel. Mon service de presse, au Kremlin, était complètement débordé par l'afflux de journalistes qui venaient assister ou photographier des rencontres du président de l'URSS avec des chefs de gouvernement, des ministres des Affaires étrangères ou de l'Économie, des directeurs de banques de divers pays, ou d'administrateurs de fonds internationaux. En suivant l'exemple du capitaine Smith, nous continuions à jouer, comme l'orchestre du *Titanic*, en soutenant l'image d'une superpuissance qui n'existait plus. Gorbatchev et toute sa « fidèle armée » exécutaient en professionnels cette partie du travail présidentiel et « tenaient le front ». Mais ce fut sur les arrières que les choses se gâtèrent.

En réalité, le véritable front politique de Gorbatchev était son conflit désespéré avec Eltsine. Naturellement, on pouvait donner à cette variante du sumo japonais une interprétation marxiste, comme la confrontation d'intérêts sociaux et de classe entre l'ancienne et la nouvelle élite, entre la nomenklatura de l'Union et celles des républiques, ou même entre des générations politiques. Pourtant, j'en suis sûr, sans un conflit personnel aigu entre ces deux natures fortes, aux caractères opposés, le drame politique de la Russie n'aurait pas pris les dimensions d'une tragédie nationale.

Il aurait été difficile d'écrire de manière plus expressive le scénario de cette intrigue politique et d'en faire une meilleure mise en scène. Gorbatchev modela de ses propres mains son adversaire victorieux. D'abord, juste au début de son règne, il le fit venir de Sverdlovsk à Moscou, le nommant d'abord secrétaire du CC, puis chef du parti de la capitale et membre suppléant du Politburo. Plein de sollicitude à son égard, il le protégeait contre les attaques de Ligatchev, en comptant bien que ces deux personnalités antagonistes s'équilibreraient et se neutraliseraient l'une l'autre. Ensuite, lorsque ce personnage de son théâtre politique décida soudain de jouer son propre rôle, s'écartant du texte qui lui était assigné, il le « punit » en le congédiant du Politburo lui donnant le statut de martyr et presque de dissident héréditaire.

Gorbatchev acheva la création de la statue de son Commandeur, lorsque, effrayé par l'accélération des changements, il décida de freiner et tourna le volant à droite, cédant ainsi, de son plein gré, la place de premier démocrate du pays à Eltsine. Celui-ci sortit de la voiture renversée de la perestroïka en héros populaire et sauveur magnanime d'un Gorbatchev commotionné par le putsch. Il ne lui était pas difficile de faire le reste.

Pour le plus grand malheur du pays, ces deux membres de l'ancienne nomenklatura incarnaient, chacun à sa manière, un seul côté du caractère russe, traditionnellement double. Le mélange de traits fortement contrastés chez les Russes, comme en témoignent abondamment la littérature et l'histoire, a toujours rendu cette nation à la fois grande et malheureuse. Mais la division de ces caractéristiques dans deux dirigeants nationaux aux comportements opposés aboutit à une catastrophe politique.

Gorbatchev, en suivant une tradition libérale assez rare chez les hommes d'État russes, misait sur un processus d'évolution, c'est-à-dire, une évolution graduelle de la conscience, des habitudes, des motivations et des actes des individus, en pensant qu'il en résulterait un changement de leur comportement. Eltsine, plus proche de la tradition tsariste et bolchevique, si fréquente dans l'histoire russe et soviétique, prit un « autre chemin ». Ne voulant pas « attendre les faveurs » de la nature humaine, tout comme l'agronome Mitchourine * et le botaniste Lyssenko *, tellement appréciés de Staline [3], Eltsine décida d'imposer aux gens un brusque virage dans leur comportement en leur imposant un changement radical dans leurs conditions d'existence. Le projet social « démocratique » auquel le peuple devait être soumis ne pouvait se comparer, par ses dimensions, qu'avec l'idée, heureusement non réalisée, de détourner, vers l'Asie centrale, le cours des fleuves sibériens. Dans le cadre d'un tel dessein, l'homme ne pouvait que se transformer, pour la énième fois dans l'histoire russe, en l'objet de l'arbitraire des autorités, remplies, naturellement, des meilleures intentions à l'égard de leur peuple.

En incarnant les deux hypostases d'une conscience russe à la fois rêveuse et anarchique, romantique et autoritaire, Gorbatchev et Eltsine ne s'appartenaient plus réellement à eux-mêmes et, en tout cas, aucun des deux ne parvenait à contrôler vraiment son comportement vis-à-vis de l'autre. La nature prenait le pas sur la raison et même sur le calcul. Habituellement très réservé et capable, quand il le fallait, de se montrer affable et irrésistible, comme un jésuite, Gorbatchev perdait son sang-froid et commettait des erreurs dès qu'il était question d'Eltsine. En 1990, il refusa de lui proposer une union contre les conservateurs et les nationalistes au sein du parti et lui opposa le misérable Polozkov comme candidat au poste de président du parlement russe. Et lorsque, malgré cela, Eltsine gagna les élections, il ne put se forcer à le féliciter. Il tenta néanmoins de créer des rapports corrects et loyaux avec « Boris Nikolaïevitch », mais seulement après le putsch, humilié par la magnanimité empoisonnée d'un adversaire qui lui rendit le manteau et l'épée présidentiels. Mais c'était trop tard.

Eltsine se comportait de la même manière. Il attendait sombrement et jalousement son heure, moins pour proposer à la Russie un cours alternatif aux réformes que pour régler, enfin, ses comptes avec ceux qui l'avaient offensé : Ligatchev, d'abord; puis Gorbatchev qui avait déclaré qu'il « n'admettrait plus [Eltsine] dans la politique ». Pourtant, tombant de temps en temps sous le charme de son rival, il parvenait à faire des efforts sur lui-même, reconnaissant publiquement ses « mérites » démocratiques. Après le putsch, il déclara qu'il avait une « confiance presque totale » dans le président et qualifia d' « injure » l'intention qu'on lui prêtait de vouloir le remplacer. Néanmoins, l'antipathie et, avec elle, la jalousie à l'égard d'un homme plus brillant et doué, prenaient toujours le dessus. Ce fut ainsi au début de 1991, lorsqu'il exigea, en même temps que la droite, la démission du président, en l'accusant d'« aspirations dictatoriales ». Ce fut ainsi en août de la même année, lorsqu'il l'humilia, avec volupté, devant le parlement russe. Et aussi en décembre, lorsqu'il s'empara, sans coup férir, du Kremlin. Incapable d'être généreux à l'égard d'un adversaire définitivement vaincu, il exigeait de lui le repentir. L'historien Klioutchevski écrivait : « Ceux qui rampent vers les marches du trône n'aiment pas et ne savent pas être magnanimes. »

Bien entendu, les courtisans qui avaient bien étudié les faiblesses de l'un et de l'autre en profitaient. C'étaient surtout les favoris d'Eltsine, Guennadi Bourboulis, Mikhaïl Poltoranine et Andreï Kozyrev *, qui avaient appris à bien jouer des cordes de son animosité et de sa méfiance. En poussant leur chef à monter à l'assaut de son rival, ils assuraient leur propre progression, sous le couvert de son « blindage », comme un peloton de fantassins cachés derrière un char.

En septembre 1991, lorsque le Congrès extraordinaire des députés du peuple fut réuni au Kremlin pour décider de son autodissolution, Eltsine et Gorbatchev apparaissaient partout ensemble. Ils étaient assis côte à côte dans la salle pendant, qu'à la tribune, le dirigeant kazakh, Noursoultan Nazarbaïev, lisait le texte de la déclaration commune du président de l'URSS et de dix présidents républicains. Ils donnaient ensemble des interviews à CNN. Comme les deux tsars Ivan et Pierre, assis sur le trône bicéphale [4], ils répondaient, en direct de la salle Saint-Georges, au Kremlin, aux questions de Peter Jennings et de téléspectateurs américains de la chaîne ABC. Mais cette intimité nouvelle ne dura pas. Dès le mois d'octobre, les chemins de l'Union soviétique et de la Russie se mirent à bifurquer définitivement.

Pourquoi l'Occident, si généreux en compliments à l'égard de la politique de Gorbatchev, mais si pingre en aide économique réelle et si réticent à répondre aux concessions soviétiques dans les domaines politique et militaire, se révéla-t-il tellement solidaire d'Eltsine après son installation sur le trône russe? Pourquoi le G-7 s'empressa-t-il de lui donner ce qu'il refusait au président soviétique, de l'entrée au FMI jusqu'à des crédits importants en devises? Pourquoi, ayant constamment soupçonné Gorbatchev de vouloir tromper la démocratie à la première occasion, l'Occident a-t-il donné le titre à vie de démocrate n° 1 au président russe? Pourquoi a-t-il fermé les yeux, en octobre 1993, pendant la prise d'assaut du parlement légalement élu, au cours de laquelle des centaines de personnes trouvèrent la mort, en se justifiant par le fait qu' « il ne fallait pas mesurer la démocratie en Russie en milligrammes »?

On peut trouver de nombreuses explications à cela. Une chose est sûre : un secrétaire général du PCUS dans le rôle de réformateur démocratique et d'unificateur de l'Europe de l'après-guerre était un événement tellement inhabituel et inattendu que l'Occident dut se pincer pour s'assurer que ce n'était pas un rêve. Une fois la réalité admise, ce dernier n'entendit pas la demande de Gorbatchev de « synchroniser l'aide occidentale avec la réforme soviétique », et, manquant l'occasion de répondre de manière adéquate au défi lancé par l'Est, il laissa sa politique au niveau de la conjoncture.

L'Occident n'avait pas entièrement confiance en Gorbatchev parce que, à la différence d'Eltsine, il ne tournait pas carrément le dos au communisme, bien qu'il fît tout son possible pour en démonter le système. Aujourd'hui, l'Occident soutient sans condition le cours des « réformes eltsiniennes », mais il n'est pas guidé en cela par le souci de la démocratie russe (dont plusieurs acquis ont déjà été écrasés par la nouvelle nomenklatura). Il a seulement peur que la Russie désespérée ne commence à chercher l'issue de la crise qu'elle traverse dans une auto-affirmation militariste traditionnelle et un messianisme agressif. Ce qui prouve une fois de plus que dans la politique (et, hélas, pas seulement dans la politique russe), ce ne sont pas les bonnes intentions et les principes moraux qui dirigent le bal, mais la peur et les calculs instantanés.

Mais d'un autre côté, peut-on demander plus aux Occidentaux, qui ne vivent pas leurs meilleurs moments, qu'à la population du pays elle-même? Or, cette population, par l'utilisation qu'elle a fait de la liberté acquise, a confirmé encore, s'il en était besoin, que la démocratie accordée d'en haut, lorsqu'elle n'est pas fixée dans les fondations de la société civile, devient facilement une arme entre les mains des populistes et des démagogues et entrouvre la porte au fascisme.

Deux drapeaux, le russe et le soviétique, ne pouvaient pas coexister longtemps au-dessus du Kremlin. L'espace politique qu'occupait encore naguère le plus grand empire du monde se réduisait chaque semaine comme une peau de chagrin sous les décrets du gouvernement eltsinien. En décembre 1991, le président de l'URSS ne gardait même pas le contrôle effectif du sommet de la colline Borovitski entourée par l'enceinte du Kremlin.

Personne ne débrancha l'eau, l'électricité et le chauffage dans son bureau, comme les démocrates le firent en octobre 1993 à la Maison Blanche où siégeait le parlement. Mais, chaque matin, j'apportais à Gorbatchev des nouvelles sur la « mise sous juridiction russe » de tel ou tel ministère ou branche de l'industrie. Peu à peu, sans se soucier des lois, les autorités russes accaparaient les ressources énergétiques de l'Union, les transports, les communications, les finances. Le tour des Affaires étrangères vint aussi et Chevardnadze, qui avait accepté de reprendre le ministère qu'il avait si longtemps occupé, se vit demander fermement de libérer le gratte-ciel de la place de Smolensk pour que Kozyrev, son homologue russe, pût s'installer. L'armée, elle, ne comprenait pas très bien de quel côté il fallait tourner la tête au moment de rendre les honneurs. En moins de vingt-quatre heures, les deux présidents firent des interventions séparées devant son haut commandement. Au Kremlin, si l'entrée du deuxième étage, où se trouvait le bureau de Gorbatchev, était toujours gardée par les membres de son service de protection soviétique qui lui étaient restés fidèles pendant son arrestation, en Crimée, le reste de la citadelle était contrôlé par le service de sécurité d'Eltsine. Peu ou prou, la situation de Foros se répétait.

Début décembre, avant de partir pour la Biélorussie, où il devait rencontrer Stanislav Chouchkevitch *, le président du parlement de Minsk, et Leonid Kravtchouk *, qui venait d'être élu président d'Ukraine, Eltsine rendit visite à Gorbatchev pour parler de la manière de persuader cette dernière république, très fortement tentée par l'indépendance, de rester dans l'Union.

« Je ne conçois pas une nouvelle union sans l'Ukraine », confia Eltsine aux journalistes qui l'attendaient dans le couloir, en sortant de chez Gorbatchev.

Après l'avoir raccompagné jusqu'à l'ascenseur, je me rendis chez le président et lui répétai les réponses d'Eltsine lors de la conférence de presse improvisée. À la fin, il avait ajouté : « Si cela ne marche pas, il faudra penser à d'autres variantes. »

« À quoi faisait-il allusion, Mikhaïl Sergueïevitch ? » demandai-je à Gorbatchev qui semblait satisfait de la conversation.

– Nous sommes convenus qu'il tenterait d'influencer Kravtchouk, car c'est à cause du référendum ukrainien [5] que nous avons retardé la signature du traité d'Union. Et lundi prochain [6], Eltsine, Kravtchouk et Nazarbaïev se réuniront chez moi pour une conversation définitive. »

La « conversation définitive » eut bien lieu, mais la veille du jour prévu, dans la forêt de Bieloviejskaïa, et en l'absence de Gorbatchev.

Le dimanche 8 décembre, la sonnerie de la *vertouchka*, le téléphone gouvernemental, troubla la quiétude paisible de ma datcha. La standardiste me redemanda mon nom et m'annonça : « Boris Nikolaïevitch souhaite vous parler. » Dire que j'étais intrigué était un doux euphémisme. Quelque trente secondes plus tard, j'entendis une voix masculine :

« Qui est à l'appareil ?

– Gratchev.

– Pavel Sergueïevitch ?

– Non, Andreï Serafimovitch.

– Non, non, on a besoin de l'autre Gratchev ! » se dépêcha de répliquer la voix, avant de raccrocher.

Pavel Sergueïevitch Gratchev, mon homonyme, qui avait été, dans un passé récent, commandant des troupes aéroportées de l'URSS, était à cette époque le premier adjoint du ministre de la Défense, Evgueni Chapochnikov. Je compris plus tard que le coup de fil à son intention avait été envoyé de la forêt de Bieloviejskaïa. L'assistant vigilant d'Eltsine m'empêcha de parler ce jour-là avec le président russe et d'apprendre pourquoi il avait besoin de Pavel Gratchev, qui ne tarda pas à devenir le ministre de la Défense de la Fédération de Russie. De toutes manières, tout fut clair dès le lendemain.

L'union des trois républiques slaves, conclue par leurs dirigeants dans les profondeurs de la forêt biélorusse, mit fin non seulement à soixante-neuf ans d'histoire de l'URSS [7], mais aussi à l'expérience gorbatchévienne de transformation du socialisme administratif en un socialisme démocratique et humain, à ses espoirs de changer la société russe sans déstabilisation ni chaos, à ses illusions sur la naissance, pendant les années de soviétisme, d'une société civile moderne et la formation d'un homme nouveau qui, libéré de l'oppression d'un système archaïque, entrerait dignement dans le monde moderne.

En d'autres termes, ce fut la fin de sa tentative pour accomplir, en Russie, ce que les réformateurs du socialisme tchécoslovaque n'avaient pas réussi en faire en 1968, à cause de l'URSS.

Comme toute utopie, l'idée de construire par une voie démocratique un communisme non violent se déchira comme un vêtement trop juste que l'on aurait voulu enfiler, de force, à la réalité. Mais le projet gorbatchévien initial était doublement utopique. D'abord, on n'a pas encore réussi à découvrir, dans le monde réel, de communisme non violent. C'était donc une chimère. Deuxièmement, la tentative de révolution sociale non violente que le dernier des *genseks* entreprit se brisa contre la tradition russe de morosité et les instincts de cette malheureuse société. Psychologiquement, elle s'avéra aussi imbibée par l'autoritarisme que le régime qui l'opprimait. En démontrant, pour la énième fois, la fausseté de certaines « vérités » scientifiques, cette fois les vérités marxistes, la société soviétique, au lieu de créer une superstructure fondée sur l'infrastructure socialiste, fit voir au monde comment le régime totalitaire était capable de former une infrastructure sociale totalitaire. Le rêve utopique de Lénine (en plus de la révolution mondiale), selon lequel le prolétariat guidé par le parti pouvait, en prenant « précocement » le pouvoir, « relever » et civiliser jusqu'au socialisme un pays arriéré, a été ironiquement balayé par l'histoire russe et le parti léniniste lui-même.

Néanmoins, il n'y a aucune raison de considérer Gorbatchev comme un raté de l'Histoire, non seulement à cause de son rôle éminent dans la libération de l'Europe de l'Est et la fin de la guerre froide, mais aussi de son apport à la transformation de la Russie. Et peut-on les séparer l'un de l'autre?

Sa tentative de réforme libérale a complété la liste des précédents échecs en ce domaine. Soit! On sait que les libéraux n'ont jamais eu de chance dans ce pays. Leur expérience déplorable, de Boris Godounov * aux deux Alexandre, Ier* et II*, a poussé le célèbre philosophe Konstantin Leontiev * à une conclusion peu amène sur la « nocivité du libéralisme » pour la Russie : « Après les libéraux avec leurs idées à l'eau de rose sur l'égalité et les droits universels, ce sont les dictateurs sans complexes qui arrivent. »

Au premier regard, l'architecte de la perestroïka s'inscrit dans cette malheureuse lignée. Et pourtant, cette fois, de nombreux indices montrent que les choses ne se sont pas passées ainsi. Que malgré le départ forcé de l'auteur de la réforme, cette dernière n'a pas été réfutée par la société russe. Certes, « Gorby le magnifique » ne parvint pas à atteindre les objectifs qu'il s'était fixés, ou, du moins, qu'il avait proclamés : l'élaboration d'un nouveau modèle de socialisme moderne et la transformation de l'ancienne « Union forcée » en une association volontaire de peuples et d'États, unis par une histoire commune et des intérêts communs. Mais peut-être que, sans le savoir, ni le vouloir au début, il a obtenu des résultats d'une bien plus grande dimension.

La réforme commencée en 1985 s'est révélée être une *matriochka* à l'envers : en les ouvrant l'une après l'autre, Gorbatchev se retrouvait à l'intérieur d'une nouvelle *matriochka*, plus grande que la précédente. Poprichtchine, le héros de Gogol, affirmait qu'à l'intérieur du globe terrestre, il y en avait un autre, encore plus grand. Est-ce un hasard si le *Journal d'un fou*, est considéré encore à ce jour, en Russie, comme une lecture extrêmement édifiante?

La dimension des nouveaux problèmes qui se posaient aux réformateurs russes après chacun de leurs succès était toujours d'un ordre plus grand que ceux qu'ils parvenaient à résoudre. Vladimir Maïakovski, en admiration devant Colomb, s'exclamait : « Par intuition, tu te rues vers le rivage. Tu cherches l'Inde, et tu trouveras l'Amérique! » Parti à la recherche d'un socialisme viable, Gorbatchev arriva, avec son pays, sur les rivages d'une société humaine libre, qui réfutait tous les schémas et toutes les autorités, y compris lui-même.

Il n'est pas parvenu à mitonner la démocratie russe au feux doux de la perestroïka. La pression intérieure trop forte a renversé le couvercle de la marmite et son contenu a débordé. Eh bien, les chefs suivants n'auront qu'à être plus prudents. Mais l'exemple qu'il a laissé est un résultat important de sa carrière. La vie politique du dernier *gensek* et du premier président légalement élu est aussi un signe encourageant de changements dans la politique russe et donc dans la vie du pays. C'est un signe d'espoir. Lorsque les « enfants de Gorbatchev » entreront en scène, ce pays sera peut-être capable, malgré ses propres traditions, de rompre le cercle vicieux auquel il semblait être condamné : de l'anarchie à la dictature et vice versa.

Le soir de sa démission, après avoir prononcé son allocution devant les caméras de télévision, Gorbatchev demeura au Kremlin pour sa Cène. On dressa la table dans le Salon de noyer où le Politburo aimait tant se réunir pour des consultations officieuses à l'époque de Brejnev. C'était là que Gorbatchev nous avait remis, aux huit membres du CC qui étions venus le voir, après les événements d'août 1991, sa lettre de démission du poste de *gensek*. Et ce fut également dans cette salle que trois jours avant cette soirée d'adieux, en compagnie de Iakovlev, il rencontra le président russe pour tenter de lui faire part des projets et des plans qu'il n'avait eu le temps de réaliser pendant les six ans et demi de son séjour au Kremlin.

Nous n'étions que six autour de cette table, dans cette pièce, l'une des dernières à être encore éclairée, malgré l'heure avancée, dans l'ancien bâtiment du Sovnarkom. Nous savions que, par cette rencontre, l'ancien président de l'URSS mettait un point final à l'histoire de notre État commun, et, peut-être à sa propre biographie politique. Nous n'étions donc pas pressés de nous séparer. Nous nous efforcions, comme nous le pouvions, d'adoucir et de partager la solitude d'un homme qui venait de se voir obligé de remettre la cause principale de sa vie entre des mains étrangères, mais qui n'était pas prêt à l'accepter. Même s'il s'agissait des mains de l'Histoire.

Épilogue

Le drapeau résistait. Il échappait aux mains de ceux qui tentaient de l'attraper, en prenant son envol à chaque coup de vent, comme s'il avait l'espoir d'arracher encore quelques instants à l'Histoire et de jaillir au-dessus du Kremlin, tel un oiseau de tempête rouge [1]. Mais attaché à sa hampe, il ne pouvait s'enfuir. Ramené au milieu du mât, l'étendard se dégonfla soudain, comme s'il marquait par une pause de deuil le tragique de la situation. Puis, abandonnant toute résistance, il se rendit à la grâce de ses vainqueurs et ne fut même pas plié, mais roulé en boule, sans pitié, comme un chiffon difforme. Un ouvrier, rendu écarlate par la tension et le vent glacé de décembre, le fourra sous sa veste ouatinée.

Le rectangle de soie rouge avait flotté pendant plus de soixante-dix ans sur le dôme du Kremlin, comme un fanion victorieusement planté sur l'un des Everest du paysage politique mondial. Il fut amené sans cérémonie presque au même endroit où, quarante-six ans auparavant, les bannières du Führer nazi avaient été jetées aux pieds des vainqueurs. Seul un petit groupe de Moscovites ébahis et quelques journalistes étrangers, excités par la perspective de fixer sur bande vidéo l'histoire en direct, virent comment l'une des deux superpuissances mondiales resta décapitée pendant quelques instants qui semblèrent incroyablement longs. Et cela se passait à deux pas de l'échafaud sinistre de l'État, *Lobnoïe mesto*, qui, par un étrange caprice des tsars décorait la place principale de Moscou, confirmant ainsi son appartenance, comme la place de Grève, à Paris, et celle de la Signoria, à Florence, à la catégorie fermée des gibets sélectionnés par l'Histoire.

Silencieusement, comme les « constellations de Magadan [2] » chez Zabolotski *, les cinq étoiles de rubis, sur les tours du Kremlin, se dressèrent autour de la coupole dénudée. Elles pressentaient peut-être que leur tour viendrait d'être enlevées, bien qu'elles complétassent la gothique païenne de Ruffo et Gilardi de façon presque organique, tout comme le tombeau du Grand Chef, cette pyramide constructiviste de Chtchoussev *, qui s'adosse encore à l'épaisse enceinte de la forteresse. Pendant un instant, avant que le nouveau drapeau tricolore ne fût levé sur la hampe vide, on avait l'impression d'assister à la mort clinique du grand empire et qu'il ne restait plus au Kremlin de souverain en vie, à l'exception de l'habitant « Toujours Vivant du Mausolée [3] ».

Pourtant, il y en avait deux : le président soviétique, Mikhaïl Gorbatchev, et le président russe, Boris Eltsine. Et pour un seul pays, deux, c'est un de trop. Séparés par trois cent mètres de ruelles et couloirs au Kremlin, ils vivaient des moments clés de leurs biographies. Le premier, ne sachant pas encore que le drapeau d'État ne flottait déjà plus sur la coupole, au-dessus de sa tête, prononçait des paroles de démission publique. Le second, posé sur un fauteuil, près du téléviseur, dans les appartements du Grand Palais, attendait avec impatience que cette représentation mélodramatique libère enfin la scène de l'histoire pour son entrée souveraine.

À ce moment, la distance entre les deux hommes était beaucoup plus grande que celle qui les séparait physiquement. Un vrai mur d'animosité personnelle, de prévention et d'aliénation, incommensurablement plus épais que l'enceinte du Kremlin, barrait le chemin qu'ils avaient tout deux emprunté jadis, presque ensemble. Et ces deux « ours » ne pouvaient plus coexister dans la même « tanière », comme avait dit, une fois, Gorbatchev, sans dépasser la masse critique de répulsion mutuelle qui menaçait de faire exploser, avec le Kremlin, la puissance mondiale qui lui était encore soumise.

La pause historique s'acheva. Le carillon de la tour du Sauveur, qui semblait avoir également retenu son souffle, retentit, comme à regret, et le nouveau drapeau d'État monta lentement, en s'enroulant dans les coups de vent et les rayons des projecteurs, sur la hampe principale de la Russie. Il annonçait *urbi et orbi* que le thrombus, qui menaçait le pays de paralysie, s'était résorbé et que la « couronne » des tours et des murs du Kremlin ceignait le front d'un nouveau « maître ».

Quant au drapeau rouge, que l'on avait ordonné de faire descendre au dépôt avant la fin du discours de Gorbatchev, il laissa échapper une langue de feu de la veste ouatinée de l'ouvrier, attirant ainsi l'attention des journalistes qui se pressaient dans la cage d'escalier. Sous leur pression irrésistible, la bannière fut déployée, illégalement déjà, pour quelques secondes d'adieux et photographiée par les reporters pour l'Histoire post-soviétique.

Kyoto-Moscou, 1994

Annexes

Les deux documents suivants « Note à l'intention d'Alexandre Iakolev » et « Justice, Démocratie, Loi », éclairent le tournant décisif de la perestroïka (début 1990) et le travail d'Andrei Gratchev au sein de l'appareil du Comité central.

NOTE À L'INTENTION D'ALEXANDRE IAKOVLEV

Quelques considérations générales

1. La perestroïka a commencé comme une initiative intellectuelle et politique dans *l'échelon dirigeant du parti*. Car c'était là que, dans les conditions d'une société fermée, se concentrait le plus grand volume d'information sur les dimensions véritables de la crise économique et sociale qui guettait le pays. Cette information témoignait d'une situation sociale dramatique : les problèmes comprimés à l'intérieur de la société devaient inévitablement se frayer un chemin vers l'extérieur et il y avait un réel danger d'explosion sociale.

Dans le même temps, les dimensions véritables de la nécessaire transformation de la société ne pouvaient se préciser qu'à la suite d'une mise à jour, à l'aide de la glasnost, de tous ses problèmes cachés. Grâce à ce procédé, non seulement la profondeur de la crise du système socialiste de commandement administratif fut révélée, mais aussi le degré de corruption politique et morale de la société et de sa dégénération sous ce système.

Il s'est avéré qu'une partie considérable de la société était non seulement aliénée de la politique, du pouvoir et de la prétendue propriété socialiste, mais aussi de l'initiative, de la création et même d'un travail élémentaire discipliné et honnête. Cela est probablement la conséquence la plus dure du rouleau compresseur de l'uniformité, qui a transformé un paysage social naturel en une place d'armes bitumée, convenant seulement aux défilés militaires et aux spectacles de propagande.

2. La glasnost a fait aussi découvrir le *potentiel de conservatisme* exceptionnel de cette société, contaminée par la psychologie du nivellement général, de l'hostilité agressive (sous forme de la non-acceptation de l'injustice et de l'inégalité sociales) à l'égard de toute individualité, indépendance, initiative personnelle et du succès qui peut en résulter. Ce conservatisme est d'autant plus dangereux qu'il a aujourd'hui la possibilité de s'appuyer sur les états d'âme de la masse, sur ce qu'elle croit être son intérêt, même mal interprété. Par conséquent, il peut se présenter *sous la forme d'un courant démocratique*, s'appuyant sur la volonté de la majorité.

3. La société qui s'est formée à partir de ce socialisme perverti par la vision niveleuse est devenue une combinaison de *deux parties inégales par leurs dimensions (mais égales par leur charge conservatrice)* :

– la caste des dirigeants : un appareil bureaucratique de direction, puissant, bien enraciné, dont les composantes sont les organes du parti, en haut, et l'économie de l'ombre, au sous-sol;

– la masse des dirigés : des couches de prolétaires pour la plupart, avec un potentiel créatif tronqué, mais ce n'est pas leur faute, et des besoins économiques atrophiés, qui ne réagissent presque plus à des stimulations économiques normales.

Ces deux parties inégales de notre société sont conservatrices de manière cachée, intuitive et parfois même consciente, elles ont une attitude incrédule et hostile à l'égard des perspectives du changement, surtout après que ce changement ait commencé à dépasser la limite des slogans et des appels, et à faire irruption dans le tissu matériel de la société. Car ces changements soit menacent leur bien-être actuel, leur statut social et leurs privilèges (pour le premier groupe); soit les obligent à sortir d'hibernation, enlèvent une ration de la soupe philanthropique distribuée en guise de compensation pour le conformisme et l'obéissance, et les forcent à *gagner* leur pain et leur bien-être.

4. Un facteur supplémentaire complique la situation : il s'agit des éléments de la psychologie de consommation, assez répandus dans la société, qui ont poussé non pas d'une façon naturelle, grâce à la croissance économique de la société et au travail de ses membres, mais grâce à l'accès aux biens que nous n'avons pas gagnés nous-mêmes : les restes du marché occidental des biens de consommation, payés par une exploitation excessive de nos ressources naturelles et une utilisation extravagante des pétrodollars. Tout cela a créé chez nous une *société de consommation*, orientée sur les standards de vie et la qualité des marchandises occidentaux, *qui ne dispose pas des producteurs de ce qu'elle aimerait consommer.*

5. *La partie créatrice*, l'élément progressiste (c'est-à-dire le potentiel véritable de la perestroïka) dans une telle société se réduit à des unités (non pas dans le sens de la quantité, mais dans le sens que, dans toutes les catégories sociales, il s'agit d'exceptions à la règle générale, et non pas d'une tendance stable et encore moins dominante). La seule couche que l'on peut caractériser assez sûrement comme favorable à la perestroïka est l'intelligentsia, qu'elle soit au sein de l'appareil, parmi les masses des membres ordinaires du parti et des sans-parti ou parmi les groupuscules d'anciens

dissidents. C'est dans ce milieu seulement qu'existent des gens capables, en s'inspirant d'un idéal social, d'agir non seulement en accord avec leurs intérêts matériels, mais aussi malgré ces derniers. Qui plus est, ils sont souvent conscients qu'en fin de compte, les conséquences de leurs actes peuvent aboutir à la perte de leurs propres fonctions officielles et dirigeantes et donc à la perte des privilèges qui en découlent.

Naturellement, de telles personnes ne peuvent pas être nombreuses. Mais elles existent dans chaque société et peut-être surtout dans la nôtre. Car il s'agit là d'une tradition historique d'amour de la vérité et du sacrifice de l'intelligentsia russe (cela s'était manifesté par sa participation au mouvement révolutionnaire), amplifiée par un résultat positif réel de notre développement social pendant les années du socialisme, qui a élargi et démocratisé l'accès des membres les plus doués des couches de travailleurs aux milieux de l'intelligentsia et de l'élite politique.

Cela est d'ailleurs devenu, l'un de nos acquis les plus précieux, y compris par comparaison à l'Occident. Il nous assure, malgré le niveau relativement peu élevé de notre éducation de masse (notamment dans les études supérieures), le potentiel intellectuel et spirituel assez élevé de notre intelligentsia humaniste, scientifique et technique, et nous permet de rivaliser avec l'Occident et de frapper le monde par le niveau intellectuel de la perestroïka.

6. Dans le même temps, il est évident que, dans une société avec un tel rapport entre les composantes *conservatrice et progressiste*, la perestroïka, surtout au stade où elle dépasse le cadre d'un simple projet intellectuel, *est condamnée à se noyer* si elle ne crée pas d'elle-même *les forces motrices* sans lesquelles aucune révolution véritable n'est possible. Il est évident que les initiateurs de la perestroïka ne peuvent remplir ce rôle seuls, et cela d'autant plus que dans leur milieu également, à mesure des progrès de la perestroïka, et de la découverte de ses dimensions véritables et de ses conséquences matérielles immanquables, une démarcation est inévitable.

De telles forces motrices peuvent se trouver (tout à fait en accord avec les canons de notre idéologie) seulement dans les couches dont *l'intérêt social* coïncide avec la direction du mouvement de la perestroïka : elles y voient une perspective de satisfaction et de réalisation de soi dans une société future de qualité nouvelle. Il ne faut pas réduire cet intérêt aux problèmes matériels, il est aussi créatif, spirituel.

En fait, cela signifie que les forces motrices de la perestroïka, au moment de quitter les têtes et les bureaux de ses créateurs, doivent venir de couches sociales *qui n'existent pas encore* (sans compter l'intelligentsia dont l'intérêt est évident), car elles ont été exterminées, physiquement ou socialement, par le développement historique antérieur. Et même leur psychologie : l'initiative, la créativité, le goût du risque, doit être créée artificiellement, presque en éprouvette.

Mais de toute façon, il n'y a pas d'autre solution. Il convient d'encourager les couches de la population qui *n'ont pas peur de vivre de leur travail*, sans dépendre d'allocations et de subsides de l'État. Avec toutes les garanties nécessaires de protection sociale que doivent obtenir les catégories aux ressources réellement modestes (retraités, étudiants, etc.), la majorité de la population doit être placée dans des conditions qui l'obligent à travailler plus activement, avec un plus grand degré d'intensité et de discipline, afin de préserver son niveau de vie actuel, car à ce jour, nous vivons en somme mieux que nous ne travaillions.

Et il faut l'avouer honnêtement à toute la société. Autrement, nous ne pourrons pas expliquer pourquoi ce niveau de vie va nécessairement baisser chez une partie de la population et augmenter chez certains, avant qu'un assainissement général de la nature de notre économie ne commence à faire monter la barre générale, y compris celle des couches les plus démunies.

Si on ne le fait pas, nous allons continuer à piétiner sur place comme devant un ruisseau que l'on n'ose sauter sans la garantie à 100 % de ne pas se mouiller les pieds. Mais personne ne va nous porter sur son dos.

Qui plus est, si l'on évite une explication honnête avec la société sur ce sujet sensible, cela permet aux forces conservatrices d'utiliser comme argument la baisse inévitable des conditions de vie pendant la période de transition, d'attirer les masses en arrière, d'éveiller en elles la nostalgie de l'existence passée, peut-être indigente, mais au moins garantie, et même de les pousser en avant, comme le faisaient les fascistes chiliens contre Allende (la révolte des femmes au foyer avec des casseroles vides).

Il faut aussi expliquer sans équivoque aux masses que la seule raison du réveil soudain des fonctionnaires (des apparatchiks du parti, des syndicats ou même de la littérature, comme l'Union des écrivains de la RSFSR), qui se sont souvenus de leurs intérêts, c'est le désir de retourner dans un passé où la bureaucratie se sentait à l'aise. Et pour réaliser ce désir, ils s'appuient sur le mécontentement des masses que ces forces interprètent comme réactionnaire, voire raciste.

Malgré le risque apparent d'enterrer le socialisme en reconnaissant l'inégalité de paiement et de condition pour donner du dynamisme à notre économie et à notre développement social, cela ne se produira pas.

D'abord, cette inégalité, hypocritement cachée, existe dans la réalité. Deuxièmement, elle est exprimée, bien qu'avec une tournure différente, dans le slogan du socialisme, où l'on parle de la récompense selon le travail fourni. Troisièmement, étant donné notre déplorable niveau moyen de consommation, la tâche principale, c'est d'éviter l'appauvrissement absolu du pays, et non pas de crier gare contre le danger d'un appauvrissement « relatif » et d'une différenciation inadmissible des revenus, ou contre l'apparition de « bourgeois soviétiques » ou d'un « pôle de richesse » dans la société.

En prônant la différenciation des revenus du travail nous ne nous éloignons pas du socialisme, au contraire, nous nous en rapprochons : c'est peut-être la dernière chance de sauver cette notion et ce mot d'une fin historique peu glorieuse (comme en Roumanie).

7. Dans la pratique, les éléments des forces motrices de la perestroïka sont en premier lieu les fermiers (individus, familles, équipes qui prennent des terres à bail), les coopérateurs dans les villes et les campagnes, les artisans et les travailleurs dans le secteur des services (qui, d'ailleurs, dans la

société moderne, dépasse en dimensions les secteurs purement productifs). Il faut probablement prendre en considération que les ouvriers et les employés occupés dans des grandes entreprises d'État sentiront au début les effets positifs de la perestroïka non pas directement (à la condition qu'ils ne deviennent pas eux-mêmes des gérants), mais indirectement, comme conséquence d'une activité accrue d'autres catégories des travailleurs, par le biais d'un approvisionnement amélioré en produits alimentaires et d'un développement du domaine des services. Les Hongrois ont passé par cette période douloureuse, lorsque les ouvriers de Csepel s'indignaient que, dans l'État prolétarien, les revenus des paysans augmentaient plus vite que leurs salaires. Par la suite, ils ont compris que les magasins d'alimentation remplis étaient préférables aux slogans sur la dictature du prolétariat.

Mais il faut parler de tout cela et l'écrire. Sinon, des « fronts ouvriers », ou plus exactement les forces de l'appareil qui se trouvent derrière eux, vont continuer à pousser les ouvriers, comme avant, en les faisant se lever contre la perestroïka.

Ce n'est que comme cela que l'on pourra priver les éléments conservateurs, si puissants dans notre société, de leur appui social et, surtout, commencer le processus de la transformation de la perestroïka en une force sociale concrète.

8. Cela suppose la création du régime le plus favorable pour les nouvelles forces sociales, porteuses d'une conscience libérée et d'initiatives, en vue de stimuler leur croissance rapide, leur enracinement dans notre sol, entravé par le nivellement, et, plus important, leur transformation d'unités en masse, c'est-à-dire en groupe social.

Ce n'est qu'ainsi, et non pas par des admonestations, la pression fiscale et un contrôle populaire zélé (organisé par le même appareil), que l'on peut passer *rapidement* par la phase du règne des profiteurs qui « écrèment » la société, phase plus ou moins inévitable en raison du trop petit nombre de participants aux nouvelles relations économiques. De ce fait, ces participants se trouvent en position de quasi monopole et sont tentés par des formes viles d'enrichissement. L'incohérence de la ligne étatique sur cette question, qui prive les gérants et les coopérateurs d'une perspective stable et les oblige à vivre au jour le jour, sans plans pour le lendemain et, surtout, sans investir, les pousse dans le même sens. Sans se transformer en une masse, en une couche sociale, en un facteur social, ces éléments vont seulement compromettre, à la grande joie des patriotes de l'économie commandée administrativement, les nouvelles formes de rapports de production. Et nous laisserons échapper, une fois de plus, une chance de sauver le socialisme par l'intermédiaire d'une NEP [1].

9. Il faut parler à part *de l'intelligentsia*. Son union avec la direction du parti et de l'État est un acquis réellement unique, et pas seulement pour notre pays, ce qui le rend d'autant plus précieux. Pourtant, nous nous trouvons à la limite de sa destruction, car nous avons commencé à céder au chantage anti-intellectuel des conservateurs qui poussent devant eux « les masses prolétariennes ».

Les campagnes de pression sur la direction se manifestent sous la forme d'une diffamation acharnée des économistes, sur lesquels on rejette les fautes de l'économie administrative, et d'accusations démagogiques contre la direction du parti qui, prétend-on, oublie l'existence du « pouvoir soviétique » dans le pays.

Sans parler du fait que le retrait de l'intelligentsia signifierait pour le parti et la perestroïka la perte de leur alliée la plus dévouée et pleine d'abnégation et un appauvrissement dangereux de son potentiel créateur, un autre danger s'y dissimule.

À la fin du XXe siècle, il faut se débarrasser de toute mystification sur la notion de classe ouvrière. Sa perpétuation signifie en fin de compte la prolongation de la vie de la « dictature du prolétariat », quoique sous une autre forme. En fin de compte, nous sommes aujourd'hui plus proches du XXIe siècle que du XIXe, lorsque ce genre de réflexions étaient historiquement justifiées.

Il faut peut-être réfléchir, aussi, à ce que seront, dans un futur proche, les structures sociales des sociétés postindustrielles informatisées. Il faut également analyser pourquoi les grands mouvements syndicaux en Occident sont largement conservateurs et pourquoi ce sont surtout les couches moyennes des travailleurs qui constituent l'essentiel des forces les plus actives de la gauche en Europe occidentale.

Tout cela ne signifie nullement que, dans notre situation concrète, la direction du parti doive prendre ses distances vis-à-vis de la classe ouvrière. Cela ne serait ni justifié, ni compris, ni accepté par notre société et la masse des membres du parti. Il suffit de ne pas se couper de l'intelligentsia, de ne pas avoir honte de s'appuyer sur elle, y compris en la faisant entrer dans le parti (pour autant qu'elle souhaite y adhérer). Dans le travail idéologique, au lieu de jouer la carte du « populisme prolétarien », il faut appuyer le renforcement de l'union de l'intelligentsia scientifique, technique et humanitaire avec la classe ouvrière. Dans le cas contraire, cette union (pour laquelle il existe une base objective) va se former à l'insu, et même à l'encontre des instances du parti. En fait, nous assistons déjà à l'amorce de tentatives de groupes politiques naissants pour envoyer leurs émissaires dans des collectivités de travailleurs, les comités de grève, etc.

10. Tout ce qui vient d'être dit justifie la nécessité d'expliquer la situation de manière claire et, surtout, *publique*, au parti et à toute la société. Il faut aussi fixer ouvertement des bornes aux forces qui, à l'intérieur comme en dehors du parti, ne se bornent pas à barrer la route à la perestroïka, mais, couverts par cette notion, agissent contre le cours de M. S. Gorbatchev.

Éviter ce « bornage » politique revient à aider les forces antiperestroïkistes en leur permettant de profiter de l'ambiguïté de la situation pour accumuler des réserves. Cela a aussi des conséquences plus graves : l'accumulation, au sein de toute la société, de la fatigue, de l'apathie et de la méfiance à l'égard du parti, y compris de sa direction (sans compter d'autres états plus agressifs). De ce fait, nous amplifions, de nos propres mains et malgré l'expérience édifiante de nos confrères en Europe de l'Est et en Chine, ce conflit qui existe réellement entre la société et le parti, et qui, à cause des dimensions du pays, de son caractère multiethnique et de la spécificité russe, peut prendre des formes qui éclipseraient la place Tiananmen et la Roumanie.

11. La tactique qui consiste à se placer à égale distance de la gauche et de la droite, entre les conservateurs et les radicaux, qui est admissible dans l'ensemble pour donner à la société un centre stable, ne convient apparemment plus pour le travail à l'intérieur du parti.

En effet, la société a besoin d'un centre qui la consolide, mais elle a aussi besoin d'une *avant-garde qui la tire en avant*. Cependant, pour être capable d'agir, cette avant-garde, c'est-à-dire le parti, doit être assez homogène, ne serait-ce que pour pouvoir prendre des positions de principe. En fin de compte, tout parti est une union de partisans des mêmes idées. Or, la situation des derniers mois montre une image tout à fait différente, et la société s'en rend parfaitement compte.

Dans les derniers mois, le parti a évité de nommer les forces conservatrices comme l'obstacle principal à son rôle dirigeant dans une société en changement radical. Or, cette approche n'est plus valable, même si elle était justifiée précédemment. Ce sont les conservateurs qui se servent du thème de la consolidation à tout prix, même à celui de la perestroïka, sans se soucier qu'il puisse en résulter une confrontation frontale entre le parti et la société, avec un seul résultat, évident aussi bien aux yeux des progressistes que des conservateurs.

Ce slogan est utilisé par la partie conservatrice de l'appareil du parti en guise de droit de veto pour tout pas en avant, et de couverture pour sa tactique de résistance et de sabotage des réformes qui sont mûres. Dans plusieurs cas, l'appareil, effrayé par la perspective de perdre ses privilèges et le pouvoir, conclut des alliances sans principe avec des forces chauvines et nationalistes, flirte avec des idées impérialistes et autocratiques et même avec des éléments fascisants, en espérant marchander ainsi la prolongation de son existence.

De ce fait, une situation paradoxale se forme à l'intérieur du parti qui a entrepris la perestroïka : derrière une façade consolidée et unie, des partisans fermes d'un développement intense des processus de la perestroïka coexistent, et pas si paisiblement, avec des forces qui sont conservatrices même en comparaison avec le reste de la société.

Tout cela donne un prétexte aux forces antiparti et aux rivaux politiques des communistes de représenter tout le parti comme une force qui résiste de plus en plus à la perestroïka et au développement naturel de la société auquel elle a donné une impulsion.

12. La perestroïka a obtenu le principal : elle a démailloté la société, l'a mise sur ses pieds, l'a poussée en avant. Se sentant un être vivant et autonome, cette dernière ne veut plus se contenter d'une tétine et d'une berceuse. Elle *exige* le droit de disposer de son destin, c'est-à-dire le *pouvoir*.

La première étape du transfert du pouvoir du parti-État à la société civile, sous forme du Congrès et du Soviet suprême [2], fut perçue par la société avec espoir et renforça les positions du parti. Le ralentissement de ce processus, qui s'est précisé au cours du IIe congrès (en fait, toutes ses décisions ont coïncidé avec celles qui avaient été élaborées au préalable par les instances du parti), a éveillé la méfiance à l'égard de la sincérité de la direction et de sa bonne volonté à mettre en œuvre les objectifs proclamés de la perestroïka. Sur cette base, spontanément ou sous l'influence d'inspirateurs de toutes sortes, *un antagonisme sérieux entre le parti et la société* risque de s'allumer. Car cette dernière est beaucoup plus exigeante qu'avant, ne croit plus aux promesses verbales et surveille l'expérience de nos voisins d'Europe de l'Est.

Pour l'instant, on peut encore espérer que cette société soit prête à *partager le pouvoir avec le parti*, à condition d'une entente honnête et ouverte. Les formes d'une telle entente peuvent et doivent être diverses : de l'intensification du travail du Soviet suprême et du transfert du pouvoir réel aux organes de l'administration autonome locale, à l'organisation de *tables rondes*. Cela est le chemin qu'ont été obligés de faire tous les pays socialistes, sauf la Roumanie, où le parti a été simplement renversé.

Cependant, l'obtention d'une telle entente sur le transfert graduel du pouvoir du parti-État à la société civile, avec le parti conservant le rôle d'une force politique privilégié, n'est possible qu'à condition que la société sache clairement *de quel parti il est question*. Est-ce celui de Gorbatchev et de la perestroïka ou bien le parti anonyme (ou pas tout à fait anonyme) des apparatchiks tout puissants que la société est prête à tenir pour responsable de la crise actuelle et auquel elle ne voudrait pas lier son avenir?

13. Il s'agit donc d'un autre parti, ou plutôt *d'un parti différent de l'actuel*, ce qui n'empêche pas la majorité de ses membres actuels d'y rester. La préparation au XXVIIIe congrès du parti et les élections des délégués peuvent conduire à sa formation, dont le point de départ serait le plénum suivant du CC qui devrait se tenir ouvertement, publiquement (mieux encore : retransmis en direct) et qui donnerait à la direction la possibilité de s'adresser non seulement aux membres du CC, mais à tout ce parti en voie de rénovation et à la société, en leur proposant une plate-forme sur l'accélération de la perestroïka et en les appelant à lui donner le mandat de restructurer le parti lui-même.

Le 10 janvier 1990

Andreï Gratchev

JUSTICE, DÉMOCRATIE, LOI

PROGRAMME DES PREMIÈRES MESURES DU PRÉSIDENT DE L'URSS

La création du poste de Président de l'URSS et le début de son activité doivent marquer une étape de qualité nouvelle : la période d'actions efficaces et résolues suivant le principe « Justice, démocratie et loi ».

Le Programme des premières mesures à prendre par le Président doit refléter la nouvelle pensée en politique intérieure et dans la construction de l'État. Comme en politique étrangère, la priorité doit être donnée à des conditions de vie décentes, à la liberté et à la dignité de chaque individu sur les intérêts de tous les groupes, courants politiques, et structures administratives. L'État et son Président défendent cette priorité, et tout doit être subordonné à cet objectif.

Voici quels sont les « points sensibles » de la situation actuelle :

• *crise de confiance envers le pouvoir* en général et son appareil en particulier, paralysie des anciennes structures de la direction, chaos dans le mécanisme économique de l'État ;

• *chute générale de la discipline et de la responsabilité ;* affaiblissement du rôle des organes juridiques ; croissance de la criminalité ayant pour conséquence le sentiment d'insécurité des citoyens ;

• déchaînement des *passions nationalistes et séparatistes*, menace à l'intégrité de l'État unifié, conflits interethniques, apparition du problème des réfugiés et de la difficulté d'assurer des droits égaux aux citoyens sur tout le territoire de l'URSS ;

• caractère hybride et *inconséquence de la réforme économique*, qui ont accentué le déséquilibre de l'économie nationale et compromis gravement les nouvelles formes d'activité ;

• *détérioration des conditions de vie de la population*, provoquée par la pénurie de produits alimentaires et de marchandises de consommation courante, le manque d'articles bon marché et l'inflation, la corruption dans le commerce, le déclin des services de la santé, la dégradation du milieu d'habitation ;

• apparition de « zones sinistrées » géographiques et sociales, de régions défavorables du point de vue écologique (Oural, Kouzbass, Aral, Ladoga, la région de Tchernobyl) ;

• accumulation de *tensions au sein des Forces armées* sur fond de changements profonds dans la doctrine militaire et dans la composition de l'armée, de l'aviation et de la flotte, de problèmes non résolus concernant la vie quotidienne et sociale des militaires, et d'interventions malhonnêtes, à la limite de la confrontation, à l'adresse de l'armée, au cours de réunions politiques et au sein des organes parlementaires;

• érosion et *perte des idéaux moraux de la société*, incertitude quant aux perspectives de son développement, crise de conscience des habitants de l'URSS en qualité de citoyens d'un grand État, chute du patriotisme, *préoccupation quant à la position de l'URSS comme superpuissance mondiale.*

La solution de chacune de ces questions suppose, pour les organes du pouvoir législatif et exécutif, de créer des programmes d'action scientifiquement fondés et de définir concrètement qui va les élaborer et les exécuter. Mais seul le Président, en se fondant sur des considérations politiques générales, peut choisir le meilleur moment pour annoncer le début de la réalisation du programme, expliquer au peuple la nécessité de l'effectuer, et appeler à la compréhension et à la patience si les mesures, inévitables mais impopulaires, sont accompagnées d'effets temporaires négatifs.

Libéré de la plupart des affaires courantes, le Président concentre son attention sur des problèmes stratégiques de la perestroïka, de la réforme politique et économique. En principe, n'importe quel problème important dont l'existence ou l'aggravation menace de perturber la stabilité sociale peut devenir l'objet de l'attention présidentielle.

Il faudra commencer par « faire de l'ordre » dans le pays et renforcer la discipline sociale, juridique et économique. La notion de renforcement de la discipline et de l'ordre n'inclut pas seulement l'adoption de mesures extraordinaires urgentes. Il n'est pas moins important d'assurer l'exécution de nouvelles lois et de l'accomplissement des réformes radicales, de définir la hiérarchie et la succession des actions, ainsi que de créer de nouvelles institutions du pouvoir.

I. Stabilisation politique de la société

Le Président de l'URSS doit faire, devant les citoyens de l'Union soviétique, un discours télévisé, en exposant le contenu et les principes démocratiques de sa plate-forme, en faisant appel à la paix civile et à la consolidation de la société dans les intérêts de la perestroïka. Ce document, qui présenterait les contours essentiels du programme anticrise, est appelé à stabiliser la situation, à consolider les forces véritablement démocratiques de la société.

Il faut adresser « des recommandations politiques » aux Soviets des députés du peuple issus des nouvelles élections, car ils sont les agents principaux du système naissant d'autonomie locale et de l'appui politique à la perestroïka dans les régions. Il faut accélérer l'adoption de la loi sur l'autonomie locale et encourager l'organisation de « tables rondes » régionales, au nom de la consolidation des forces pro-perestroïkistes et du développement du dialogue public.

Il faut aussi :

Publier un décret présidentiel sur la réhabilitation complète des victimes des répressions staliniennes des années trente à cinquante, ainsi que sur l'annulation de tous les décrets du Présidium du Soviet suprême de l'URSS concernant la déchéance de la citoyenneté soviétique pour des motifs politiques. Montrer un soutien personnel à la création d'un mémorial aux victimes des répressions staliniennes (dans le discours à l'occasion de l'anniversaire de la révolution d'Octobre).

Accélérer l'adoption de lois sur les organisations publiques et les partis, sur la presse, la liberté de la conscience, sur l'entrée et la sortie de l'URSS.

Élaborer un programme en vue d'activer la participation à la vie politique des ouvriers et des paysans, pour les entraîner dans l'activité des organes électifs; orienter les écoles locales du parti vers l'augmentation de la qualification politique des députés de leur niveau.

Proclamer l'abolition du principe nomenklaturiste de la sélection et de la nomination des cadres dirigeants soviétiques, administratifs, et autres. Lors de l'énumération des titres, donner préférence aux titres d'État à ceux du parti.

Sur l'initiative du Président de l'URSS, faire adopter une décision par le CC du PCUS, qui limiterait la possibilité ou même interdirait aux comités régionaux du parti de se mêler de problèmes économiques courants, de valider ou de punir des cadres administratifs. Souligner la nécessité de séparer l'idéologie de l'activité économique.

Confier à la Cour suprême de l'URSS l'instruction d'enquêtes sur les fonctionnaires accusés de délits de prévarication. Punir de façon décisive et dure les dirigeants de tous les niveaux coupables de corruption.

Publier un décret pour mettre au clair la question des « privilèges et avantages. » Faire valider, par une décision spéciale du Conseil des ministres (et pour le parti, par le CC du PCUS), et rendre publique la liste concrète des privilèges et avantages octroyés à chaque catégorie de fonctionnaires.

Réduire à un minimum nécessaire les symboles extérieurs de fonction : moins de gardes pour les membres du Politburo et du Secrétariat du CC (à l'exception du Président et du Premier ministre), des sorties moins impressionnantes, diminuer la quantité excessive de miliciens sur les routes de la capitale, etc., en prévoyant de rendre payants tous les services supplémentaires, à l'exception de ceux prévus par le décret. Liquider le népotisme, en interdisant l'héritage des privilèges, à l'exception de ceux prévus par le décret.

II. Renforcement de l'ordre légal et de la défense des droits de l'homme

Proposer aux organes de justice d'élargir l'application (dans le cadre de la législation existante) de mesures judiciaires rigides à l'égard du crime organisé, du banditisme, du racket, et des attentats particulièrement graves et cruels à la vie des gens (avec application, dans des cas exceptionnels, de la peine capitale).

Confier au ministère de l'Intérieur et au KGB de l'URSS d'effectuer une opération de grandes dimensions pour découvrir et confisquer les armes détenues illégalement. Annoncer par l'intermédiaire de la presse et des organes locaux que le refus de rendre les armes et les vols d'armes seront considérés comme des préparatifs à des attentats terroristes.

Faire une intervention à une réunion de la direction du KGB, du ministère de l'Intérieur et du Parquet de l'URSS. Dans cette intervention :

- déclarer comme tâche prioritaire la préservation de l'ordre public, ainsi que la lutte contre le crime organisé, y compris dans le domaine du commerce (création artificielle de pénuries, collusion entre le commerce et l'appareil administratif, économie de l'ombre et mafia), et la lutte contre la corruption des cadres dirigeants à tous les niveaux (y compris dans les organes judiciaires) ;
- obliger les organes judiciaires à mettre en place une protection stricte de la propriété publique et de la propriété personnelle des citoyens, ainsi que des entreprises et des coopératives.

Réduire le personnel et les frais du KGB de l'URSS. Soumettre plusieurs directions du KGB (services de protection de la Constitution) au Comité de contrôle constitutionnel, et la Direction des renseignements de l'URSS, à un assistant spécial du Président, responsable de la sécurité nationale.

III. Normalisation des relations inter-ethniques

Dans un discours devant le Soviet des Nationalités, le Président devrait adresser aux peuples de l'URSS un appel dans lequel il exposerait son *programme de mesures de normalisation des relations interethniques*, de garanties des droits des peuples du pays, grands et petits, de solutions aux problèmes accumulés.

Accélérer l'adoption de la Loi sur le mécanisme de l'autodétermination et de la sortie d'une république de l'Union soviétique.

Accélérer la mise en œuvre des programmes du gouvernement concernant le règlement des problèmes des *peuples victimes des répressions staliniennes* (Tatars de Crimée, Turcs meskhètes). Forcer la décision de rendre l'autonomie aux Allemands de la Volga. Organiser un référendum parmi la population. Une solution rapide et positive à ce problème très aigu (qui a déjà provoqué la fuite de centaines de milliers de personnes très qualifiées) créera un précédent et donnera aux autres peuples confiance dans les garanties présidentielles.

Organiser une rencontre du Président avec les *dirigeants des principales églises* présentes sur le territoire de l'URSS. Afin de calmer les offenses aux croyants non orthodoxes résultant des festivités consacrées au millénaire du baptême de la Russie, rencontrer simultanément tous les chefs religieux principaux : chrétiens, musulmans, bouddhistes, israélites, etc.

Mettre en œuvre un programme de mesures d'« apaisement » envers les musulmans de l'URSS, en prenant en compte que les fondamentalistes intérieurs et extérieurs tentent de spéculer sur les événements à Bakou et sur « l'affaire ouzbèque ». Afin de contrecarrer ces états d'esprit, prévoir un voyage en Asie Centrale, au Kazakhstan, en Tatarie ou Bachkirie, ainsi que la visite d'un pays musulman. Demander au ministère des Affaires étrangères et à l'Aeroflot d'organiser des vols à la Mecque pour les musulmans soviétiques.

Demander au Parquet de l'URSS de prendre des mesures résolues pour *arrêter l'activité des groupes nationalistes et séparatistes extrémistes* : certains d'entre eux doivent être proclamés anticonstitutionnels et dissous. Les responsables de ces groupes, qui mènent les activités les plus graves, doivent être poursuivis en justice, et accusés d'incitation à la haine ethnique.

Octroyer un soutien présidentiel au programme du Fonds de la culture de l'URSS concernant les *petits peuples du Nord*.

En vue de montrer l'implication de tout le pays dans le problème de la mer d'Aral, mettre en évidence la participation personnelle du Président à l'étude des programmes d'État et internationaux (avec l'ONU et l'UNESCO) d'assistance à la mer d'Aral.

IV. Réforme de l'armée soviétique

Organiser une rencontre, en qualité de chef suprême des armées, avec les cadres commandants, surtout moyens et subalternes. Exposer les *directions principales de la réforme militaire*, en particulier : révision et séparation des fonctions du ministère de la Défense (MD) et de l'état-major général ; introduction d'une direction civile du MD ; transformation des organes politiques en directions du travail social et éducatif, etc. Après avoir confirmé la réduction ultérieure des effectifs, annoncer l'intention de la direction de renforcer ses équipements et de la moderniser, de résoudre les problèmes matériels du corps des officiers (logements, salaires), de soutenir psychologiquement l'armée.

Faire un voyage dans l'une des régions militaires, visiter une base militaire dans la région frontalière.

Rencontrer des militaires rentrés de l'Europe de l'Est et, peut-être, visiter une unité de troupes en Allemagne. Une telle visite aurait une signification sur le plan international et intérieur, en rappelant notre statut de la puissance victorieuse la veille du 45e anniversaire de la Victoire.

Prévoir, dès l'appel 1990, l'introduction d'un service alternatif et la création d'un certain nombre d'unités nationales.

Nommer une personne civile au poste de ministre de la Défense de l'URSS, en soulignant ainsi le caractère essentiellement politique de cette fonction. Confier la direction des troupes et leur approvisionnement à l'état-major général, après sa réorganisation.

Abolir les importants privilèges des cadres supérieurs de l'armée (utilisation d'ordonnances comme serviteurs, utilisation incontrôlée de soldats pour l'usage privé, abus de transports et autres). Réduire le nombre de généraux.

À l'occasion de la Fête de la Victoire, se souvenir des *vétérans*, c'est-à-dire des quelques générations de ceux qui ont combattu ou travaillé pour la Victoire. Réfléchir sur la possibilité de faire une réception au Kremlin pour les Héros de l'Union soviétique et chevaliers de l'Ordre de la Gloire. *Participer personnellement aux rencontres de vétérans près du théâtre Bolchoï.*

Faire adopter, à l'initiative du Président, une loi sur les retraites aux familles des participants à la Grande Guerre patriotique portés disparus ou prisonniers de guerre.

Faire adopter, à l'initiative du Président, un corpus de lois sur l'augmentation de la protection sociale des officiers et de leurs familles. Proposer au Soviet suprême de créer une commission aux droits des militaires. Soutenir la proposition du groupe de députés sur la création d'une commission parlementaire aux problèmes des militaires internationalistes.

V. Mesures d'accélération de la réforme économique, de passage aux méthodes de marché pour réguler l'économie

Publier les décrets du Président de l'URSS :

Sur la liberté de l'activité économique et du développement de l'entreprise libre : reconnaissance les droits des entreprises de toute forme, à l'exception de celles qui se trouvent sous la gestion directe de l'État, à choisir de façon autonome les aspects de leur activité économique, à établir les liens de production et de commerce concernant l'approvisionnement et la réalisation de la production, à définir les prix pour leur production (travaux, services); octroi d'une entière liberté et mise en place d'un environnement propice aux petites entreprises sous toutes leurs formes; établissement de la responsabilité économique et juridique entière des entreprises, allant jusqu'à la faillite dont les conditions seront définies.

Sur la desétatisation de l'économie : transformation en 1990-1991 d'un nombre de grandes et très grandes entreprises de l'État en sociétés par action; annonce de location à bail ou de vente aux collectivités de travailleurs, aux sociétés par actions ou autres sociétés et coopératives de la plupart des petites entreprises et de nombreuses entreprises moyennes, en premier lieu dans le domaine de la production agricole, des marchandises de consommation courante, des services; création d'un organe de gestion des biens de l'État.

Sur le travail : modalités de licenciements individuels et collectifs; garanties de l'État aux citoyens; allocations de chômage, système de recherche du travail et de stages de rééducation professionnelle, nouvelles modalités d'insertion professionnelle; création d'un fonds d'État pour l'aide aux chômeurs; organisation d'un système de travaux publics.

Sur la réorganisation du système de gestion étatique et de la gestion économique : développement d'un réseau d'entreprises de vente en gros et d'intermédiaires, de bourses de marchandises, de fonds et de devises et d'autres éléments d'infrastructure de marché...

Sur la restructuration du système bancaire et financier : fin de la subordination de la Banque d'État (Gosbank) de l'URSS au gouvernement, création d'un système bancaire à deux niveaux, activation d'une politique des taux d'intérêts et des crédits, régulation de la masse monétaire en circulation, réserve d'une partie de ressources de crédits à la Gosbank de l'URSS; création du marché financier et du marché de titres; réduction des dépenses dans le budget de l'État.

Renoncer à la politique du gel des salaires, mais assurer l'augmentation de la masse salariale uniquement grâce à l'économie des ressources. Augmenter les taxes sur le surprofit, résultant d'une hausse non justifiée des prix.

Augmenter la réalisation des ressources matérielles et des réserves sur le marché intérieur, y compris selon des prix contractuels et des ventes aux enchères. Développer considérablement le réseau commercial, le système de dépôts-vente, les ventes aux enchères. Élargir la gamme de marchandises et services vendus au plus offrant.

Élargir les droits et les structures des coopératives de consommateurs dans le domaine de la circulation des marchandises en gros et au détail, afin que ce système puisse rapidement devenir une alternative viable au rationnement dans l'approvisionnement en matériaux et techniques.

Autoriser les organes locaux du pouvoir à liquider les kolkhozes, sovkhozes, petites entreprises déficitaires (subventionnés par les budgets locaux), en les vendant aux coopérateurs, sociétés par actions, et plus grandes entreprises. Stimuler la privatisation (par des particuliers ou des coopératives) de salons de coiffure, de services de réparations, de petits commerces, de stations-service, de bureaux de travaux de construction.

Accélérer l'adoption d'un système unifié d'imposition progressive, qui stimulerait le travail productif et efficace. *Créer dans le pays un système d'inspections d'impôts*, dotées de pouvoirs larges et spécifiques. Réformer, dans ce but, les services financiers du pays, réorganiser le ministère des Finances.

Créer, auprès du Président, une commission de travail pour l'élaboration des principes de la réforme des prix, en vue d'une réduction graduelle des subventions de l'État et du passage aux prix du marché et aux prix mondiaux, en la synchronisant avec la réforme monétaire (change des billets) et un système de mesures assurant le maintien du minimum vital aux couches de la population aux revenus modestes.

VI. Mesures urgentes d'amortissement de la tension sociale et économique

Logement

Changer l'ordre de la perception des loyers, en prévoyant l'abolition du loyer pour les personnes aux ressources modestes (personnes ayant des retraites inférieures au minimum vital ou des allocations d'invalidité, familles nombreuses) et pour les personnes très mal logés (moins de 5 m^2 par personne). *En même temps, introduire des loyers différenciés, selon la qualité des appartements, des immeubles, et leur emplacement;* calculer le loyer non pas selon la surface habitable (superficie des pièces), mais selon la surface totale des appartements, à l'exception des appartements communautaires, etc.

Acheter à l'étranger au moins trente unités, clés en main, d'équipements automatisées pour la production de briques et d'éléments préfabriqués, de petite puissance (pour la production de vingt-cinq à trente milliards de briques ou de leur équivalent par an), afin d'assurer les besoins de construction des individus et des coopératives. Envoyer ces unités, dont le montage sera assuré par les fournisseurs, dans les régions où la tension sociale et économique est élevée, en les transmettant à bail à des collectivités spécialisées.

Demander au Conseil des ministres, au Gosplan et au ministère des Finances de mettre au point en deux mois des *propositions concernant l'offre à des sociétés étrangères de participer au développement de la construction immobilière en URSS.*

Geler, dès le second semestre 1990, le financement d'un nombre considérable de chantiers industriels. Orienter les capacités de construction ainsi libérées vers la construction de logements, d'établissements de santé publique, de commerces, de services, d'établissements de culture et de villégiatures. *Autoriser la vente à la population des surplus des matériaux de construction et d'équipements, créer un système de location de moyens techniques, instruments et dispositifs.*

Obliger les soviets des députés du peuple des grandes villes à *octroyer des terrains pour la construction de pavillons individuels par les personnes désirant rendre en échange les appartements d'État qu'ils occupaient.* Accorder de tels terrains à proximité des villes, y compris par le biais de la liquidation de certaines entreprises agricoles, en créant des zones pavillonnaires. Effectuer la création de l'infrastructure aux frais de l'État. Élargir l'octroi des crédits (y compris par des banques commerciales) pour de telles constructions.

Publier un décret sur l'aide aux familles d'étudiants. Introduire un système de facilités de crédits, obliger les établissements d'enseignement supérieur à créer des crèches et des jardins d'enfants, y compris pendant l'année scolaire.

Médecine

Préparer la base juridique et normative du passage de la santé publique vers un système budgétaire de sécurité sociale, fondé sur l'utilisation active des fonds d'entreprises, par le biais de la formation d'un fonds de santé décentralisée.

Mettre en place des facilités d'impôts aux entreprises. La partie de la masse salariale dépensée par les travailleurs eux-mêmes pour le paiement des services médicaux doit être exclue de la base d'imposition.

Par décision du Soviet suprême et des soviets locaux, changer la situation des établissements médicaux qui desservent les administrations, surtout celles de haut rang. Pour cela :

- introduire des quotas d'accès aux catégories socialement vulnérables de la population des districts adjacents : vieillards, invalides, familles nombreuses, ainsi que les instituteurs;
- établir des éléments de service payant pour les cadres attachés aux centres de consultation et de soins qui desservent les administrations, financés par le budget de l'État.

Introduire un nouveau système d'assurance individuelle qui donne droit aux services médicaux. Donner une impulsion au développement de ce système, faire monter rapidement le niveau de l'aide médicale élémentaire.

Participer personnellement à la cérémonie d'ouverture de deux ou trois nouveaux hôpitaux et centres de consultation destinés à la population normale. Un bon éclairage dans les médias doit démontrer que ces établissements ne le cèdent en rien aux établissements destinés à l'« élite » que dirigeait l'ancienne quatrième direction.

Soutenir par décret la création de maisons de charité (dispensaires médico-sociaux), y compris à partir d'hôpitaux spéciaux ou d'immeubles d'hôtes [3] liquidés. *Créer un programme présidentiel d'encouragement de la construction de centres de charité dans les villes.*

Vérifier la distribution des médicaments achetés ces derniers temps à l'étranger, publier les résultats de l'enquête, diriger des poursuites contre les personnes coupables de dissimulation et de spéculation sur les médicaments.

Proposer au Soviet suprême un projet de la loi sur les mesures extraordinaires de protection de la maternité et de l'enfance, de consolidation de la famille, d'amélioration de la situation des femmes.

Niveau de vie de la population

1. *Adopter un décret sur l'indexation du coût de la vie*, en précisant les délais de sa mise en application (par exemple, à partir du 1er janvier 1991); créer des services d'observation et d'enregistrement du mouvement des prix à la consommation; confier au Conseil des ministres l'*élaboration des procédures d'augmentation régulière des revenus fixes (salaires, retraites, bourses, allocations), en fonction de la vitesse d'augmentation des prix à la consommation.*

(L'adoption du décret permettra d'effectuer la réforme des prix de façon moins douloureuse.)

Créer une commission présidentielle pour la mise en place de programmes sociaux à destination spéciale (personnes seules, invalides, maisons de retraite, orphelinats, réfugiés et personnes déplacées, repas gratuits) financés aussi bien par des fonds centraux que par des organisations publiques, des entreprises, des organes locaux du pouvoir, ainsi que grâce à des donations privées.

Proclamer l'élaboration d'un programme présidentiel de charité.

Préparer les décisions sur l'ouverture de quelques grandes entreprises, avec une participation étrangère partielle ou entière, dont la production serait destinée au marché intérieur, y compris pour remplacer les importations, à condition de réinvestir les bénéfices en roubles à l'intérieur de l'URSS. Pour cela, il est nécessaire de mettre au point les garanties des droits des propriétaires étrangers, d'autoriser leur accès à des opérations en roubles en URSS, et de stimuler leurs investissements dans le commerce en gros et le secteur bancaire.

Faire appel au Soviet suprême pour accélérer l'adoption des lois principales qui assureraient l'introduction des éléments de l'économie du marché. La loi sur l'activité économique en URSS, dont l'initiative doit émaner du Président, est la loi clé. L'objectif de cette loi *est d'égaliser les droits du sec-*

teur d'État, des coopératives et des petits entrepreneurs privés, ainsi que des entreprises dont les propriétaires sont étrangers; de créer une base de développement de relations normales de concurrence au sein de l'économie, ainsi que de coopération de formes différentes de propriété, ce qui permettrait la création de structures souples et autorégulatrices optimales au sein de l'économie nationale.

La loi sur l'activité économique doit être adoptée en coordination avec d'autres actes économiques, y compris les lois sur l'imposition unifiée, sur l'autonomie locale, sur les banques, les lois contre les monopoles et autres, qui règlent la création et le fonctionnement des éléments de l'économie du marché.

VII. Programme écologique

Établir la notion de crime écologique; faire adopter une législation sur les crimes écologiques pour l'URSS et les républiques; les personnes coupables de tels crimes doivent être poursuivies en justice.

Adopter un décret qui proclame Tchernobyl et les régions sinistrées zones de catastrophe nationale (avec mission d'élaborer un programme d'assainissement).

Publier un décret qui proclame un moratoire sur la construction de nouvelles centrales nucléaires, tout en continuant les recherches en vue d'aboutir à des centrales nucléaires absolument sures, ce qui, selon les spécialistes, sera possible dans quelques années.

Publier un *décret sur l'arrêt des essais nucléaires en général, ou au moins sur le polygone de Semipalatinsk.*

Préparer un *décret sur les zones de catastrophe écologique et les mesures de normalisation dans ces zones (elles occupent près de 16 % du territoire de l'URSS et quarante millions de personnes y habitent).*

Adopter un décret sur les modalités d'arrêt des productions écologiquement dangereuses.

Prendre l'initiative d'élaborer une législation pour la préservation de la nature. Tout d'abord, rédaction d'une loi sur le système d'évaluation par l'État de l'influence de l'activité économique sur l'environnement. Les décisions concernant la construction des plus grands objets économiques (centrales nucléaires, grandes lignes des chemins de fer, etc.) doivent être prises par le Soviet suprême de l'URSS.

Par décret présidentiel, assurer un contrôle rigide pour que les équipements industriels et les technologies achetés à l'étranger, y compris les usines et les complexes industriels clés en main, correspondent aux standards écologiques mondiaux les plus élevés ou, au moins, aux normes écologiques des pays d'exportation.

VIII. Sécurité nationale et questions internationales

Créer au sein du Conseil présidentiel *un poste d'assistant du Président aux questions de sécurité nationale, avec un appareil correspondant qui s'occuperait de l'analyse indépendante de l'information opérationnelle courante, de la planification et des pronostics stratégiques, de l'élaboration de propositions concernant les réactions aux changements dans la situation politique et militaire.*

Prendre l'initiative d'une réforme de principe de l'Organisation du Pacte de Varsovie, en la liant aux changements en Europe de l'Est, à la prochaine unification de l'Allemagne et à la nécessité du passage du système des blocs à un système de sécurité paneuropéen.

Faire une déclaration sur notre vision des *Fondements de l'ordre et de la paix en Europe*, mettant l'accent sur l'inviolabilité des frontières de l'après-guerre, les conditions du renforcement de la sécurité de tous les peuples européens, afin de prévenir toute « balkanisation » et retour à l'instabilité de l'avant-guerre.

Prendre l'initiative d'organiser une réunion de la « commission trilatérale » à Moscou.

IX. *Statut du Président*

Le changement du système constitutionnel du pays doit se refléter dans *l'image même du pouvoir suprême*, qui doit réunir les traits démocratiques propres à notre système avec un renforcement de l'autorité.

Il faudrait, en particulier, réfléchir sur :

les questions du cérémonial, du protocole et des symboles extérieurs du régime présidentiel ; prévoir (et appliquer dans la pratique) des peines pour les insultes au Président : dans la presse, lors de réunions, etc.

En même temps, il ne faut pas perdre de vue l'utilité des manifestation suivantes :

interventions télévisées du Président, périodiques mais régulières (une fois par mois) ; conférences de presse régulières pour les journalistes accrédités en permanence ; participation à des actions de charité, à des événements sportifs et culturels, fêtes populaires et célébrations (Jour de la Victoire) ; voyages dans des régions où se produisent des calamités naturelles, des catastrophes écologiques et autres, et visites à des mémoriaux (par exemple Katyn, zone de Tchernobyl, Baby Yar [4]) ; rencontres plus régulières avec les représentants de l'élite intellectuelle, les autorités morales et spirituelles du pays, la jeunesse.

L'activité publique de l'épouse du Président doit prendre des contours plus nets et plus officiels.

Glossaire des noms propres

Le glossaire des noms propres a été établi par les traducteurs.

AFANASSIEV, Viktor : journaliste et fonctionnaire du parti, né en 1922. Après une carrière universitaire (titulaire de la chaire de communisme scientifique à l'Académie des sciences sociales près le CC du PCUS de 1960 à 1968), il entra à la rédaction de la *Pravda* (chargé des questions idéologiques). Nommé, en 1974, rédacteur en chef de *Kommounist*, la revue théorique du CC, il devint, deux ans plus tard, en 1976, rédacteur en chef de la *Pravda*. Ce poste lui valut de devenir membre titulaire du Comité central, la même année. Il dirigea le quotidien du parti jusqu'en 1989.

AKHMATOVA, Anna (1889-1966) : grande poétesse russe, elle participa, avec Goumilev, à la création de l'école acméiste. Considérée comme « décadente », elle fut exclue de l'Union des écrivains en 1946 et frappée d'interdiction de publier pendant des années. Elle est l'auteur de *Requiem* (1935-1940), une grande fresque dédiée aux victimes de la terreur stalinienne, et de plusieurs recueils de poèmes.

AKHROMEÏEV, Sergueï (1923-1991) : maréchal de l'URSS, chef d'état-major général de l'Armée soviétique et premier vice-ministre de la Défense de 1984 à 1988, puis conseiller militaire de Mikhaïl Gorbatchev. Il se suicida après l'échec du putsch d'août où il avait participé à la préparation militaire.

ALEXANDRE Ier (1777-1825) : empereur de Russie de 1801 à 1825. Dans les premières années de son règne, entouré de jeunes amis réformistes (le « Comité intime ») il mena une politique libérale (abolition de la torture, de la censure, réorganisation de l'enseignement, droit pour les roturiers d'acquérir les terres, etc.). Cependant, de la grande réforme politique préparée par le comte Mikhaïl Speranski il ne retint que la création du Conseil d'État (1809). Dans la seconde moitié de son règne, après la victoire sur Napoléon (1812), il adopta une politique plus rigide qui déçut les intellectuels qui le soutenaient.

ALEXANDRE II (1818-1881) : empereur de Russie (1855-1881). Conscient du retard de la Russie par rapport à l'Occident, il entreprit, au début de son règne, une série de réformes importantes : abolition du servage (1861); réformes de l'administration, de la justice et de l'instruction publique. Il acheva la conquête du Caucase et fit progresser la pénétration russe en Asie Centrale. À partir de 1870, il dut faire face à un mouvement révolutionnaire populiste (les *narodniki*). Il fut victime d'un attentat terroriste organisé par une fraction extrémiste de ce mouvement au moment où il engageait une réforme qui devait insérer le régime sur une voie constitutionnelle.

ALEXIS Ier MIKHAÏLOVITCH, dit LE TRÈS-DOUX (1629-1676) : empereur de Russie (1645-1676), père de Pierre le Grand. Le début de son règne fut marqué par une série d'émeutes et de révoltes populaires contre ses conseillers. En 1648, il confia à un *zemski sobor* la rédaction d'un code des lois, l'*Oulojenie,* qui fut promulgué l'année suivante. Son règne fut marqué par l'union de l'Ukraine à la Russie (1654), par une réforme de l'Église qui provoqua un schisme religieux et par une grande insurrection paysanne dirigée par Stenka Razine.

ALIEV, Gueïdar : homme politique azéri, né en 1923. Engagé dans les troupes de la sécurité d'État dès sa jeunesse, il gravit tous les échelons de la hiérarchie jusqu'à devenir président du KGB d'Azerbaïdjan en 1967. En 1969, il fut nommé au poste de premier secrétaire du parti de la république, poste qu'il conserva jusqu'à sa nomination par Andropov, en 1982, aux postes de premier vice-président du Conseil des ministres de l'URSS et de membre titulaire du Politburo, qu'il conserva jusqu'en 1987, lorsqu'il se retira, officiellement pour des raisons de santé. En 1993, il a réussi un retour sur la scène politique en devenant président de la république indépendante d'Azerbaïdjan.

ANDROPOV, Iouri (1814-1984) : homme d'État soviétique, secrétaire général du CC du PCUS de novembre 1982 à février 1984. Après des études quelque peu erratiques, il commença sa carrière d'apparatchik en 1938, au komsomol de Iaroslavl, puis de Carélie. Devenu fonctionnaire du parti en 1944, il occupa des postes de responsabilité à Petrozavodsk, toujours en Carélie, avant d'être appelé à Moscou, en 1951, dans l'appareil du Comité central au département des relations avec les pays satellites. Versé aux Affaires étrangères, il fut nommé ministre-conseiller puis ambassadeur en Hongrie (1953-1957). Il occupait ce poste pendant l'insurrection de Budapest et l'intervention soviétique de 1956. De retour à Moscou, il dirigea le département chargé des pays-frères avec le titre de secrétaire du CC jusqu'en 1967. À cette date, il prit la tête du KGB, devenant, dès 1973, le premier président de la Sécurité d'État (depuis Beria) à cumuler ce poste avec un fauteuil de membre titulaire du Politburo. Cela fit de lui l'un des personnages clés du régime brejnévien. En mai 1982, il laissa le KGB pour le poste de secrétaire du CC à l'idéologie, c'est-à-dire de numéro deux du parti. Ce fut à ce titre qu'il succéda à Brejnev six mois plus tard. Devenu secrétaire général, il mena une politique de lutte contre la corruption, de renforcement de la discipline du travail et de durcissement vis-à-vis de l'Occident. Dans les quinze mois qui lui restaient avant que la maladie ne finisse par l'emporter, il eut à peine le temps de commencer une réforme économique dans laquelle certains ont vu l'ébauche de la perestroïka gorbatchévienne.

ARBATOV, Gueorgui, dit Iouri : fonctionnaire du parti et académicien soviétique, né en 1923. Docteur en histoire, spécialiste des relations internationales, il commença sa carrière comme journaliste dans différentes publications, en URSS (*Voprossy filossofii, Novoïe Vremia* et *Kommounist*) et à Prague (*Problèmes de la paix et du socialisme*). De 1964 à 1967, il occupa des postes de responsabilité dans l'appareil du Comité central (département des relations avec les pays satellites et département international), avant de prendre la direction de l'Institut des États-Unis et du Canada près l'Académie des sciences de l'URSS. Ce fut à la tête de cette pépinière de diplomates, espions et spécialistes du monde américain qu'il s'affirma, pendant la perestroïka, comme l'un des plus chauds partisans des réformes au sein du Comité central dont il était membre titulaire depuis 1981.

ARMAND, Elisaveta, dite INESSA (1874-1920) : activiste du mouvement communiste international dès 1904. Proche amie de Lénine. De 1918 à sa mort, elle travailla au sein de la section des femmes-ouvrières du CC.

BAKATINE, Vadim : homme politique soviétique, né en 1937. Proche de Mikhaïl Gorbatchev, membre du Comité central depuis 1986, membre du Conseil présidentiel en 1990, cet homme à la réputation libérale apparut réellement sur le devant de la scène en novembre 1990, lorsque les conservateurs du parti obtinrent son limogeage du poste de ministre de l'Intérieur où il s'était attiré le respect des partisans des réformes. Candidat, contre Boris Eltsine, à la présidence de la Russie en juin 1991, il n'obtint qu'un peu plus de 3 % des suffrages exprimés. À l'issue du putsch d'août de la même année, il fut nommé à la tête du KGB de l'URSS avec mission de le démanteler. Ses fonctions prirent fin avec la disparition de l'URSS en décembre 1991.

BAKLANOV, Oleg : industriel et homme politique soviétique, né en 1932. Après avoir fait toute sa carrière dans les constructions mécaniques générales (missiles balistiques, engins spatiaux), jusqu'au poste de ministre (1983), il devint, en 1988, le secrétaire du CC chargé de superviser le complexe militaro-industriel. Nommé vice-président du Conseil de défense de l'URSS, il fut l'un des principaux putschistes d'août 1991.

BARYCHNIKOV Mikhaïl : danseur soviétique naturalisé américain, né en 1948. Engagé dans le corps de ballet du Kirov (Leningrad) en 1967, il fit défection au cours d'une tournée au Canada. Après deux années au *New York City Ballet* (1978-80), il a été directeur artistique de l'*American Ballet Theater* jusqu'en 1989.

BERIA, Lavrenti (1899-1953) : responsable de la police politique soviétique, l'un des plus sinistres personnages de l'époque stalinienne. Membre de la Tcheka depuis 1921. Membre du CC depuis 1934. Commissaire du peuple à l'Intérieur (NKVD) de 1938 à 1945. Membre du Politburo de 1946 à 1953 (il supervisait la Sécurité d'Etat). En juillet 1953, après la mort de Staline, il fut arrêté par ses rivaux à la direction du parti (Khrouchtchev, Malenkov). Accusé de conspiration, il fut exécuté en décembre 1953, après un procès secret.

BOBKOV, Filipp : responsable de la police politique soviétique, né en 1925. Après un début de carrière dans le komsomol et dans le parti, pendant la guerre, il s'orienta, dès 1954, vers la Sécurité d'État dont il gravit tous les échelons jusqu'au grade de colonel-général et de premier vice-président du KGB (1985) en charge de la surveillance idéologique. Membre du Comité central en 1986, il fut mis à la retraite en janvier 1991, à la veille du putsch d'août.

BOUDIONNY, Semion (1883-1973) : général et homme politique soviétique. Commandant de la 1re Armée de la Cavalerie pendant la guerre civile, il devint vice-commissaire du peuple à la Défense de l'URSS en 1940. Commandant du front sud lors de l'attaque allemande en 1941, il fut rendu responsable des revers du début de la guerre et envoyé dans l'Oural pour organiser les réserves. De 1943 à 1953, il fut à la tête de la cavalerie de l'Armée rouge.

BOUKOVSKI, Vladimir : célèbre dissident soviétique, né en 1943. Chassé du lycée à dix-sept ans pour avoir fondé une revue illégale, enfermé dans des prisons et des asiles psychiatriques pendant une grande partie de sa jeunesse (douze ans d'incarcération), il fut échangé par les autorités soviétiques, en décembre 1976, contre le leader du PC chilien Luis Corvalan. Vit en Grande-Bretagne. Auteur notamment de *Et le vent reprend ses tours* (1978) et *URSS : de l'utopie au désastre* (1990).

BOURBOULIS, Guennadi : homme politique russe, né en 1945. Ancien professeur de marxisme-léninisme, partisan du libéralisme économique, il a été l'un des principaux conseillers (certains disent l'« éminence grise ») de Boris Eltsine lors de l'installation de ce dernier au pouvoir en Russie. D'abord conseiller d'État, puis, en novembre 1991, premier vice-président du Conseil des ministres de Russie et chef *de facto* du gouvernement, il fut progressivement écarté du pouvoir, à partir d'avril 1992, après avoir lancé la réforme économique qui jetait les bases d'une véritable économie de marché.

BOVINE, Alexandre : fonctionnaire du parti, journaliste et diplomate russe, né en 1930. Avant de devenir l'un des observateurs politiques les plus réputés des *Izvestia* (1972-1991), il travailla comme consultant et chef d'un groupe de consultants au département de la propagande du Comité central (1963-1972). Depuis 1991, il est ambassadeur de Russie en Israël.

BREJNEV, Leonid (1906-1982) : homme d'État soviétique, secrétaire général du CC du PCUS d'octobre 1964 à novembre 1982. Ingénieur de formation, il s'orienta, dès le milieu des années trente, vers le travail administratif et devint fonctionnaire du parti à Dniepropetrovsk (Ukraine) en 1938. Commissaire politique d'un régiment puis d'une brigade au début de la Seconde Guerre mondiale, il parvint rapidement (avril 1942) à la tête du département politique de la 18e armée et au grade de colonel. Il finit la guerre à celui de major-général. Chef du parti à Zaporojie (1946), puis à Dniepropetrovsk (1947), il connut, à partir de 1950, une ascension foudroyante : premier secrétaire de la république de Moldavie, membre du Comité central et membre suppléant du Politburo, alors appelé présidium du CC (1952). À la mort de Staline, il connut une brève disgrâce comme chef adjoint de la Direction politique principale de l'Armée et de la Flotte soviétiques (1953-1954), mais il reprit rapidement le travail du parti, au Kazakhstan, comme deuxième, puis premier secrétaire de la république (1954-1956). Rentré en grâce, et de retour à Moscou, il retrouva le présidium du CC, comme suppléant, puis comme titulaire (1957) et le poste de secrétaire du CC qu'il ne quitta que momentanément, de 1960 à 1963, pour occuper celui de président du Présidium du Soviet suprême (chef de l'État). En octobre 1964, il remplaça Khrouchtchev, limogé, à la tête du parti. À partir de 1977, il cumula ce poste avec celui, retrouvé, de président du présidium du Soviet suprême. L'année précédente, il avait été élevé à la dignité de maréchal de l'URSS.

CHAKHNAZAROV, Gueorgui : homme politique soviétique, né en 1924, l'un des principaux conseillers de Mikhaïl Gorbatchev. Ce juriste, fonctionnaire du parti depuis les années cinquante, commença sa carrière au département de la propagande puis passa à celui des relations avec les partis-frères au pouvoir dont il finit directeur adjoint (1986-1988), après un passage par l'Institut de l'État et de la Loi près l'Académie des Sciences. À partir de 1988, ce réformiste avoué fit partie du proche entourage de Gorbatchev au secrétariat général du parti puis au sein de l'appareil présidentiel.

CHAPOCHNIKOV, Evgueni : général soviétique, né en 1942. Commandant en chef des forces aériennes depuis 1990, il se démarqua des putschistes, en août 1991, ce qui lui valut d'être nommé ministre de la Défense de l'URSS tout de suite après leur échec. Devenu commandant en chef des forces armées de la CEI en janvier 1992, il vit son rôle se réduire, puis disparaître, à mesure que les républiques se dotaient d'armées indépendantes. Éphémère secrétaire général du Conseil de Défense en 1993, il fut nommé, en février de l'année suivante, à la tête de l'organisme russe chargé du contrôle des exportations d'armes.

CHATALINE, Stanislav : économiste soviétique, né en 1934. L'un des principaux théoriciens économiques de la perestroïka, membre du Conseil présidentiel de Mikhaïl Gorbatchev. En 1990, il fut notamment le coauteur avec Gregori Iavlinski du projet de réforme dits des « 500 jours » qui devait faire passer l'économie soviétique de la planification à l'économie de marché. Il rompit avec Gorbatchev après le rejet de son plan par ce dernier.

CHEMIAKINE, Mikhaïl : peintre non conformiste russe, né en 1943. Se trouvant dans l'impossibilité d'exposer sa peinture métaphysique, il émigra à Paris, en 1971. Il vit actuellement aux États-Unis.

CHENINE, Oleg : fonctionnaire du parti soviétique, né en 1937. Membre du Politburo et secrétaire du Comité central (organisation et cadres) en 1990, il fut l'un des participants du putsch d'août 1991.

CHEVARDNADZE, Édouard : homme d'État géorgien, né en 1925. Après une carrière de fonctionnaire du komsomol puis du parti, en Géorgie, et un passage au ministère de l'Intérieur de la république caucasienne comme vice-ministre (1964), puis ministre (de 1965 à 1972), il devint premier secrétaire du CC géorgien, poste qu'il occupa jusqu'en 1985. Membre du Comité central du PC soviétique en 1976, membre suppléant du Politburo en 1978, il accéda au rang de membre titulaire de cette instance en 1985, sous Gorbatchev. En juillet de cette même année, il fut nommé au poste de ministre des Affaires étrangères de l'URSS. L'un des principaux artisans de la perestroïka de Gorbatchev, il prit ses distances avec celui-ci en démissionnant de son poste en décembre 1990 (il avait précédemment quitté le Politburo). Il retrouva pour quelques semaines la tête de la diplomatie soviétique en novembre 1991, à la veille du démantèlement de l'URSS. Depuis 1993, il est président de la république indépendante de Géorgie.

CHOLOKHOV, Mikhaïl (1905-1984) : écrivain issu d'une famille de cosaques. Ses œuvres majeures sont *Le Don paisible* (1928-1940), *Terres défrichées* (1932-1960), *Destinée humaine* (1957). Académicien, ami personnel de Khrouchtchev, il fut considéré comme l'un des chefs de file du réalisme socialiste. Prix Nobel de littérature en 1965.

CHOSTAKOVITCH, Dmitri (1906-1975) : compositeur, il subit dans sa jeunesse l'influence de Bartok, Hindemith, Milhaud et des dodécaphonistes. Vivement critiqué pour son formalisme dans les années trente, il se vit contraint d'adopter par la suite des formes plus simples et plus conformes aux canons du réalisme socialiste. Prix Lénine, 1957.

CHOUCHKEVITCH, Stanislav : homme d'État biélorusse, né en 1934. Cet universitaire (docteur en sciences physiques et mathématiques, vice-recteur de l'Université de Minsk) entra en politique en 1990 lors des élections locales en Biélorussie, qui furent marquées par une poussée réformatrice. Élu président du Soviet suprême de Biélorussie (chef de l'État) le 18 septembre 1991, il engagea sa république sur la voie de l'indépendance. Avec les présidents russe (Boris Eltsine) et ukrainien (Leonid Kravtchouk), il fut, en décembre 1991, à l'origine du démantèlement de l'URSS et de la création de la CEI. Le parlement de Minsk l'a démis de ses fonctions présidentielles en février 1994.

CHTCHARANSKI, Anatoli : physicien devenu activiste politique, né en 1948. Dans les années 70, il était un refuznik connu, qui, grâce à son excellent anglais, servait de lien entre les dissidents russes, les refuzniks juifs et la presse occidentale. Accusé d'espionnage, il fut condamné à trois ans de prison et dix ans de camps de régime sévère. À la suite d'une pression internationale, il fut libéré dans le cadre d'échange d'espions. Vit en Israël.

CHTCHELOKOV, Nikolaï (1910-1984) : homme politique soviétique. Proche de Brejnev qu'il avait rencontré à Dniepropetrovsk avant la guerre, toute sa carrière a été liée à celle du futur secrétaire général. Nommé ministre de l'Intérieur de l'URSS en 1966, il occupa ce poste jusqu'en 1983. Mis en cause dans des affaires de corruption sous Andropov, il se suicida l'année suivante.

CHTCHERBITSKI, Vladimir : homme politique soviétique, né en 1918. Ce fonctionnaire du parti a fait toute sa carrière en Ukraine, gravissant tous les échelons hiérarchiques du parti et de l'État jusqu'à devenir président du Conseil des ministres d'Ukraine (1961-1963 et 1965-1972) puis premier secrétaire du CC ukrainien (1972-1989). Membre suppléant du Politburo (1961-1963 puis à nouveau à partir de 1965), il fut nommé, en 1971, membre titulaire de cette instance dont il fut l'un des piliers pendant dix-neuf ans, jusqu'à sa mise à la retraite à la fin du règne de Gorbatchev.

CHTCHOUSSEV, Alexeï (1873-1949) : architecte soviétique, créateur du mausolée de Lénine, ainsi que de la gare de Kazan et de l'hôtel *Moskva*, toujours à Moscou. À participé à la reconstruction de Moscou et de Novgorod après la guerre.

DEMITCHEV, Piotr : fonctionnaire du parti, né en 1918, chimiste de formation. Chef du parti de la région de Moscou (1960-1962), il fut secrétaire du CC (1961-1974), d'abord chargé du département de l'industrie légère et chimique, puis de celui de la culture. Ministre de la Culture de 1974 à 1986, il fut nommé à cette date premier vice-président du Soviet suprême, poste qu'il occupa jusqu'en 1988. Il fut également membre suppléant du Politburo de 1964 à 1988.

DIMITROV, Georgi (1882-1949) : homme politique bulgare, l'un des chefs du mouvement communiste international dès 1919, il fut secrétaire général du comité exécutif du Komintern, à Moscou, de 1935 à 1943. De retour en Bulgarie en 1944, il forma le gouvernement du Front de la Patrie qui installa le régime de démocratie populaire et abolit la monarchie. Il resta Premier ministre de 1946 à sa mort.

DMITRI IV DONSKOÏ (1350-1389) : fils d'Ivan II, prince de Moscou, il régna avec l'appui du métropolite Alexis. Il fut le premier parmi les princes russes à commencer la lutte ouverte contre les Mongols. Il infligea une défaite écrasante aux troupes de Mamaï à Koulikovo en 1380. Cette bataille est considérée comme le début de la libération de la Russie, malgré le pillage de Moscou, survenu deux ans plus tard, en guise de représailles, par Tokhtamysh, le khan de la Horde d'Or.

DMITRI, Premier Faux (1580-1606) : ce prétendant au trône de Russie qui se disait Dmitri d'Ouglitch, fils d'Ivan IV le Terrible, officiellement mort dans des circonstances mystérieuses en 1591 était probablement un moine défroqué du nom de Grichka Otrepiev. Soutenu par la Pologne et le Saint-Siège, il envahit la Russie à la tête d'une armée et s'empara du trône en 1605, après l'assassinat de Fiodor II, fils de Boris Godounov. Il fut massacré au cours d'un coup d'État, conduit par Vassili Chouïski.

DMITRI, Second Faux, dit l'Imposteur (mort en 1610) : soutenu par les Polonais, il tenta de s'imposer sur le trône, après avoir envahi la Russie (1607). Il atteignit les environs de Moscou (Touchino) en 1608, mais, abandonné par la Pologne, dut s'enfuir à Kalouga où il fut tué.

DOBRYNINE, Anatoli : diplomate soviétique, né en 1919. Entré au ministère des Affaires étrangères en 1946, il s'imposa comme l'un des meilleurs spécialistes des États-Unis ce qui lui valut d'être nommé ministre-conseiller à Washington de 1953 à 1955, puis secrétaire général adjoint des Nations unies, à New York, avant de retourner à la capitale fédérale, comme ambassadeur en 1962. Il demeura à ce poste pendant vingt-quatre ans, jusqu'en 1986, lorsqu'il fut appelé au secrétariat du CC, à la tête du département international en remplacement de Boris Ponomarev. Il ne conserva cette position que pendant deux ans avant d'être remplacé par Valentin Faline.

DZERJINSKI, Felix (1877-1926) : homme politique soviétique d'origine polonaise. Bolchevik de longue date, il fut nommé par Lénine, dès décembre 1917, à la tête de la police politique, la Tcheka (devenue la GPOu en 1922), le principal instrument de la terreur rouge après la révolution d'Octobre. En 1921, il cumula son poste avec celui de commissaire du peuple aux voies de communication, et de 1924 à sa mort, avec la présidence du Conseil suprême de l'Économie nationale.

FALINE, Valentin : homme politique soviétique, né en 1926. Fonctionnaire du ministère des Affaires étrangères, spécialiste des pays germaniques, il a été ambassadeur à Bonn de 1971 à 1978. De retour à Moscou, il passa dans l'appareil du CC, comme premier adjoint au chef du département de l'information internationale (1978-1983), avant de devenir rédacteur en chef du département éditorial des *Izvestia* (1983-1986), puis président de l'Agence de presse Novosti. En 1988, il retourna dans l'appareil du parti pour prendre la tête du département international. Il fut le dernier secrétaire du CC chargé des relations internationales (1990-1991) avant la dissolution du PCUS.

FIORAVANTI, Aristotele appelé aussi FIERAVANTI (v.1415-v.1486) : architecte et ingénieur italien, constructeur du *campanazzo* de Bologne et réalisateur de travaux hydrauliques pour les Sforza. Il collabora à la reconstruction du Kremlin de Moscou.

FOURTSEVA, Ekaterina (1910-1974) : femme politique soviétique. Chimiste de formation, elle fit l'essentiel de sa carrière comme fonctionnaire du parti. De 1954 à 1957, premier secrétaire du Comité du parti de Moscou, de 1956 à 1960, secrétaire du CC du PCUS. Nommé ministre de la Culture en 1960, elle s'illustra par son incompétence notoire et sa lutte contre tout écart du réalisme socialiste.

FROUNZE, Mikhaïl (1885-1925) : dirigeant militaire bolchevik. Commissaire militaire pour la région de Moscou en janvier 1918, commandant en chef des armées du front sud en septembre 1920, commissaire adjoint à la guerre en mars 1924, puis chef de l'état-major général, il mourut dans des circonstances peu claires au cours d'une opération chirurgicale voulue par Staline mais qui ne semblait pas vraiment nécessaire.

GAÏDAR, Egor : homme politique russe, né en 1955. Diplômé de l'Université de Moscou, élève de l'économiste libéral Stanislav Chataline, il travailla à la rédaction économique de la *Pravda* de 1987 à 1990 (son père Timour était l'un des principaux rédacteurs du journal), avant de devenir le principal conseiller économique de Boris Eltsine. L'élection de ce dernier à la tête de la Russie, en juin 1991 et la fin de l'URSS, six mois plus tard, le portèrent sur le devant de la scène : vice-président du Conseil des ministres, il lança, en janvier 1992, sa « thérapie de choc » et, en avril, devint Premier ministre, à trente-six ans. Sacrifié sur l'autel du compromis avec les conservateurs en décembre, il retourna au gouvernement, comme vice-premier ministre en septembre 1993. Il démissionna en janvier 1994, après le relatif échec de sa formation, « Choix de Russie », aux élections de décembre 1993.

GALITCH (Guinzburg), Alexandre, (1919-1977) : poète, chansonnier et cinéaste, auteur de ballades satiriques chantées, très populaires dans les années soixante et soixante-dix, qui dénonçaient les crimes du régime. Exclu de l'Union des écrivains et de l'Union des cinéastes en 1971 il fut forcé d'émigrer en 1974. Mort à Paris dans des circonstances bizarres, électrocuté par un appareil radio.

GODOUNOV, Boris (1551-1605) : tsar de Russie (1598-1605). Régent de 1588 à 1598, il se fit proclamer tsar après la mort sans héritier de Fiodor Ier. Il émancipa l'Église russe de la tutelle de Constantinople, organisa la colonisation de la Sibérie et s'efforça de rapprocher la Russie de l'Occident. Mais son règne s'acheva dans le malheur (famine, invasion polonaise conduite par le premier faux Dmitri). Après sa mort, son fils et successeur, Fiodor II, fut assassiné par le premier faux Dmitri I, en 1605 également.

GRICHINE, Viktor (1914-1992) : homme politique soviétique, né en 1914. Responsable du parti pour la ville de Moscou de 1967 à 1986, membre du Politburo de 1971 à 1986, il apparaissait, en 1985, comme un « candidat de compromis » possible à la succession de Tchernenko, à la place de Gorbatchev que certains jugeaient trop réformiste. Accusé de malversations dans la gestion de la ville de Moscou, il fut l'une des premières victimes des « purges » gorbatchéviennes de l'appareil du parti. Il fut remplacé par Boris Eltsine à la tête du parti de la capitale.

GROMYKO, Andreï (1909-1989) : homme d'État soviétique. Économiste de formation, il entra dans les Affaires étrangères dès 1939. Ambassadeur à Washington (1943 à 1946), représentant permanent de l'URSS aux Nations unies (1946-1948), ambassadeur à la cour de Saint-James (1952-1953), il fut nommé ministre des Affaires étrangères de l'URSS en 1957, poste qu'il ne quitta qu'en 1985 pour devenir président du Présidium du Soviet suprême, c'est-à-dire chef de l'État. Membre du Politburo depuis 1973, il devint à la fin du règne de Brejnev, ainsi que sous Andropov et Tchernenko, l'un des personnages clés du Kremlin. En 1985, son soutien à la candidature de Gorbatchev au poste de secrétaire général fut déterminant. Il prit sa retraite en 1988.

HERZEN, Alexandre (1812-1870) : philosophe, critique littéraire et écrivain. Exilé de Russie pour ses activités révolutionnaires en 1847, il publia à Londres une revue antitsariste, *L'Étoile polaire*, et un journal politique, *La Cloche*.

HORDE D'OR (La) : traduction du nom de l'empire des Mongols descendants du khan Batu qui, du XIIIe siècle au début du XVIe, régnèrent sur la Sibérie occidentale et la Russie du Sud. Les principautés russes, tout en gardant une autonomie politique, reconnaissaient la suzeraineté mongole et payaient le tribut aux khans de la Horde. L'empire commença à se décomposer après la bataille de Koulikovo (1380), gagnée par Dmitri Donskoï, et à la suite des invasions de Timur Lang (Tamerlan) pendant le règne du khan Tokhtamysh (1391-1395).

IAKOVLEV, Alexandre : homme politique soviétique, né en 1923. Grièvement blessé au combat pendant la Seconde Guerre mondiale, il devint fonctionnaire du parti dès 1946, d'abord à Iaroslavl, puis dans l'appareil du CC à Moscou. Après un stage universitaire aux États-Unis (*Columbia University*, New York, 1959), il travailla dans le secteur de l'agitation et de la propagande du CC, notamment à la radio et à la télévision. En 1965, il devint chef-adjoint du département de la propagande, dont il assura l'intérim jusqu'en 1973. « Exilé » comme ambassadeur à Ottawa après la publication d'un article théorique hostile aux idées nationalistes, il resta en Amérique du Nord jusqu'en 1983. Une rencontre avec Gorbatchev, à l'occasion d'une visite de ce dernier au Canada, fut à l'origine de son retour à Moscou, d'abord comme directeur de l'Institut de l'économie mondiale et des relations internationales, puis comme chef du département de la propagande du CC (1985). Secrétaire du CC l'année suivante, il entra au Politburo en 1987. À ces postes, il s'illustra comme le véritable théoricien de la perestroïka et de la glasnost, malgré l'hostilité d'une bonne partie de l'appareil. En 1990, il refusa de rester au Politburo issu du XXVIIIe congrès du parti. L'année suivante, il prit ses distances avec Gorbatchev qui s'était trop rapproché des conservateurs et démissionna du PC avant d'en être exclu. Après le putsch d'août 1991 et le démantèlement de l'URSS, il se réconcilia avec l'ancien secrétaire général.

IAKOVLEV, Egor : journaliste, né en 1930. Fils d'un officier du NKVD, il est devenu l'un des principaux partisans de la réforme en l'URSS. Après avoir travaillé dans des journaux aussi divers que la *Moskovskaïa Pravda*, la *Sovietskaïa Rossia*, ou la *Pravda*, il travailla à la rédaction de *Problèmes de la paix et du socialisme*, à Prague (1972-1975). Correspondant des *Izvestia* à son retour à Moscou, il prit la tête des *Moskovskie Novosti* en 1986. Ce journal devint le phare de la perestroïka et le principal soutien de la démocratisation du pays.

IANAÏEV, Guennadi : homme politique soviétique, né en 1937. Cet apparatchik de la nébuleuse des associations satellites du PCUS (comité des organisations de la jeunesse, sociétés « d'amitié » avec l'étranger, syndicats soviétiques), devint vice-président de l'URSS, en décembre 1990, à la surprise générale et grâce à l'insistance de Mikhaïl Gorbatchev qui força la main des députés pour qu'ils ratifient sa nomination. Neuf mois plus tard, en août 1991, Ianaïev se retrouvait chef *de jure* du putsch des conservateurs : sa position de vice-président faisait de lui constitutionnellement le chef de l'État en cas de vacance de la présidence. Or les putschistes prétendaient que Gorbatchev, malade, n'était plus capable d'exercer ses fonctions.

IAVLINSKI, Grigori : économiste et homme politique russe, né en 1952. Proche conseiller de Boris Eltsine et vice-premier ministre de Russie en 1990, il fut, avec Stanislav Chataline, l'un des auteurs du plan des « 500 jours » qui devait faire passer l'URSS de la planification à l'économie de marché. Ce plan, rejeté par Mikhaïl Gorbatchev, fut partiellement mis en application par Boris Eltsine en Russie. Les liens de Iavlinski avec ce dernier, qui préférait s'entourer d'autres conseillers, comme Guennadi Bourboulis ou Egor Gaïdar, se distendirent à partir de 1991. Depuis décembre 1993, Iavlinski est à la tête du groupe parlementaire libéral *Iabloko*, à la Douma d'État.

IAZOV, Dmitri : maréchal soviétique, né en 1923. Ce général d'armée, commandant de la région militaire de l'Extrême-Orient soviétique, fut découvert par Gorbatchev lors d'un voyage à Vladivostok, en 1986, et nommé aussitôt vice-ministre de la Défense chargé des cadres (et donc d'épurer l'armée). L'année suivante, l'atterrissage du jeune pilote allemand Mathias Rust sur la place Rouge servit de prétexte à Gorbatchev pour se débarrasser de Sergueï Sokolov, le ministre de la Défense. Iazov fut nommé à sa place. Quatre ans plus tard, en août 1991, il se trouva engagé, presque malgré lui, dans l'aventure du putsch, et devint l'un des membres du Comité d'État pour l'état d'urgence qui voulut renverser Gorbatchev.

IOURI DOLGOROUKI (v.1090-1157) : prince de Rostov et de Souzdal, fils de Vladimir Monomaque. À partir de 1155, grand-prince de Kiev. La première mention de Moscou est liée à son nom dans les Annales. Il fit trois campagnes contre Kiev (1149, 1151, 1155), et eut des prétentions au pouvoir à Novgorod, d'où son surnom Dolgorouki, « main longue ».

IVAN Ier, dit KALITA, « l'escarcelle », (v.1304-1350) : grand-prince de Moscou et de Vladimir (1328-1340). Régnant sous suzeraineté mongole, il imposa sa tutelle aux principautés de Tver, Riazan et Novgorod et fut le véritable fondateur de la puissance moscovite. Il entra dans les ordres en 1340.

IVAN III, dit LE GRAND (1440-1505) : grand-prince de Moscou et de toute la Russie (1462-1505). Il réunit à l'État moscovite Iaroslavl, Perm, Rostov, Novgorod, Tver et Viatka, en mettant fin à la suzeraineté mongole (1480). Marié en secondes noces à Sophie Paléologue, nièce du dernier empereur byzantin Constantin XI Dragasès, il adopta les idées byzantines sur l'autocratie impériale et fit de Moscou la troisième Rome orthodoxe.

IVAN IV, dit LE TERRIBLE (1530-1584) : fils de Vassili III auquel il succéda à l'âge de trois ans, sous la régence de sa mère et ultérieurement, sous la tutelle d'un conseil de boyards. Il inaugura son règne personnel à l'âge de 16 ans et prit le titre de tsar (cæsar) en 1547. Refoulant les Tatars, il assura l'accès de la Volga à la Russie en annexant les khanats de Kazan (1552) et d'Astrakhan (1556). Dès 1560, il déclencha un régime de terreur contre l'aristocratie des boyards.

JDANOV, Andreï (1896-1948) : homme politique soviétique. Après l'assassinat de Kirov en 1934, il devint secrétaire du parti pour la région de Leningrad. Entré au secrétariat du CC en 1935, et au Politburo en 1939, il marqua de son empreinte l'orientation générale du mouvement communiste international et de la politique culturelle soviétique. Son système de pensée, le « jdanovisme », était marqué par la subordination de l'activité culturelle à la ligne politique du parti.

JOUKOV, Gueorgui (1896-1974) : maréchal soviétique. Commandant de détachements blindés, il participa aux opérations contre les Japonais dans la région de l'Amour (1938-1939) et à la guerre russo-finlandaise (1939-1940). En février 1941, il devint chef d'état-major de l'Armée rouge, vice-commissaire du peuple à la Défense. Il dirigea la défense de Moscou, la contre-offensive à Stalingrad, et commanda l'avance des troupes soviétiques sur Varsovie et Berlin. En 1957, ministre de la Défense, il aida Khrouchtchev à contrecarrer la tentative du « groupe antiparti » pour le limoger du poste de premier secrétaire du parti. Promu membre titulaire du Politburo à cette occasion, il fut écarté de cette instance trois mois plus tard, en octobre 1957. Les apparatchiks ont toujours eu peur des tendances « bonapartistes » des militaires.

KALININE, Mikhaïl (1875-1946) : homme politique soviétique. Activiste révolutionnaire dès 1898, il devint membre du Comité central du parti bolchevique en 1919. La même année, il succéda à Iakov Sverdlov à la présidence du Tsik (Comité exécutif central des Soviets) de Russie, puis de l'URSS (1922). En 1937, il devint président du Soviet suprême de l'URSS, poste largement honorifique qu'il occupa jusqu'à sa mort.

KATAYAMA, Sen (1859-1933) : homme politique japonais, l'un des fondateurs et dirigeants du PC du Japon. De 1921 à sa mort, il fut membre du Comité exécutif du Komintern. Il est enterré au pied du mur du Kremlin.

KIRILENKO, Andreï (1906-1990) : homme politique soviétique. Proche de Brejnev, il fit toute sa carrière dans le parti, d'abord en Ukraine, puis à Sverdlovsk, dans l'Oural (1965,1962). Membre suppléant du présidium (Politburo) du CC de 1957 à 1961, titulaire à partir de 1962, il devint secrétaire du Comité central en 1966. À ce poste, il était l'un des principaux membres de la direction brejnévienne et il lui arrivait de remplacer le secrétaire général pendant les voyages de ce dernier. Il fut écarté des instances du pouvoir quelques semaines à peine avant la mort de Brejnev en novembre 1982.

KIROV, Sergueï (1886-1934) : homme politique soviétique. Activiste révolutionnaire depuis 1904, il prit part à la guerre civile en assurant la défense d'Astrakhan et la conquête du Caucase. Premier secrétaire du parti en Azerbaïdjan (1921-25), il fut placé par Staline à la tête de l'organisation du parti à Leningrad en 1926, afin d'y épurer l'appareil mis en place par Zinoviev. Il entra au Politburo en 1930 et au secrétariat du CC en 1934. Il fut assassiné en décembre de la même année. Certains témoignages donnent à penser que le NKVD et peut-être Staline lui-même ne furent pas étrangers à ce meurtre qui ouvrit l'ère des répressions massives.

KLIOUTCHEVSKI, Vassili (1841-1911) : historien russe, auteur d'un *Cours d'histoire russe* en cinq volumes, célèbre pour sa richesse documentale et stylistique.

KOSSYGUINE, Alexeï (1904-1980) : homme d'État soviétique. Une riche carrière ministérielle commencée en 1939 dans l'industrie textile le conduisit au poste de premier vice-président du Conseil des ministres de l'URSS en 1960. En 1964, il remplaça Khrouchtchev au poste de Premier ministre (que ce dernier cumulait avec celui de premier secrétaire du parti) et devint, avec Brejnev et Podgorny, l'un des membres de la « troïka » qui prit, à ce moment, la direction « collégiale » de l'URSS. Membre du Politburo depuis 1960 (il l'avait déjà été temporairement de 1948 à 1952), il fut, pendant toute la période brejnévienne, le principal responsable de l'économie qu'il tenta de réformer, en vain, à plusieurs reprises. En 1980, âgé et malade, il fut remplacé à la tête du gouvernement par son premier adjoint, Nikolaï Tikhonov, un proche de Brejnev. Il mourut peu après.

KOTCHETOV, Vsevolod (1912-1973) : écrivain soviétique, auteur de romans dans la stricte mouvance de la ligne du parti.

KOZYREV, Andreï : diplomate et homme politique russe, né en 1951. Docteur en sciences historiques, il fit toute sa carrière au ministère des Affaires étrangères, dans le service des organisations internationales, dont il devint le chef en 1989. Il fit partie des réformateurs démocrates qui se réunirent autour de Boris Eltsine lorsque celui-ci fut élu à la présidence du parlement de Russie, en 1990. Il devint, à ce moment, ministre des Affaires étrangères de la Fédération de Russie, poste qu'il conserve à ce jour.

KRAVTCHOUK, Leonid : homme d'État ukrainien, né en 1937. Économiste de formation, il entra au parti en 1960. Devenu membre du Comité central du PC ukrainien dix ans plus tard, il fut nommé, en 1980, secrétaire à la propagande et à l'agitation, puis en 1988 secrétaire responsable de l'idéologie, le second poste en importance au sein du parti. Élu président du Soviet suprême d'Ukraine en 1990, il prit alors fait et cause pour l'indépendance de la république et se fit le chantre du nationalisme. Pourtant, il ne quitta le parti communiste qu'après l'échec du putsch d'août 1991. Élu président de la république ukrainienne en décembre 1991, il fut à l'origine de l'éclatement de l'URSS par sa volonté de faire quitter l'Union à sa république. Avec Stanislav Chouchkevitch et Boris Eltsine, il prononça, le même mois, la dissolution de l'URSS et la création de la CEI à laquelle l'Ukraine n'adhéra que de manière presque symbolique. Sous son gouvernement, son pays s'est enfoncé peu à peu dans la crise économique et politique. Il a été battu par Leonid Kouchma, son ancien Premier ministre, à l'élection présidentielle de juillet 1994.

KRIOUTCHKOV, Vladimir : homme politique soviétique, né en 1924. Après des études de droit par correspondance et un début de carrière dans l'appareil du komsomol, il entra dans la diplomatie. Troisième secrétaire à l'ambassade soviétique en Hongrie, de 1954 à 1959, il y rencontra Iouri Andropov, alors ambassadeur. Les deux hommes ne se quittèrent plus : lorsqu'Andropov prit la direction du département du CC chargé des relations avec les pays satellites, il fit appeler Krioutchkov auprès de lui. De même, en 1967, lorsque le futur secrétaire général fut nommé à la présidence du KGB, Krioutchkov prit la tête de son secrétariat. En 1974, il devint chef de la première direction principale du KGB (espionnage extérieur), poste qu'il occupa jusqu'en 1988. À cette date, Gorbatchev le nomma président du KGB. Il entra au Politburo l'année suivante. En août 1991, il fut l'un des principaux organisateurs de la tentative de putsch des conservateurs.

KUUSINEN, Otto (1881-1964) : homme politique finlandais, l'un des fondateurs du PC de son pays (1918). Exilé en URSS, il fut, de 1921 à 1939, secrétaire du comité exécutif du Komintern. À partir de 1957 et jusqu'à sa mort, il fut membre du présidium (Politburo) et secrétaire du CC du PCUS. De 1940 à 1959, il fut président du Soviet suprême de la République socialiste soviétique autonome carélo-finnoise.

LEONOV, Leonid : romancier et dramaturge, né en 1899, auteur d'œuvres réalistes épiques.

LEONTIEV, Konstantin (1831-1891) : philosophe et écrivain russe. Exaltant l'originalité de la vie russe, Leontiev exposa son idée d'une civilisation individuelle et se suffisant à elle-même dans *La Russie, l'Orient et les Slaves*. Profondément nationaliste, il détestait l'influence de l'Occident athée et démocratique qui, selon lui, détruisait la beauté d'une société complexe.

LIGATCHEV, Egor : homme politique soviétique, né en 1920. Après avoir gravi tous les échelons au sein de l'appareil du parti de Novossibirsk, il fut appelé, en 1961, au sein de l'appareil du CC, à Moscou, d'abord au département de la propagande, puis à celui des cadres. En 1965, il fut envoyé à Tomsk, comme premier secrétaire régional, poste qu'il occupa pendant dix-huit ans, jusqu'en 1983, lorsqu'Andropov le nomma secrétaire du CC chargé des cadres et de l'organisation du travail du parti. En 1985, à l'avènement de Gorbatchev, il devint membre du Politburo et responsable des départements idéologiques (numéro deux du parti). Réservé sur la politique de glasnost et la démocratisation, il devint rapidement l'opposant principal du secrétaire général qui lui retira les départements idéologiques en 1988 pour lui confier le secteur moins sensible de l'agriculture. Il quitta le secrétariat et le Politburo en 1990, non sans avoir initié la création du parti communiste de Russie qui réunissait les éléments les plus conservateurs du PCUS.

LIKHATCHEV, Dmitri : historien de la littérature russe ancienne, né en 1906. Académicien, autorité morale de l'intelligentsia russe.

LIOUBIMOV, Iouri : metteur en scène de théâtre, né en 1917. Après une carrière de comédien, il dirigea, de 1964 à 1984, le prestigieux théâtre de la Taganka à Moscou, qui devint un haut lieu de la contestation à la fois politique et esthétique. En 1984, pendant un séjour en Europe de l'Ouest, il apprit sa révocation, bientôt suivie par le retrait de sa citoyenneté soviétique. Après plusieurs années en exil, il reprit, en 1993, la direction de son théâtre.

LOUKIANOV, Anatoli : homme politique soviétique, né en 1930. Ami de Gorbatchev depuis l'époque de leurs études à la faculté de droit de l'Université de Moscou, il travailla surtout dans l'appareil de l'État (gouvernement et Soviet suprême). En 1983, sous Andropov, mais poussé par Gorbatchev, il fut nommé premier adjoint au chef du département général du CC. Il en devint le chef en 1985, à l'avènement de son ami au poste de secrétaire général ; en 1987, secrétaire du comité central, puis, l'année suivante, vice-président du présidium du Soviet suprême. Il devint président de cette instance en 1990, lorsque Gorbatchev fut élu président de l'URSS. Accusé d'avoir été l'un des principaux « idéologues » du putsch d'août 1991, il est devenu l'un des chefs de file de l'opposition conservatrice à Boris Eltsine. Il est député à la Douma d'État depuis décembre 1993.

LOUKINE, Vladimir : diplomate et homme politique russe, né en 1937. Après des études à l'Institut de l'économie mondiale et des relations internationales, il travailla à la rédaction de la revue *Problèmes de la paix et du socialisme*, à Prague (1965-1968), puis entra comme collaborateur scientifique à l'Institut des États-Unis et du Canada, où il resta jusqu'en 1987. Après deux années passées au ministère des Affaires étrangères (1987-1989), il dirigea un groupe d'analyse et de prévision au secrétariat du Soviet suprême de l'URSS (1989-1990), puis présida le comité des Affaires étrangères et des relations économiques extérieures du Soviet suprême de Russie. Il a été nommé ambassadeur de Russie à Washington en 1992. Depuis décembre 1993, il est, avec Gregori Iavlinski, l'un des principaux dirigeants du groupe parlementaire réformiste *Iabloko*, à la Douma d'État.

LYSSENKO, Trofim (1898-1976) : botaniste soviétique qui s'opposait à la théorie génétique et proposait des méthodes fantaisistes d'accroissement de la productivité du blé et d'autres espèces agricoles, ainsi que des animaux de ferme. Académicien hautement apprécié par Staline, président de l'Académie des sciences agricoles (1938-1956 et 1961-1962), il provoqua la débâcle de la génétique en URSS et la domination des charlatans en biologie et agriculture. Ses théories furent totalement abandonnées dans les années soixante.

MAÏAKOVSKI, Vladimir (1893-1930) : poète futuriste, il s'enflamma pour la révolution et mit son énorme talent au service de la propagande. Déçu par l'instauration d'un régime bureaucratique, épuisé par des difficultés personnelles, critiqué par certains milieux littéraires et politiques pour son style moderniste flamboyant, il finit par se suicider. Proclamé par Staline « le plus grand poète de notre époque », il fut, après sa mort, l'objet d'un véritable culte organisé par les autorités qui mettaient l'accent sur l'aspect idéologique de sa poésie.

MALENKOV, Gueorgui (1902-1988) : chef du secrétariat personnel de Staline (1932), il joua un rôle important dans les purges de 1935-1938. En 1946, il devint membre du Politburo, vice-président du Conseil des ministres et second secrétaire du parti. Après la mort de Staline, il lui succéda à la tête du gouvernement (1953-55). Ayant participé à la tentative échouée d'évincer Khrouchtchev (1957), il fut exclu du Comité central et du Presidium.

MEDVEDEV, Roy : historien marxiste, né en 1925. Contestant l'histoire soviétique officielle, il publia plusieurs études à l'étranger et en samizdat, parmi lesquels *Staline et le stalinisme* (1979), *Léninisme et socialisme occidental* (1981).

MEDVEDEV, Vadim : homme politique soviétique, né en 1929. Docteur en sciences économiques, titulaire d'une chaire d'économie politique à l'Institut technologique de Leningrad (1961-1968), il passa aux départements idéologiques de l'appareil du parti, d'abord pour la région de Leningrad (1968-1970), puis à Moscou (1970-1978). Recteur de l'Académie des sciences sociales en 1978, il retourna au CC en 1983, comme chef du département de la science et de l'éducation. En 1986, il devint secrétaire du CC, d'abord chargé des relations avec les pays-frères, puis à l'idéologie (1988-1990).

MININE, Kouzma (mort en 1616) : en 1611, ce boucher de Nijni Novgorod, qui faisait partie de l'administration locale, appela le peuple à former une armée afin de libérer Moscou des envahisseurs polonais. Le commandement des troupes fut confié au prince Dmitri Pojarski, alors que lui s'occupait de l'organisation et de l'intendance. La libération de Moscou eut lieu en octobre 1612. En 1613, il reçut le titre de gentilhomme.

MITCHOURINE, Ivan (1855-1935) : agronome russe, auteur des premières expériences de sélection artificielle en Russie, il affirma que l'influence du milieu est capable de modifier les caractères héréditaires des hybrides. Ses idées furent développées à outrance par Lyssenko.

MOLOTOV, Viatcheslav (1890-1986) : homme politique soviétique. Membre du Comité central (1921) et du Politburo (1926), il remplaça Nikolaï Boukharine à la présidence du Komintern en 1929. En 1930, il devint président du gouvernement, poste qu'il cédera à Staline en mai 1941. Appelé aux Affaires étrangères en 1939, il signa avec Joachim von Ribbentrop le pacte germano-soviétique. En 1957, il participa à la tentative du presidium du parti pour évincer Nikita Khrouchtchev (« groupe anti-parti »).

NAZARBAÏEV, Noursoultan : homme politique kazakh, né en 1940. Il rêvait de devenir pilote, mais ce fut au PC du Kazakhstan qu'il brûla les étapes : parti du bas de la hiérarchie, il ne mit que dix ans pour devenir membre de la direction du parti. Président du Conseil des ministres du Kazakhstan, en 1984, il devint premier secrétaire du CC kazakh en 1989. Élu président de sa république en décembre 1991, il s'efforça, pendant toute la phase de décomposition de l'URSS, de sauver l'Union, mais il n'en conduisit pas moins son pays vers l'indépendance. Il est resté partisan de liens économiques serrés entre les républiques ex-soviétiques.

NEÏZVESTNY, Ernst : sculpteur, né en 1925. En 1962, lors d'une exposition dans les salles du Manège, à Moscou, il se permit de polémiquer avec Khrouchtchev qui vitupérait contre l'art moderniste. En 1971, à la mort de l'ancien premier secrétaire, la famille de ce dernier lui demanda de sculpter son monument funéraire. Émigré en 1976, il vit aux États-Unis.

NEKRASSOV, Viktor (1911-1987) : écrivain russe, auteur d'un classique de la littérature soviétique, *Dans les tranchées de Stalingrad*. Auteur d'essais (*Des deux côtés de l'océan*, 1962) jugés trop favorables à l'Occident, excédé par les tracasseries policières dont il était objet, il choisit d'émigrer en France en 1974.

NOUREÏEV, Rudolf (1938-1994) : danseur soviétique naturalisé autrichien. Il abandonna le ballet du Kirov au cours d'une tournée à Paris (1961) pour faire carrière en Occident. Directeur de la danse à l'Opéra de Paris de 1983 à 1989.

OKOUDJAVA, Boulat : poète et romancier, né en 1924. Ses poèmes lyriques et ses chansons traduisent, à travers une vision poétisée du quotidien, une sensibilité anticonformiste.

OUSTINOV, Dmitri (1908-1984) : homme politique soviétique. Ingénieur d'armement, il s'illustra pendant la Seconde Guerre mondiale comme commissaire du peuple (ministre) à l'Armement (1941), poste qu'il conserva jusqu'en 1957. Vice-président, puis premier vice-président du Conseil des ministres, il entra en 1965 au secrétariat du Comité central pour superviser l'industrie de défense. La même année, il devint membre suppléant du Politburo. En 1976, il fut nommé ministre de la Défense, maréchal de l'URSS et membre titulaire du Politburo, dont il devint l'un des principaux responsables jusqu'à son décès.

PASTERNAK, Boris (1890-1960) : poète et romancier. En dépit de quelques œuvres qui exaltaient l'abnégation révolutionnaire, il fut jugé « apolitique » dès le début des années trente. En 1957, son roman *Le Docteur Jivago* fut interdit en URSS, mais publié en Italie. En 1958, il reçut le prix Nobel de littérature. Une virulente campagne officielle le contraignit à le refuser. Il fut néanmoins exclu de l'Union des écrivains de l'URSS.

PAVLOV, Valentin : homme politique soviétique, né en 1937. Diplômé de l'Institut des Finances de Moscou, ce fut dans ce secteur qu'il effectua toute sa carrière, jusqu'au poste de ministre, en 1989. En janvier 1991, Gorbatchev le nomma Premier ministre. Huit mois plus tard, en août, il faisait partie des putschistes qui tentèrent de prendre le pouvoir. Dépassé par les événements, il se retira du Comité d'État pour l'état d'urgence au soir du deuxième jour, terrassé officiellement par une attaque d'hypertension.

PIERRE Ier, dit LE GRAND (1672-1725) : tsar de Russie. Fils d'Alexis Ier, il fut désigné comme son successeur, mais les *streltsy* firent couronner simultanément son demi-frère Ivan V. Les deux enfants régnèrent ensemble sous la régence de leur sœur Sophie. En 1689, il élimina Sophie et Ivan V, laissant le gouvernement à sa mère, Nathalie Narychkine. En 1694, il inaugura son règne personnel. En 1697-1698, il visita incognito l'Angleterre, la Hollande, Vienne, étudiant les constructions navales et les industries. Il regagna précipitamment la Russie où les *streltsy* s'étaient révoltés. Après les avoir écrasés, il imposa diverses réformes des coutumes. Au cours de la guerre contre le roi de Suède Charles XII, il s'empara de Nieuschantz et y fonda un port qui allait devenir sa capitale en 1715 (Peterburg, puis Saint-Pétersbourg).

PLEKHANOV, Gueorgui (1856-1918) : théoricien du marxisme, il fut également son premier propagandiste en Russie. Fondateur avec Lénine et Martov, à Genève, du journal communiste russe *Iskra*. Rentré en Russie lors de la révolution en février 1917, il s'opposa à la révolution socialiste et à la prise du pouvoir par les bolcheviks.

PODGORNY, Nikolaï (1903-1983) : homme d'État soviétique. Ce ne fut qu'à quarante-sept ans, après une carrière dans la production et dans le ministère ukrainien des produits alimentaires, que ce spécialiste de l'industrie sucrière commença une carrière d'apparatchik comme premier secrétaire de la région de Kharkov (1950). Promu au poste de deuxième secrétaire du CC ukrainien en 1953, il prit la direction de la république en 1957. Il fut simultanément nommé membre suppléant du présidium (Politburo) du CC du PCUS, puis titularisé en 1960. Secrétaire du CC en 1963, il devint, après le limogeage de Khrouchtchev, président du Présidium du Soviet suprême ce qui fit de lui le chef de l'État en titre et l'un des trois membres (avec Brejnev et Kossyguine) de la direction collégiale qui déposa l'ancien premier secrétaire. Cantonné dans un rôle essentiellement protocolaire, il perdit progressivement de l'importance et finit par être écarté en 1977, lorsque Brejnev, à la faveur de la réforme constitutionnelle, décida de cumuler le poste de secrétaire général et celui de chef de l'État.

POJARSKI, Dmitri : voir Minine, Kouzma.

POLOZKOV, Ivan : homme politique soviétique, né en 1935. Fonctionnaire du komsomol, puis du parti depuis 1957, dans les régions de Koursk, de Krasnodar et au CC à Moscou. Chef de section au département de l'organisation du travail du parti en 1984 et 1985, il travailla sous les ordres d'Egor Ligatchev, avant de devenir, en 1985, premier secrétaire du parti pour le territoire de Krasnodar. Cinq ans plus tard, il prit la tête du parti communiste de Russie nouvellement crée. Candidat à la présidence du Soviet suprême de Russie en 1990, il fut battu par Boris Eltsine.

Ponomarev, Boris : homme politique soviétique, né en 1905. Fonctionnaire du komsomol, puis du parti depuis les années vingt, il devint directeur adjoint de l'Institut du professorat rouge (1932-1936), avant de passer à l'administration du Komintern. Après la dissolution de ce dernier, en 1943, il continua à travailler dans le même domaine au sein du département international du CC formé à partir des structures de l'organisation dissoute. Il prit la tête du département en 1955 et accéda à la qualité de membre suppléant du Présidium (Politburo du CC) l'année suivante. En 1958, il fut nommé secrétaire du Comité central, toujours en charge du département international. Il conserva tous ces postes jusqu'à sa mise à la retraite, en 1986.

Popov, Gavriil : homme politique russe, né en 1936. Cet économiste libéral, professeur à l'Université de Moscou et rédacteur en chef de la revue *Questions d'économie*, fut élu maire de Moscou en 1990. Démissionnaire deux ans plus tard, il est, avec le maire de Saint-Pétersbourg, Anatoli Sobtchak, le principal animateur du mouvement pour les réformes démocratiques qu'il préside. Député à la Douma d'État depuis décembre 1993.

Pougo, Boris (1937-1991) : homme politique soviétique. Malgré ses origines lettonne, il a été l'un des partisans les plus convaincus de la préservation de l'URSS. Responsable du parti et du KGB en Lettonie, premier secrétaire de la république de 1984 à 1988, il fut nommé, à cette date, chef du Comité de contrôle du parti. Élu l'année suivante à la présidence de la Commission centrale de contrôle, il fut nommé en décembre 1990 au poste de ministre de l'Intérieur en remplacement de Vadim Bakatine. Six semaines après sa nomination, des troupes de son ministère appuyées par le groupe « Alpha » du KGB, se livraient à des actions violentes à Vilnius et Riga. Membre du Comité d'État pour l'état d'urgence qui tenta de s'emparer du pouvoir en août 1991, il se suicida après l'échec du putsch.

Primakov, Evgueni : universitaire et homme politique soviétique, né en 1929. Ce spécialiste des pays du Moyen-Orient, commença sa carrière comme journaliste, d'abord à la radio (1956-1962), puis à la *Pravda* à partir de 1962. En 1970, il s'orienta vers l'université, d'abord comme directeur adjoint de l'Institut de l'économie mondiale et des relations internationales (IMEMO), puis comme directeur de l'Institut des études orientales (1977-1985), avant de revenir à l'IMEMO, comme directeur. Ses relations dans le monde arabe lui permirent de jouer les intermédiaires entre Gorbatchev et Saddam Hussein, en 1990, à la veille de la guerre du Golfe. En septembre 1991, il se vit confier la présidence de la première direction générale du KGB (espionnage extérieur) qui fut séparée, le mois suivant, de la maison mère pour devenir l'agence fédérale de renseignement, puis, en décembre 1992, le Service de renseignement de Russie.

RACHIDOV, Charif (1917-1983) : homme politique ouzbek. Premier secrétaire de sa république depuis 1959, membre suppléant du Politburo depuis 1961, ce fut sous son gouvernement que se développa le scandale du « coton ouzbek » qui compromit une grande partie de la classe politique brejnévienne. Il fut mis en cause dans le cadre des campagnes anticorruption lancées par Iouri Andropov.

RASPOUTINE, Valentin : romancier, né en 1937. Poète de la taïga sibérienne et de ses hommes frustes, défenseur de la nature, écologiste convaincu, mais politiquement proche des milieux conservateurs ultranationalistes, son œuvre jouit d'une grande popularité en Russie.

RAZINE, Stepan, dit Stenka (1630-1671) : chef cosaque. Il prit la tête de la révolte paysanne de 1670-1671 qui embrasa les régions du Don et de la Volga. Quelques mois après sa défaite à Simbirsk, il fut livré aux autorités tsaristes, en avril 1671, par l'aristocratie cosaque. Il fut exécuté sur la place Rouge.

REED, John (1887-1920) : journaliste et écrivain américain. Son livre *Les Dix jours qui ébranlèrent le monde* (1919), préfacé par Lénine, est consacré à la révolution d'Octobre 1917 en Russie. Il fut l'un des fondateurs et premiers dirigeants du PC des États-Unis, en 1919. La même année, il devint membre du Comité exécutif du Komintern.

RIOURIK (mort en 879) : selon les Annales, ce prince varègue fonda en 862, avec ses frères, la principauté de Novgorod, embryon de l'État russe. Les princes russes, descendants de Riourik, sont appelés Riourikides.

ROMANOV, Grigori : homme politique soviétique, né en 1923. Diplômé de la construction navale, premier secrétaire de la région de Leningrad de 1970 à 1983, membre suppléant du Politburo (1973-1976), puis titulaire (1976-1985), il devint secrétaire du CC chargé de l'industrie de défense en 1983. Lors de la succession de Tchernenko, en mars 1985, il apparaissait comme un rival possible de Gorbatchev. En tout cas, il fut mis à la retraite trois mois plus tard, le 1er juillet 1985.

ROMANOV : dynastie des tsars russes. Cette famille de boyards, connue depuis le XIVe siècle, accéda au pouvoir avec Michel Fiodorovitch, fils de Filarète, élu tsar par un *zemski sobor* en 1613. Le dernier souverain de cette dynastie fut Nicolas II, assassiné par les bolcheviks le 17 juillet 1918 à Ekaterinbourg.

ROSTROPOVITCH, Mstislav : célèbre violoncelliste, né en 1927. Exilé de l'URSS et déchu de la nationalité soviétique pour le soutien accordé à Alexandre Soljenitsyne, il assura sa réputation à travers le monde. Vit en France.

RYJKOV, Nikolaï : homme politique soviétique, né en 1929. La carrière de ce spécialiste de l'industrie lourde et de transport, originaire de l'Oural, le conduisit de la direction d'une union industrielle au gouvernement de l'URSS en passant par les postes de premier vice-président du Gosplan (1979-1982) et de secrétaire du Comité central chargé de la réforme économique (1982-1985). Nommé chef du gouvernement (et membre titulaire du Politburo) par Gorbatchev en 1985, il demeura à ces postes jusqu'en 1990.

RYJOV, Iouri : diplomate et homme politique russe, né en 1930. Ingénieur de formation, il a fait l'essentiel de sa carrière, de 1960 à 1981, à l'Institut de l'aviation de Moscou (MAI) dont il a gravi tous les échelons jusqu'au poste de recteur. Démocrate convaincu, conseiller d'Eltsine et de Gorbatchev, il est ambassadeur de Russie en France depuis 1992.

RYKOV, Alexeï (1881-1938) : homme politique soviétique. Commissaire du peuple et membre du Comité central du parti après la révolution d'Octobre. Successeur de Lénine à la tête du gouvernement (1924), il représenta, avec Boukharine et Tomski, l'aide droite modérée du parti. Désavoué en 1929, il fut condamné lors du procès du « bloc des droitiers et des trotskistes » et fusillé en mars 1938.

SOBTCHAK, Anatoli : homme politique russe, né en 1938. Professeur de droit et d'économie, maire de Leningrad (qui a retrouvé son ancien nom de Saint-Pétersbourg en 1991) depuis 1990, il est l'une des figures de proue du réformisme russe et, avec Gavriil Popov, ancien maire de Moscou, l'un des principaux dirigeants du mouvement pour les réformes démocratiques. Député à la Douma d'État depuis décembre 1993.

SOPHIE PALÉOLOGUE : nièce du dernier empereur byzantin, elle épousa Ivan III, en 1472.

SOURIKOV, Vassili (1848-1916) : peintre russe, célèbre par ses tableaux monumentaux consacrés aux moments cruciaux de l'histoire russe.

SOUSLOV, Mikhaïl (1902-1982) : homme politique soviétique. Toute la carrière de ce pur apparatchik a été consacrée au parti. Chef du PC pour la région de Stavropol de 1939 à 1944, il devint l'année suivante premier secrétaire du CC de Lituanie et procéda à ce poste à la « soviétisation » brutale de la république. Nommé en 1946 au département de la propagande du CC, il ne quitta plus l'idéologie devenant secrétaire du Comité central en 1947, poste qu'il cumula avec celui de rédacteur en chef de la *Pravda* de 1949 à 1951. Membre du Politburo de 1952 à 1953, puis définitivement en 1955, il devint le gardien du dogme et le numéro deux du parti pendant toute la période brejnévienne.

SPERANSKI, Mikhaïl (1772-1839) : homme d'État russe. De 1808 à 1812, il fut le conseiller le plus proche d'Alexandre Ier pour des questions de politique intérieure. Son projet de réforme de l'État fut pourtant en grande partie décliné. Démis de ses fonctions, il fut exilé jusqu'en 1821.

SVERDLOV, Iakov (1885-1919) : homme politique soviétique. Membre du parti bolchevique depuis 1901, il fut nommé secrétaire du CC en avril 1917. Il occupa parallèlement les fonctions de président du Comité exécutif central Panrusse (VTsIK).

TARKOVSKI, Andreï (1932-1986) : cinéaste soviétique. Depuis son second film, *Andreï Roublev* (1965-1966), il eut des problèmes incessants avec la censure soviétique et ne put réaliser que trois films jusqu'à 1983, date de son émigration. Il est mort à Paris.

TCHEBRIKOV, Victor : homme politique soviétique, né en 1923. Fonctionnaire du parti à Dniepropetrovsk, en Ukraine, à partir de 1950, il entra au KGB en 1967, en même temps que Iouri Andropov. D'abord chef du département des cadres, il fut nommé vice-président de l'organisation dès l'année suivante. Quatorze ans plus tard, en 1982, après la mort de Brejnev, il devint président de la Sécurité d'État. Membre suppléant (1983), puis titulaire du Politburo (1985), Gorbatchev l'écarta finalement de son poste à la tête du KGB, en 1988. Il fut nommé secrétaire du Comité central, ce qui pouvait apparaître comme une promotion, mais s'avéra une voie de garage. Dès l'année suivante, il disparaissait des instances dirigeantes.

TCHERNENKO, Konstantin (1911-1985) : homme d'État soviétique. Après son service militaire dans les troupes de la GPOu, et des débuts de fonctionnaire régional du parti, avant la guerre, la carrière de cet homme terne fut transformée par la rencontre avec Brejnev, en 1950, en Moldavie. Devenu son secrétaire personnel, il le suivit dans tous ses postes à partir de 1956, d'abord dans l'appareil du CC, puis dans celui du Soviet suprême (1960) et, enfin, de nouveau au CC, où il prit la tête du département général (1965). À partir de 1976, en devenant successivement secrétaire du Comité central, membre suppléant du Politburo (1977), puis titulaire (1978), il passa du simple rôle d'exécutant à celui d'acteur politique principal et de « dauphin » potentiel de Brejnev. À la mort de ce dernier, il lui fallut pourtant attendre pendant quinze mois la disparition d'Andropov pour s'asseoir enfin, en février 1984, sur le fauteuil de secrétaire général.

TCHERNIAÏEV, Anatoli : homme politique soviétique, né en 1921. Entre 1950 et 1953, ce docteur en histoire assura un cours à l'Université de Moscou (où Mikhaïl Gorbatchev faisait ses études). Mais plutôt qu'à une carrière universitaire, il était destiné à entrer dans l'appareil du CC, d'abord au département de la science, puis à celui des relations internationales. De 1958 à 1961, il travailla pour la revue *Problèmes de la paix et du socialisme*, dernière survivance du Kominform, à Prague. De retour à Moscou, il grimpa les échelons du département international jusqu'au rang de chef adjoint (1970). En 1986, Gorbatchev fit de lui son assistant personnel pour les affaires de politique extérieure. La même année, il fut promu membre titulaire du Comité central (il en était membre suppléant depuis 1981).

TIKHONOV, Nikolaï : homme politique soviétique, né en 1905. Proche de Brejnev (membre du groupe dit « de Dniepropetrovsk »), il fit l'essentiel de sa carrière dans l'appareil du gouvernement (industrie métallurgique, sidérurgie, Gosplan) avant de devenir premier vice-président du Conseil des ministres, c'est-à-dire premier adjoint d'Alexeï Kossyguine. Entré au Politburo, comme suppléant en 1977, puis comme titulaire l'année suivante, il succéda à ce dernier en 1980. Il demeura Premier ministre jusqu'à l'arrivée de Gorbatchev au pouvoir, en 1985.

TVARDOVSKI, Alexandre (1910-1971) : poète soviétique, auteur de poèmes épiques jouissant d'une grande popularité. Dans les années soixante et soixante-dix, il fut rédacteur en chef de la revue politique et littéraire *Novy mir* qui publia plusieurs œuvres audacieuses, notamment *Une journée d'Ivan Denissovitch* de Soljenitsyne.

VLADIMIR Ier Sviatoslavovitch, dit LE GRAND OU LE SAINT (956-1015) : grand-prince de Kiev (980-1015). Après avoir fait tuer son frère Iaropolk, il devint souverain unique de la Russie kiévienne et est considéré comme son fondateur. Converti en 988 au christianisme grec, il le répandit dans tout le pays dont il étendit le territoire de la Baltique à la mer Noire.

VLASSOV, Alexandre : homme politique soviétique, né en 1932. Responsable du komsomol, puis du parti, il fut notamment deuxième secrétaire de la république autonome de Iakoutie (1965-1972), premier secrétaire de la république autonome de Tchétchéno-Ingouchie (1975-1984), puis premier secrétaire de l'importante région de Rostov-sur-le-Don. Ses résultats affichés dans la lutte contre la criminalité lui valurent sans doute d'accéder au poste de ministre de l'Intérieur de l'URSS, en 1986. En 1988, il devint président du Conseil des ministres de Russie. En 1990, la prise de contrôle du gouvernement russe par le parlement de la république, nouvellement élu, le priva de son poste. Membre suppléant du Politburo (1988-1990).

VOLSKI, Arkadi : homme politique soviétique, né en 1932. Spécialiste de l'industrie au sein du CC (adjoint au chef du département des constructions mécaniques de 1977 à 1983), il devint l'assistant personnel d'Andropov, puis de Tchernenko, au secrétariat général du parti. En 1985, il retourna au département des constructions mécaniques, comme chef, cette fois. Trois ans plus tard, en 1988, il se vit confier par Gorbatchev une mission de pacification dans le Haut-Karabakh. À son retour à Moscou, en 1990, il forma, avec l'aide du CC, une « Union industrielle et scientifique » destinée à réunir les principaux industriels du pays. Censée devenir une ébauche de patronat dans le cadre du passage à l'économie de marché, elle devint en fait un lobby des directeurs des entreprises d'État, plus préoccupés par le maintien des aides de l'État à leurs unités de production que par la transformation économique du pays. Après l'effondrement de l'URSS, le mouvement de Volski constitua, avec deux autres groupes importants au Soviet suprême, le noyau de l'« Union civique », principal groupe d'opposition au président Eltsine. Arkadi Volski a été élu député à la Douma d'État en décembre 1993.

VOROCHILOV, Kliment (1881-1969) : militaire et homme d'État soviétique. Commandant du front de Tsaritsyne pendant la guerre civile, commissaire du peuple à la Marine (1925-1934), puis à la Défense (1934-1940), il devint maréchal (1935) et assuma le commandement du front nord en 1941. Vice-président du Conseil des ministres (1946-1953), président du presidium du Soviet suprême (1953-1960).

VOROVSKI, Vatslav (1871-1923) : diplomate, critique littéraire et homme politique soviétique. Ambassadeur plénipotentiaire de la Russie soviétique en Suède, Norvège, Danemark et Italie, il fut assassiné à Lausanne.

VOZNESSENSKI, Andreï : poète soviétique, né en 1933, très populaire parmi les jeunes des années soixante pour sa recherche formelle et l'esprit innovateur de ses poèmes.

VYSSOTSKI, Vladimir (1938-1980) : comédien, chansonnier, poète. Auteur de plus de neuf cents poèmes et chansons, dont plusieurs de connotation politique, que la Russie entière connaissait par cœur, mais qui n'ont pas été publiés de son vivant. Il était marié à Marina Vlady.

ZABOLOTSKI, Nikolaï (1903-1958) : poète, auteur de poèmes philosophiques. Arrêté en 1938, il resta dans les camps jusqu'en 1946.

ZAGLADINE, Vadim : homme politique soviétique, né en 1927. Après avoir commencé sa carrière comme journaliste et fait un passage à Prague, à la rédaction de *Problèmes de la paix et du socialisme* (1961-1964), il entra au département international du CC, à Moscou, dont il devint chef-adjoint (1967) puis premier adjoint (1975-1990). Il couvrait les pays d'Europe occidentale. Francophone, il était l'un des principaux interlocuteurs de la presse français avec la direction soviétique. En 1990, il passa dans l'appareil présidentiel nouvellement créé, au poste de conseiller de Mikhaïl Gorbatchev.

ZALYGUINE, Sergueï : écrivain russe, né en 1913, représentant du courant ruraliste. Depuis 1986, directeur de la grande revue littéraire et politique *Novy Mir*.

ZAMIATINE, Leonid : homme politique soviétique, né en 1922. Ancien chef du département de presse du ministère des Affaires étrangères (1962-1970), il fut nommé directeur général de l'agence Tass (avec rang de ministre). À ce poste, qu'il conserva jusqu'en 1978, il contribua pour une bonne part à la rédaction des *Mémoires* de Leonid Brejnev (qui valurent à ce dernier un prix Lénine de littérature). Pour le remercier, le secrétaire général le nomma à la tête d'un département créé spécialement pour lui au sein du CC, celui de l'information internationale. En 1986, sous l'insistance d'Egor Ligatchev, le département fut dissous et son directeur envoyé comme ambassadeur à Londres. Il resta à ce poste jusqu'en 1991.

ZETKIN, Clara (1857-1933) : révolutionnaire allemande. Membre du Parti social-démocrate allemand depuis 1878, elle adhéra à la ligue spartakiste et fut parmi les fondateurs du PC allemand. Membre de la direction de l'Internationale communiste, elle fut député au Reichtag de 1920 à 1933.

ZIMIANINE, Mikhaïl : diplomate et homme politique soviétique, né en 1914. Après un début de carrière comme apparatchik du parti et de l'État, en Biélorussie, il entra au ministère soviétique des Affaires étrangères et fut notamment ambassadeur à Hanoï et à Prague. Rédacteur en chef de la *Pravda* (1965-1973), il entra au département de la propagande du CC en 1973. Nommé secrétaire du CC trois ans plus tard, il fut mis à la retraite en 1987. Membre du Comité central de 1952 à 1956 puis de 1966 à 1987.

ZOCHTCHENKO, Mikhaïl (1895-1958) : écrivain satirique, il présenta dans ses œuvres, avec un esprit mordant, les réalités de la révolution et de la vie soviétique. Après avoir connu un grand succès, il fut contraint de s'arrêter d'écrire, à la suite d'une critique sévère du Comité central qui concernait également Anna Akhmatova.

Notes

Le Kremlin, Moscou, Russie

1. En russe, le substantif *kreml'* signifie forteresse ou citadelle. (Sauf indication contraire, toutes les notes sont des traducteurs.)

2. Cette idée apparut après la chute de Constantinople en 1453 et se renforça après la création du patriarcat de Moscou en 1589.

3. *Tsargrad* (« ville du Roi ») était le nom utilisé dans les documents officiels, les chroniques et les textes folkloriques russes, de l'Antiquité au XVIIe siècle, pour désigner Constantinople.

4. Le corps des *streltsy* (ou mousquetaires), la première formation permanente d'infanterie en Russie, fut créé au milieu du XVIe siècle par Ivan le Terrible. On y recrutait surtout des citadins qui étaient payés pour leur service en argent, pain, terres et qui avaient le droit de s'occuper de commerce ou d'exercer des métiers divers. Gardes du tsar, ils servaient aussi de vigiles et de policiers. Mais ils avaient également une certaine prétention à devenir les cohortes prétoriennes de l'Empire : à la mort de Fiodor III (1682), ils imposèrent la régence de sa sœur, Sophie Alexeïevna, puis se révoltèrent contre elle, avant de s'allier encore à elle pour tenter de renverser Pierre le Grand (1698). Leur révolte écrasée, près de quatre mille d'entre eux furent exécutés et le corps des *streltsy* dissous.

5. Grands seigneurs de la Russie féodale du Xe au XVIIe siècle.

6. Ce grand immeuble blanc, sur les rives de la Moscova, en face de l'hôtel Ukraine, était alors le siège du parlement de Russie, présidé par Boris Eltsine. Ce fut là que les démocrates se réunirent pour tenir tête aux putschistes sous la « protection » d'une foule de quelques dizaines de milliers de personnes.

7. Ce ne fut pas le cas du sixième (1928), ni du septième et dernier (1935) qui eurent lieu dans le cadre plus banal de la Maison des Unions, ancienne Assemblée de la Noblesse, à deux pas du Bolchoï. Ce choix n'était pas innocent et révélait une perte d'importance du Komintern concomitante à l'ascension de Staline. D'état-major de la révolution mondiale, la IIIe Internationale devint progressivement une simple courroie de transmission entre le PC soviétique et les PC étrangers.

8. L'histoire du Kremlin a été émaillée de quelques attentats politiques. En février 1905, dans la rue Nikolskaïa près du Kremlin, un socialiste-révolutionnaire, Ivan Kaliaïev, fit sauter un engin infernal qui tua le gou-

verneur de Moscou, le Grand Duc Sergueï Alexandrovitch. En 1969, un officier de l'Armée soviétique, le lieutenant Anatoli Iliine, fit feu, avec deux revolvers, sur l'automobile de Brejnev qui entrait par la porte Borovitskaïa. En 1990, lors de la manifestation du 7 Novembre sur la place Rouge, on arrêta un déséquilibré qui s'apprêtait à tirer avec un fusil de chasse sur la tribune du Mausolée où se trouvait Mikhaïl Gorbatchev. Il n'y a pas eu d'attentats contre Boris Eltsine au Kremlin. Toutefois, en 1992, dans un grenier de l'église de Nikitniki, qui est entourée de tous les côtés par des immeubles de l'ancien complexe du CC du PCUS (ils abritent aujourd'hui les services présidentiels), un homme, sans occupations précises ni domicile fixe, fut arrêté par les gardiens en possession d'un canif. Il leur « avoua » qu'il avait l'intention d'« agresser » le président russe, avec cette « arme » *(N.d.A)*.

9. Leonid Brejnev mourut le 10 novembre 1982, trois jours après avoir présidé, comme à son habitude, le défilé du 7 novembre sur la place Rouge. Les deux heures passées debout dans le froid contribuèrent à hâter le dénouement fatal.

10. Contrairement à une idée fort répandue, la garde du Mausolée n'était pas assurée par une unité de l'armée soviétique, mais par le régiment de la garde du Kremlin qui dépendait du KGB.

11. Acronyme de *gueneralnyï sekretar TsK KPSS*, secrétaire général du Comité central du PCUS.

12. Allusion aux enterrements successifs de Mikhaïl Souslov, Leonid Brejnev, Iouri Andropov, Dmitri Oustinov et Konstantin Tchernenko entre janvier 1982 et mars 1985.

LE CRÉPUSCULE DU SOCIALISME « MÛR »

Sans indiquer la direction du vent

1. En russe *tchlenovoz*, formé à partir de *tchlen*, « membre » (du CC, du Politburo), littéralement « portemembre » ou « membromobile ».

2. L'*opritchnina* (« réserve »), créée par Ivan IV le Terrible, était un apanage exclusif du souverain qui divisa le pays en deux parties, l'*opritchnina* et la *zemchtchina*. Les membres de la police personnelle du tsar, les *opritchniks*, obtenaient du tsar les terres confisquées aux boyards ou d'autres féodaux. Le phénomène de l'*opritchnina*, accompagné d'actes d'une extrême cruauté, était destiné à affaiblir le pouvoir des boyards et à renforcer l'autocratie.

3. Le mot employé en russe, *konspiratsia* (« conspiration »), est plus explicite, mais il a perdu de son sens depuis l'époque bolchevique. *Konspirativnost* est aujourd'hui synonyme de « confidentialité ».

4. Elle portait alors le nom de Kouïbychev *(N.d.A.)*.

5. Le titre initial de Leonid Brejnev dans la hiérarchie du parti était le même que celui de Khrouchtchev : premier secrétaire du CC. Il fut changé

en secrétaire général (le titre porté par Staline) en 1966, sur « l'insistance » des délégués au XXIIIe congrès du parti *(N.d.A.)*.

6. Depuis 1994, le gouvernement est installé dans les anciens locaux du Soviet suprême de Russie, à la Maison Blanche. Les bâtiments du CC ont été récupérés par l'administration du président de Russie.

L'automne du gensek

1. Staline dont il avait attiré l'attention, le prit, Dieu sait pourquoi, pour un Moldave et l'envoya à Kichinev comme premier secrétaire républicain. Khrouchtchev lui confia la réalisation de l'un de ses projets les plus importants : le défrichement des terres vierges au Kazakhstan *(N.d.A.)*.

2. Comité d'État pour la Radio et la Télévision.

3. Avant de diriger l'agence Tass, Leonid Zamiatine travailla au ministère des Affaires étrangères sous les ordres d'Andreï Vychinski (le sinistre procureur général de l'époque stalinienne). Brejnev le remarqua lors d'un voyage officiel en Extrême-Orient, ce qui lui valut de prendre la direction de l'agence de presse officielle soviétique. En 1978, pour le remercier d'avoir bien réussi la rédaction de ses *Mémoires*, Brejnev le fit nommer directeur de la section d'information internationale du Comité central que l'on créa exprès pour lui. Paradoxalement, le voyage qui le propulsa au zénith de sa carrière fut également à l'origine de sa chute, sous Gorbatchev. La cause ne fut nullement le zèle avec lequel il avait glorifié Brejnev, mais le mépris impardonnable qu'il manifesta envers le secrétaire du Comité régional du parti de la ville sibérienne de Tomsk, venu à la gare pour accueillir le train de Brejnev. À cause de l'heure tardive, le *gensek* n'était pas descendu du train pour saluer les dignitaires locaux et avait envoyé Zamiatine à sa place. Ce secrétaire de Tomsk n'était autre qu'Egor Ligatchev qui devint, en 1985, le numéro deux du parti. Il n'avait pas oublié le ton peu respectueux de Zamiatine lors de cette lointaine rencontre et l'éloigna du Comité central en le faisant nommer ambassadeur à Londres *(N.d.A.)*.

Le socialisme irréel

1. La nomenklatura était la liste des postes importants, dans l'appareil ou la production, qui ne pouvaient être pourvus que par décision d'un comité donné du parti. Chaque comité avait sa propre nomenklatura dont la plus importante, évidemment, était celle du CC, qui se divisait en trois groupes : la nomenklatura du Politburo, celle du Secrétariat, et celle d'enregistrement et de contrôle (regroupant les fonctionnaires des départements du CC et assimilés).

Autodafé à l'entrée n° 2

1. Andreï Jdanov, le responsable de la propagande du parti communiste soviétique à partir de 1938, fut l'instigateur de plusieurs campagnes de persécution de nombre de grands talents de l'époque, au nom de la pureté du réalisme socialiste dont il fixa les normes lors du premier congrès des écrivains de l'URSS en 1934.

2. Khrouchtchev était célèbre pour ses goûts artistiques très conventionnels : malgré le dégel qu'il initia, il se coupa des intellectuels à la suite de ses violentes attaques contre la peinture abstraite, le jazz et la littérature formaliste.

3. Dénominations officielles des périodes stalinienne et krouchtchévienne. En utilisant ainsi des noms de code, le pouvoir en place évitait d'avoir à mentionner les non-personnes qu'étaient devenus ses prédécesseurs.

4. La mère de Lénine, Maria Blank, était la fille d'un juif baptisé et d'une Allemande de la Volga.

5. Ce sacrifice permit toutefois à Souslov, sous prétexte de conserver l'équilibre, de se débarrasser des jeunes adeptes du national-bolchévisme qui se manifestaient alors bruyamment dans la revue *Molodaïa Gvardia*. Certains de ces jeunes gens se retrouvèrent, quelque quinze ans plus tard, à la tête de certains courants du mouvement ultra-nationaliste *Pamiat*.

6. Traduit en français en trois volumes : *Le système totalitaire* (1972), *Sur l'antisémitisme* (1973), *L'Impérialisme* (1982).

En accord avec l'ordre existant

1. Réseau téléphonique gouvernemental (de son vrai nom ATS sigle russe de « Station téléphonique automatique »). La *vertouchka* (ATS-2) mettait en relation les responsables économiques et politiques du pays : les membres du gouvernement et de l'appareil du parti, les membres de l'exécutif des régions et des autres entités territoriales, les directeurs des principales usines, etc. La *kremliovskaïa vertouchka* ou *kremliovka* (ATS-1), d'accès plus restreint, ne reliait que les principaux responsables du pays : les membres du Politburo, du Secrétariat du parti et les principaux ministres.

2. Successivement : Administration politique d'État, Direction principale de la Sécurité d'État du Commissariat du peuple aux Affaires intérieures, et ministère de la Sécurité d'État.

3. Hannah Arendt, *op. cit.*, p. 430 de l'édition en langue anglaise *(N.d.A.)*.

4. Vassili Tchapaïev était un héros de la Guerre civile, mort au combat en 1919. Ses exploits furent célébrés par Dmitri Fourmanov dans le roman *Tchapaïev* qui devint un classique de la littérature soviétique. Par ailleurs, Tchapaïev est, à titre posthume, le héros d'une série d'histoires drôles, toujours populaires, qui se moquent de sa bêtise devenue proverbiale.

5. Vaclav Havel, *Power of the Powerless*, p. 31 *(N.d.A.)*.

6. Ainsi appelait-on les lectures collectives obligatoires de journaux ou les entretiens éducatifs des chefs avec leurs « collectifs de travailleurs », inventés par le département de propagande du CC et qui reproduisaient presque exactement « les minutes de la haine » orwelliennes *(N.d.A.)*.

Une politique extérieure à deux visages

1. Les négociations de la conférence d'Helsinki étaient divisées en trois volets, ou « corbeilles » : 1 °) la sécurité en Europe ; 2 °) la coopération en matière économique, scientifique et technique ; 3 °) les problèmes des droits de l'homme et les problèmes humanitaires.

2. La IIIe Internationale, ou Komintern, fut dissoute en 1943 et ses structures furent intégrées à l'appareil du CC pour donner naissance au département international. Georgi Dimitrov exerça les fonctions de secrétaire général du Komintern de 1935 à 1943, pendant son exil forcé à Moscou. Il retourna en Bulgarie à la fin de la guerre pour prendre la tête du régime communiste.

3. Le siège du ministère des Affaires étrangères, à Moscou.

4. Andropov siégeait déjà au Politburo depuis 1967, mais seulement comme membre suppléant.

5. En russe, la politesse veut que l'on appelle une personne, en sa présence, par son prénom et son prénom patronymique, par exemple : Andreï Andreïevitch plutôt que Gromyko.

Frères-amis

1. L'article 6 de la constitution de 1977 définissait le parti comme la « force qui dirige et oriente la société soviétique ».

2. Cf. Victor Loupan et Pierre Lorrain, *L'Argent de Moscou*, Plon, 1994 *(N.d.A.)*.

3. Acronyme de « comité de région » du parti.

Sortir de Yalta, mais par quelle porte ?

1. La bombe à rayonnement renforcé ou « bombe à neutrons » est une arme thermonucléaire miniaturisée, de faible puissance, conçue de manière à privilégier l'émission de neutrons, le souffle et l'effet thermique étant minimisés, de même que les retombées radioactives (dix à cent fois moins qu'une bombe H classique de puissance équivalente). Le blindage le plus épais ne protège pas les êtres vivants contre le rayonnement neutronique qui est, en revanche, plus facilement arrêté par la terre, le sable, le béton ou l'eau. La bombe à neutrons permet donc de frapper les concentrations de

blindés sans causer trop de dégâts à l'environnement. De ce fait, elle apparaissait, à la fin des années soixante-dix, comme l'arme idéale contre d'éventuels déferlements de blindés du Pacte de Varsovie en territoire ami. La propagande soviétique en fit l'arme « capitaliste » par excellence puisqu'elle tuait les gens sans endommager l'outil de production.

2. L'OTAN projetait d'installer ces armes, dites « eurostratégiques », à partir de 1983, pour répondre à l'implantation, depuis 1977, de missiles soviétiques SS-20 qui visaient l'Europe occidentale. Cette situation, conjuguée aux manifestations pacifistes contre les « euromissiles », firent dire au président François Mitterrand, dans un discours, en RFA, devant le Bundestag, que les missiles se trouvaient à l'Est et les pacifistes à l'Ouest. Malgré de nombreuses oppositions l'installation se fit comme prévu.

3. Les principales de ces organisations, dites « frontistes » étaient l'Union internationale des Étudiants, la Fédération syndicale mondiale (FSM), la Fédération internationale des Femmes démocrates, le Conseil mondial de la Paix, l'Association internationale des Juristes démocrates, l'Organisation internationale des Journalistes, etc.

4. Les troupes d'infanterie de marine avaient, pendant la guerre, une réputation méritée d'intrépidité.

5. Par ce traité, signé le 12 août 1970, l'URSS et l'Allemagne fédérale reconnaissaient notamment l'inviolabilité des frontières européennes.

6. Étaient donc absents ceux qui auraient dû venir de province (Leningrad) ou des républiques fédérées (Ukraine et Kazakhstan).

L'âme discrète de la nomenklatura

1. Cette direction, qui devint par la suite le « service de protection » du KGB, n'était pas seulement chargée d'assurer la garde des principaux dirigeants du pays, mais aussi de veiller à leur bien-être et de satisfaire leurs demandes les plus diverses.

2. Cité dans *Novoïe Vremia*, n° 316, 1993, p. 59 *(N.d.A.)*.

3. Le processus intensif de privatisation qui se déroule actuellement en Russie bénéficie particulièrement à l'ancienne nomenklatura en permettant aux anciens fonctionnaires, déliés des anciennes limitations, de s'accaparer la nu-propriété de l'État prolétarien *(N.d.A.)*.

4. Allusion à la célèbre nouvelle de Gogol, *Le Manteau*, où le héros, au prix d'un énorme sacrifice financier, s'achète le manteau nécessaire à son rang, pour en être aussitôt dépossédé.

5. Qui desservait la haute nomenklatura.

La mort du dinosaure

1. L'« affaire du coton » fut emblématique d'un ensemble de pratiques illégales liées à la planification économique : de hauts responsables ouz-

bèques truquaient à la hausse les chiffres de la production de coton de la république de manière à dépasser le plan prévu. Le coton fictif en trop était vendu à l'État au prix du vrai. Ce système rapportait des millions. À mesure que la fraude prenait de l'ampleur, les falsifications comptables se faisaient plus voyantes et il devenait nécessaire de s'assurer des complicités au plus haut niveau de l'État. De proche en proche, la corruption toucha une bonne partie des structures gouvernementales.

2. On prétendait, à Moscou, que Tsvigoun s'était suicidé peu après un entretien particulièrement orageux avec Souslov. Cette dispute et ses conséquences auraient été également à l'origine de la crise fatale qui emporta, quelques jours plus tard, le vieil apparatchik.

3. Cité par *Novoïe Vremia*, n° 51, 1993, p. 2.

4. Aucun membre du PCUS ne pouvait être jugé avant d'en avoir été exclu, ce qui évitait qu'il y eût des communistes dans les box *(N.d.A.)*.

5. Andropov fut ambassadeur de l'URSS en Hongrie de 1954 à 1957. Il était en poste dans ce pays en 1956, au moment de l'écrasement de l'insurrection de Budapest par les troupes soviétiques.

6. Les analystes occidentaux soupçonnaient très fortement le service A (désinformation) de la première direction principale du KGB d'être à l'origine de ces « informations ».

7. L'image de Lavrenti Beria, l'un des prédecesseurs les plus sinistres d'Andropov à la tête des organes de sécurité, connaît aujourd'hui un sort semblable. Certains historiens et publicistes russes affirment que Beria, après la mort de Staline (qu'il contribua probablement à accélérer), avait l'intention d'éradiquer les conséquences du « culte de la personnalité » plus radicalement que le fît, plus tard, Khrouchtchev. On prétend aussi qu'il voulait entamer une libéralisation de la vie publique, encourager l'indépendance des républiques, et même unifier l'Allemagne par le biais de la « vente » de la RDA à l'Occident. Pour finir, sa liquidation précipitée, en 1953, n'aurait donc été que l'élimination, par Khrouchtchev, d'un rival dangereux *(N.d.A.)*.

8. En mars 1940, Staline donna l'ordre au NKVD d'exécuter 25 700 Polonais, dont plus de 14 000 officiers, faits prisonniers lors de l'occupation de la partie orientale de la Pologne, en septembre 1939, en application du pacte germano-soviétique. Ces prisonniers représentaient l'élite civile et militaire des territoires conquis. Selon des documents des Archives du Politburo publiés après l'effondrement de l'URSS, 21 857 d'entre eux furent effectivement exécutés dans différentes localités d'Ukraine et de Biélorussie. En avril 1943, les Allemands découvrirent aux environs de Katyn, à l'ouest de Smolensk, des fosses communes contenant les corps d'environ 4 500 de ces officiers. Pendant presque cinquante ans, les Soviétiques attribuèrent ce crime aux nazis. L'URSS ne reconnut sa responsabilité qu'en 1990, et encore en rejetant la faute sur le seul NKVD.

9. Comité d'arrondissement du parti.

LE LEVER ET LE COUCHER DE LA PERESTROÏKA

Danse avec les loups

1. Le sobriquet de « weismannistes-morganistes » fut inventé par Trofim Lyssenko pour dénoncer la génétique, dans son rapport à la session de l'Académie de l'agriculture soviétique, en août 1948. Sous son influence, la génétique fut interdite en URSS et une véritable chasse aux sorcières eut lieu contre ses spécialistes. August Weismann et Thomas Hunt Morgan sont considérés, avec Gregor Mendel, comme les fondateurs de la génétique moderne.

Tout ce qui n'est pas interdit est autorisé

1. La *propiska*, ou « enregistrement » au lieu de résidence, était obligatoire pour tout citoyen soviétique. Elle était accordée par les autorités locales selon des règles très strictes qui, en fait, empêchaient la mobilité de la population, permettaient d'éviter ses afflux dans des grandes villes et facilitaient le contrôle policier général. Elle a fini par être abolie, en 1993, sur l'ensemble du territoire de la Fédération de Russie, sauf dans Moscou.

2. À cette époque, cet ancien camarade d'études de Gorbatchev à la faculté de droit de l'Université de Moscou occupait le poste de secrétaire du CC responsable des « questions juridiques », y compris celles qui relevaient de la direction politique du ministère de l'Intérieur et du KGB *(N.d.A.)*.

3. Contrairement à une idée fort répandue, « glasnost » ne signifie pas transparence, mais « publicité » au sens de rendre public (comme dans l'expression « publicité des débats parlementaires »).

4. Cette lettre ouverte intitulée « Que Gorbatchev nous donne les preuves » est parue le 7/8 Mars 1987 dans *Le Figaro*. Après une violente critique de *La Pravda*, l'article fut intégralement reproduit dans *Les Nouvelles de Moscou* le 29 Mars.

5. Le 2 septembre 1986, en mer Noire, au large de Novorossisk, le paquebot *Admiral Nakhimov* entra en collision avec un cargo et coula en quelques minutes. Plus de la moitié des huit cents passagers périrent. Le 3 octobre, un sous-marin nucléaire soviétique prit feu près des Bermudes. En août 1987, le train Rostov-Moscou dérailla. En novembre, un choc entre un train de passagers et un train de marchandises sur la ligne de Gorki fit de nombreux morts. Trois jours plus tard, un accident encore plus mortel eut lieu près de Tbilissi. Mais tout cela n'était que les signes avant-coureurs d'un malheur encore plus terrible : le tremblement de terre de Spitak, en Arménie, en décembre 1988 *(N.d.A.)*.

6. Au cours de la Seconde Guerre mondiale, à mesure que l'armée soviétique libérait le territoire de l'URSS, plusieurs ethnies du pays furent accusées, sans fondement, de collaboration « collective » avec l'Allemagne et déportées en masse en Asie centrale. En 1943, cela commença par les Allemands de la Volga, les Kalmouks, les Karatchaïs et les Balkars. En 1944, ce fut le tour des Tchétchènes et des Ingouches, des Turcs meskhètes, des Grecs et des Tatars de Crimée. Obligés de tout quitter en emportant seulement le minimum, entassés dans des wagons de marchandises dans des conditions inhumaines, des dizaines de milliers d'individus, surtout des femmes et des enfants, moururent pendant leur transport organisé par les bourreaux staliniens. Depuis cette époque, les Tatars de Crimée n'avaient plus le droit de retourner dans leur région d'origine *(N.d.A.)*.

7. Iakovlev m'a raconté qu'à la demande de Gorbatchev, qui voulait les réconcilier, il s'était enfermé à plusieurs reprises avec Ligatchev, afin de parler franchement. Mais de ces conversations de plusieurs heures, il ne sortait rien, à part de la « glace frite » *(N.d.A.)*.

Le Kremlin sans maître

1. Ce jour-là, les troupes du ministère de l'Intérieur de l'URSS, avec la participation d'unités spéciales du KGB, occupèrent le bâtiment de la télévision de Vilnius, la plus grande maison d'édition, l'imprimerie et l'académie de police. Au cours de l'opération, treize personnes parmi les défenseurs de la Télévision furent tués et 113 blessées. Gorbatchev ne se démarqua de ces actions des services de sécurité qu'une semaine après les événements *(N.d.A.)*.

2. Dans la même veine, il est curieux de constater que la terrible résolution du Politburo stalinien qui donnait l'ordre d'exécuter 25 700 prisonniers polonais (dont ceux découverts dans les charniers de Katyn), a été enregistrée sous le numéro treize et comporte treize lignes. De plus, elle est datée du 5 mars 1940, c'est-à-dire treize ans, jour pour jour, avant le jour officiel de la mort de Staline.

3. Édouard Chevardnadze justifia son départ en disant qu'il sentait la dictature approcher, même s'il ignorait qui serait le dictateur. De nombreux observateurs pensèrent qu'il visait Gorbatchev lui-même qui s'était alors beaucoup rapproché des conservateurs de l'appareil.

4. Il partait visiblement du principe qu'il n'y avait qu'un seul parti dans tous les pays de l'Europe de l'Est! *(N.d.A.)*

5. Étaient considérés comme tels tous les revenus ne provenant pas du travail ou de la vente des denrées produites par les parcelles privées des kolkhoziens.

La dame de pique

1. On appelait ainsi l'atmosphère d'espoir et d'ouverture liée à la déstalinisation, sous Khrouchtchev. Le terme « dégel » provient du titre d'une nouvelle d'Ilia Ehrenbourg, *Le Dégel* (1954), où il fut l'un des tout premiers à critiquer la vie soviétique sous Staline.

2. Le Haut Karabakh, région montagneuse de 4 400 km^2, située sur le versant nord-est du massif arménien, est peuplé majoritairement d'Arméniens (population totale : 188 000 habitants en 1989), mais enclavé en Azerbaïdjan. Il devint, en 1923, une région autonome de la république soviétique de Transcaucasie qui regroupait l'Arménie, l'Azerbaïdjan et la Géorgie. Lorsque, en 1936, la Transcaucasie fut dissoute, le Haut Karabakh conserva son statut d'autonomie, mais au sein de l'Azerbaïdjan.

3. Organisations de soutien à la perestroïka mises en place dans les républiques. Elles dépassèrent rapidement ce cadre pour devenir le cœur des mouvements nationalistes et, dans certains cas, indépendantistes.

4. C'est ainsi que Lénine définissait le rôle d'un journal communiste.

5. Surnom que Roosevelt donnait à Staline.

6. En 1949, l' « affaire de Leningrad » fut montée par Staline contre plusieurs dirigeants du parti et de l'État proches d'Andreï Jdanov qui avait longtemps été le patron de cette ville. Elle se traduisit par l'exécution, entre autres, de Nikolaï Vosnessenski, membre du Politburo, et d'Alexeï Kouznetsov, secrétaire du CC.

7. Après cette première « marche caucasienne », Ligatchev en entreprit une seconde : profitant d'une autre absence de Gorbatchev, un an plus tard, il approuva l'utilisation des troupes contre les manifestants antigouvernementaux à Tbilissi, en Géorgie, le 9 avril 1989. Officiellement, seize personnes y trouvèrent la mort *(N.d.A.)*.

Entre le gensek *et le président*

1. Ne pas confondre avec la ville de Gorki, qui a retrouvé son vieux nom de Nijni Novgorod.

2. En fait, Plekhanov commença à espionner son chef beaucoup plus tôt. Selon toute vraisemblance, ce rôle faisait partie de ses obligations de service dès le début. Au printemps 1991, il « rapportait » déjà à Krioutchkov et à Loukianov que Gorbatchev avait un comportement « inadéquat ». En commentant alors les actes de ce dernier, le vice-président Ianaïev disait à ses interlocuteurs de confiance que « la petite tête du *gensek* ne tournait pas rond ». Un premier projet pour « neutraliser » Gorbatchev fut discuté par son entourage dès le mois de mars, mais à l'époque, selon Faline, « Loukianov et Ianaïev eurent le trac » *(N.d.A.)*.

3. D'octobre 1988 à mars 1990, Gorbatchev occupa le poste de président du Soviet suprême qu'il céda, après son élection à la présidence de l'URSS, à Anatoli Loukianov.

4. J'ai d'autant moins de mal à comprendre ce qu'il dût ressentir que je me suis retrouvé moi-même, un an et demi plus tard, dans la même situation et dans la même salle *(N.d.A.)*.

5. Après un exil de dix ans au Canada, comme ambassadeur, Iakovlev se considérait, non sans raison, comme un spécialiste du domaine international *(N.d.A.)*.

Le Kremlin, Moscou. Août 1991

1. Cette série de suicides se prolongea dans les jours suivants par ceux de l'administrateur du CC du PCUS, Nikolaï Kroutchina (le 26 août), de son prédécesseur à ce même poste, Gueorgui Pavlov (le 9 octobre), et d'un chef de secteur du département international, Dmitri Lissovolik (le 17 octobre). Par une étrange coïncidence, tous les trois mirent fin à leurs jours par le même moyen : en se jetant de leurs balcons. Kroutchina, un vieux camarade de Gorbatchev, laissa un mot : « Je suis un lâche, mais pas un escroc » *(N.d.A.)*.

2. La justesse de cette opinion fut confirmée plus tard par le maréchal Evgueni Chapochnikov. Il raconta que lors d'une réunion à l'état-major, le premier jour du putsch, Iazov maudissait ses collègues du GKTchP, « ces ivrognes qui m'ont entraîné dans cette histoire! ». Selon Chapochnikov, Iazov, qui avait fait la Deuxième Guerre mondiale, « n'aurait jamais donné l'ordre de tirer sur la population civile » *(N.d.A.)*.

3. Vieux quartier de Moscou, sur la rive de la Moscova opposée au Kremlin.

La roulette russe

1. Il s'agit du traité de démantèlement des forces nucléaires intermédiaires, dit INF, signé en décembre 1987.

2. Les missiles SS-20 à trois têtes de rentrée indépendantes.

3. Cette crise dynastique particulièrement grave, où, à la guerre civile s'ajoutèrent les invasions suédoise et polonaise, dura quinze ans, de la mort sans héritier de Fiodor Ier, fils d'Ivan IV le Terrible, en 1598, à l'élection de Michel Romanov, en 1613, par un *zemski sobor* (institution analogue aux réunions des « états » représentant la population dans les autres pays d'Europe).

Les derniers cent jours... et cent nuits

1. Publié en français par Olivier Orban, 1991 (titre original : *I hope*).

2. Emitai Etzioni, *Foreign Policy*, n° 89, hiver 1992/1993 *(N.d.A.)*.

3. La phrase d'Ivan Mitchourine : « Nous ne pouvons pas attendre des faveurs de la nature, notre objectif, c'est de les lui prendre », était l'un des

slogans les plus populaires de la propagande officielle qui se glorifiait de projets grandioses pour transformer la nature.

4. Allusion à la jeunesse de Pierre le Grand que les *streltsy* installèrent sur le trône en même temps que son demi-frère Ivan V, sous la régence de leur sœur Sophie.

5. Le référendum sur l'indépendance eut lieu le 1er décembre 1991, en même temps que l'élection présidentielle. Le « oui » l'emporta très largement.

6. Le 9 décembre *(N.d.A.).*

7. L'Union des républiques socialistes soviétiques fut créée le 30 décembre 1922.

Épilogue

1. Allusion à un célèbre poème de jeunesse de Maxime Gorki, *Le Chant de l'oiseau de tempête* (1901), interprété par l'intelligentsia de gauche comme un appel à la lutte révolutionnaire.

2. Allusion à une œuvre du poète. La région de Magadan en Sibérie extrême-orientale était tristement célèbre pour ses nombreux camps de prisonniers bâtis sous Staline.

3. Allusion à une chanson soviétique qui faisait partie du répertoire obligatoire des chorales des écoles et des organisations de la jeunesse, et dont le refrain était : « Lénine est toujours vivant, Lénine est toujours avec toi. »

Annexes

1. Initiales de *Novaïa Ekonomitcheskaïa Politika*, la Nouvelle politique économique, mise en place par Lénine en 1921, après l'échec du « communisme de guerre ». La NEP autorisait le commerce et la petite industrie privée, à côté d'un énorme secteur étatique. Elle permit de reconstruire le pays ravagé par trois ans et demi de guerre mondiale suivis par autant de guerre civile. Dénoncée par Staline, la NEP s'acheva en 1928.

2. Il s'agit du Congrès des députés du peuple, le parlement mis en place par la réforme constitutionnelle en 1989. Ce Congrès de 2250 députés qui se réunissait pendant quelques jours deux fois par an, élisait en son sein un Soviet suprême plus restreint, chargé de mener le travail législatif dans l'intervalle de ses séances.

3. Le PCUS disposait d'immeubles d'hôtes, de datchas, etc. destinés spécialement aux dignitaires et activistes de différents PC et partis ouvriers étrangers venant en URSS en vacances ou pour des études et des stages.

4. Endroit près de Kiev où les nazis perpétrèrent le massacre de plusieurs milliers de Juifs.

Index

Table des matières

LE LEVER ET LE COUCHER DE LA PERESTROÏKA

Cet ouvrage a été réalisé par la
SOCIÉTÉ NOUVELLE FIRMIN-DIDOT
Mesnil-sur-l'Estrée
pour le compte des Éditions Hachette
en octobre 1994

Imprimé en France
Dépôt légal : 3868, octobre 1994
N° d'édition : 94198/30420 – N° d'impression : 28064
ISBN : 2.01.235092.5
ISSN : 0768-0074
23.41.5092.01.4